_____ 님께

_____

_____ 드립니다.

노포의 장사법

노포의
장사법

그들은 어떻게 세월을 이기고
살아 있는 전설이 되었나

글 박찬일 | 사진 노중훈

ĨNFLUENTIAL
인 플 루 엔 셜

일러두기

1. 이 책은 2015년부터 현재까지 3년간 저자가 취재하고 인터뷰한 내용을 바탕으로 쓰여졌습니다. 출간 시점에 해당 노포에 변동이 있는 경우를 확인하였으나, 인터뷰 시점으로부터 다소 시간이 경과해 일부 사실과 다를 수 있습니다.

2. 노포의 창업주와 현재 식당을 운영하는 여러 인터뷰이들의 생생한 입말을 살리기 위해 방언, 관용적으로 굳어진 표현 등은 맞춤법과 다르더라도 그대로 실었습니다.

3. 이 책은 인터뷰이의 기억과 증언을 기반으로 하고 있어, 연도나 지역명 등의 사실에 오차가 있을 수 있습니다. 사실 관계를 확인하여 정정이 필요한 경우 다음 쇄에 반영하도록 하겠습니다.

4. 이 책에 인용된 문학 작품 중 일부는 저작권자와 연락이 닿지 않아 허락을 받지 못했습니다. 확인이 되는 대로 정당한 비용을 지불하도록 하겠습니다.

사람처럼 늙어간 가게를 '노포(老鋪)'라 부른다. 서울에는 '오래가게'라는 곳들이 있다. 오래된 것에 대한 가치를 헤아리고 보존하기 위해 서울시가 노포들을 발굴해 부여한 명칭이다. 저자가 전국의 노포를 찾아다니는 이유 또한 다르지 않을 것이다. 노포에는 오랜 노동의 흔적과 사람에 대한 온정과 음식에 대한 고귀한 철학이 존재하므로, 뿐만 아니라 작은 점포에서 큰 기업에 이르기까지 많은 이들이 본받아야 할 위대한 장사 내공이 숨어 있으므로, 나는 이 가게들이 더 오래가기를 바란다. 더 늙어가기를 간절히 바란다. **박원순, 서울시장**

요리 한 그릇으로 손님을 감동시키고 다시 찾게 하는 것만큼 어려운 업이 세상에 또 있을까. 노포의 비결은 기교와 손맛만으로 탄생하는 것이 아니라 올바른 음식 철학과 사업가적 통찰에 숨어 있었다. 작가인 동시에 저널리스트의 안목까지 꿰찬 셰프 박찬일은 시대를 이어간 밥집들의 성공의 알고리즘을 맛깔스럽게 담아냈다. **이욱정, KBS PD, 〈누들로드〉〈요리인류〉 연출·진행**

갈수록 화려한 것이 아니라 오래된 것들에 시선이 머문다. 굳은살이 박힌 사장님의 손, 세월의 흔적이 묻은 냄비와 가마솥, 반질반질 닳은 식탁과 의자의 모서리 같은 것들 말이다. 셰프 박찬일도 그러했던 모양이다. 원고를 보면, 분명 몸을 움직여 손으로 빚어낸 노동을 반복해본 사람만이 쓸 수 있는 글이다. 스스로도 주방이라는 전쟁터에서 20년을 보낸 그가, 노포의 창업주들을 인터뷰하며 느꼈을 경이로움이 페이지 곳곳에 스미었다. 더없이 좋은 장사 교과서가 될 것이다. **이랑주, 비주얼 머천다이저(VMD), 《좋아 보이는 것들의 비밀》의 저자**

평균 업력 54년을 만든
위대한 장사 비결

한 입 베어 물면 입 안에 한 시대가 들어오는 듯한 식당들이 있다. 맛이 있어 오래 남아 있는 식당, 그것을 우리는 노포(老鋪)라 부른다. 식당이 이리도 지천에 깔린, 세계에서 식당이 가장 많은 나라 중 하나라는 대한민국. 그럼에도 우리처럼 개개 식당의 역사가 짧은 나라도 없다. 고단하고 고통스러운 현대사를 맞은 민족인 탓이다. 그 덕에 지금은 30년만 해도 노포 축에 든다지만, 그럼에도 불구하고 우리 곁에서 평균 업력(業歷) 50년 이상의 세월을 빚은, 빛나는 터줏대감들이 있다. 그 대단한 주인장들을 만나고 왔다.

노포를 오래 취재하다 보니 어떤 중요한 공통점을 발견하게 됐다. 이른바 '살아남는 집의 이유'다. 물론 맛은 기본이다. 운도 따라야 한다. 그 외에 가장 중요한 건 한결같음이다. 사소할 것 같은 재료 손질, 오직 전래의 기법대로 내는 일품의 맛, 거기에 손님들의 호응으로 생겨난 기묘한 연대감 같은 것들이 감탄을 자아낸다. 배포와 뚝심을 가지고 일생을 바쳐 같은 일을 지속하는 장사꾼으로서, 어떤 사명감을 가지고 음식을 대하는 주인장의 진심이 변하지 않는다.

직원들에 대해서도 아끼고 사랑하는 마음이 별나서 몇십 년씩 다니면서 고희와 팔순을 넘기는 직원이 흔하다. 믿어지는가. 있는 직원도 자르는 세상인데, 그들은 정년이 지나도 한참 지난 사람들을 보듬고 끝까지 끌고 간다. 그 끝이란 건 심지어 임종에 가까운 시기를 말하기도 한다. 전율이 인다. 조선옥의 박중규 주방장은 이제 팔순인데 60년 넘게 한 가게에서 일했다. 한일관의 김동월 고문 역시 50년 넘게 일하고 있다. 주인과 직원의 관계, 사람에 대한 예의 이런 것 외에 장차 일하는 노인이 늘어갈 한국의 한 사례 연구로도 쓰일 수 있을 것이다. 장기 고용을 실천하고 있는 식당 주인의 마음은 어떤 것일까 한번 연구하고도 싶다. 이 책에서 사람을 어떻게 쓰는가 하는 전범들을 발견한다면 사실 당신은 보물을 건지는 셈이라고 생각한다.

거래처를 오래 유지하는 것도 노포의 공통된 비결이다. 값은 따지지 않고 서로 믿고 거래한다. 40~50년 동안 한 거래처에서 고기를 받아 쓴다거나, 손해를 보면서도 특정 품목의 가격을 몇 년간 올리지 않고 납품하기도 한다. 당신이 어떤 일을 하든 사업 거래처가 있을 텐데, 과연 우리는 거래처를 믿고 있는지 되물어보라. 만약 '그렇다'라면, 당신의 사업도 오랫동안 순항할 조건을 갖춘 셈이다.

식당처럼 사회상을 잘 반영하는 것도 많지 않다. 사람은 먹어야 살고, 먹으러 가는 식당에는 그 삶의 변화가 고스란히 배어든다. 나는 서울에서 나고 자랐다. 쉰이 넘은 나이가 대한민국 외식업 성장사를 관통하는 셈이다. 어려서는 졸업하거나 입학하는 날에야 드물게 외식을 했다. 중요한 한식집도 이럴 때 가끔 갔다. 취직을 하자, 외식업계의 일대 빅뱅이 일어났다. 88서울올림픽과 그 뒤를 이은 고도성장의 시대. 직장인들은 삼겹살과 생등심이라는 회식 메뉴에 열광했고, 생맥주는 '호프'라는 이름을 달고 '2차'를 장식했다. 특별한 날에나 갈 수 있었던 중국집은 배달집으로 바뀌어갔고, 화교들이 운영하던 고급 요릿집들이 사양길로 접어들었다. 2000년대 이후 각종 프랜차이즈와 '대박 아이템'들이 무궁무진하게 진입하며 바야흐로 '맛집'의 시대가 되었다 해도 과언이 아니다.

이 '영광의 시대'를 기록하는 일은 전문가들의 몫이라고 생각했지만, 안타깝게도 노포를 기록하는 일에 관심을 두는 이들이 많지 않았다. 우리 사회사에서 이미 많은 부분이 연구되고, 역사라는 이름으로 (나랏돈 써가며) 기록하고 보존하고 있지만, 식당은 아니었다. 이름 없이 스러져간 식당이 얼마나 많은가. 애호가들의 추억에만 남겨두지 말자, 그 현장을 살아 있을 때 기록으로 남기자는 게 5년 전 흑석동의 돼지머릿집에서 두 명의 기획자와 (사진을 찍기로 한) 노중훈과 내가 의기투합한 일이었다. 피맛골의 그 많은 식당이 수십 년씩의 업력을 남기고도 이제 흔적도 없지 않은가. 자, 지금이라도 쓰고 찍자. 그들의 위대한 장사의 원칙과 업력의 비밀을 전수하자. 참 무모한 결기였다. 그것이 이 프로젝트의 시작이었다(그 결과물로 전편 격인 《백년식당》이 세상에 나왔다).

책을 쓰는 동안, 주변의 시선도 달라졌다. 각 지자체에서 대를 물리거나 오래된 식당을 무형자산으로 삼는 작업을 시작했다. 우리에게 자문이 오기도 했다. 그럼에도 노포를 섭외하는 일은 매번 난항이었다. 어려운 일이었으나 들인 발을 뺄 수도 없었다. 머리를 쥐어뜯은 게 또 얼마였던가. 결국 너덜너덜한 마음으로 이 책을 막게 되었다. 그렇다, 막았다. 힘겹게 틀어막았다. 비록 어리석은 글이지만, 행간에 있는 우리의 노력을 읽어주신다면 더할 나위 없겠다. 틀리거나 애매한 설명도 있을 것인데, 제보를 주시면 다음 쇄에 반영하겠다.

인터뷰하면서 다수의 녹음물을 남겼다. 아마도 그들의 마지막 육성이 되지 않을까 하는 엄중한 마음에서였다. 민속기록박물관(이런 게 있다면) 같은 곳에 기증할 수 있으면 좋겠다.*

모두에게 깊은 감사를 드린다.
일일이 거명하지 못함을 이해해주시기 바란다.

어느 노포의 국솥 옆에서 꾸벅꾸벅 졸다가 한 줄 쓰다

박찬일

* 실제로 2018년 12월, 이 책과 《백년식당》의 집필을 위해 진행했던 모든 노포 인터뷰의 녹음 음원과 사진 등의 자료를 국립민속박물관에 아카이브 자료로 기증했다.

차례

어느 조사에 따르면, 우리나라에서 자본금 100억 이상의 3만 개 기업의 평균 업력이 고작 17년이다. 10대 대기업의 직원 평균 근속 연수도 10년 남짓이다. 이에 비해 이 책에서 소개하는 노포의 평균 업력은 무려 54년. 게다가 수십 년 넘게 일해 온 현역 직원이 남아 있는 대단한 식당들이다. 오래 살아남은 집은 살아남은 이유가 있다. 노포를 순례하면서 종종 머리를 '탁' 치고 가는 경탄의 순간들이 있었다. 정작 그들은 모르는데, 내 눈과 마음에 남다른 격과 이유가 고스란히 보인다. 장사꾼 특유의 뚝심과 배포, 그 멋진 기세를 바탕으로 맛은 물론이요, 재료 손질에서 멀리 내다보는 안목, 직원·단골들과 함께 만들어온 기묘한 연대감 같은 것들이 노포를 살아남게 하지 않았을까. 평생의 업으로 일을 벌여 반석에 선 이 장사꾼들의 놀라운 디테일들을 하나하나 밝혀드린다. 먹는 장사를 하든, 사업을 하든 이들의 태도를 배운다면 우리는 이미 성공의 길에 반쯤 다가선 셈이다.

완전히 새로운 맛으로
판도를 뒤엎다

서울을 대표하는 국내 최초의 일본식 돈가스집

명동돈가스

1983년 창업

· · ·

　돈가스는 이제 누구나 쉽게 먹을 수 있는 외식 메뉴이고 아이들이 좋아하는 흔한 음식이 되었지만, 한때 일본의 식탁을 바꾼 충격적인 존재였다. 돈가스를 먹으면서 일본은 비로소 진정한 근대화를 이루었다. 돈가스는 우리에게 포크와 나이프로 '썰어 먹기'라는 양식의 일부로 소개되었고, 일제강점기에는 모던보이, 모던걸이 즐기던 문명의 음식이기도 했다. 우리 또래가 처음으로 만나는 양식이 바로 돈가스였고, 생활지도 교사에게 걸려 유기정학을 먹게(?) 만드는 음식이기도 했다. 돈가스를 먹기 위해 경양식집에 들어갔다는 이유로 말이다.

오랜 단골에게 낯설지 않은 집이 되는 것

　맑은 기름이 자글자글 끓는다. 피복(被服)을 입은 고깃덩이가 천천히 깊은 기름 속으로 들어간다. 잠수, 아니 잠유(潛油)한다. 이것은 '딥 프라이', 지금 인류의 음식 중에서 가장 인기 있는 장르다. 피복은 문자 그대로 '입은 옷'이며, 흔히 튀김옷이라고도 한다. 재료에 옷을 입혀 뜨거운 기름에 튀기는 것, 실은 인류가 이 요리를 해 먹을 수 있게 된 것은 그리 오래전 일이 아니다. 중세 유럽에서는 귀족이나 해 먹을 수 있던 음식, 우리 왕조사에서도 매우 드문 요리 방식이 튀김이다. 기름은 귀했고, 아무나 튀길 수 없었다. 어쩌면 인류사에서 가장 늦둥이 인기 요리법이라고 할 수 있다. 이 잠유의 현장이 바로

윤종근 회장의 명동돈가스 주방이다.

한동안 이 전통 있는 돈가스 명소는 공사 중이었다. 몇 번 먹으러 갔다가 헛걸음을 했다. 폐업했다는 확인되지 않은 소문도 돌았다. 두툼한 살코기, 바삭한 식감, 일본식 돈가스의 충실한 재현으로 이름 높은 이 집이 폐업이라니.

"그럴 만도 했어요. 리모델링 한다고 너무 오래 문을 닫아놨으니까요. 그런데 막상 뜯어보니 고칠 데가 한두 곳이 아니었던 거지요."

윤종근 회장은 은퇴할 나이가 되었고, 아들에게 가게를 물려줄 요량이었다. 건물이 낡았고, 고쳐야 했다. 오랫동안 살아남을 수 있는 명동돈가스를 계획했다. 그것이 폐업했다는 소문으로 이어질 만큼 오랜 공사였다. 새로 단장한 명동돈가스는 말이 리모델링이지 완전히 새옷으로 갈아입었다. 골조 빼고는 싹 다 바꿨다. 그러나 1층의 오픈 주방은 그대로 두었다.

"명동돈가스는 본디 요리하는 걸 사람들이 다 본단 말이지요. 그 시스템은 가져가야겠다고 생각했어요."

그런 이유가 있다. 오랜 단골에게 낯설지 않은 집으로 남고 싶었다. 거기에 이제야 밝히는 옛 사연이 길다.

도쿄 메구로 '동키'의 비법은 어떻게 서울로 왔을까

원래 쉽게 성사될 인터뷰가 아니었다. 언론에 나오지 않는 분이었고, 굳이 그럴 이유도 없었다. 미식가이자 서울의 맛 역사에 달통한

예종석 교수의 소개로 운 좋게 인터뷰할 수 있었다. 전국에 명동돈 가스라는 이름은 무수히 많다. 그러나 진짜는 바로 이 집에서 시작 했다. 윤종근 회장. 팔십 노구에도 형형한 눈빛으로 옛 돈가스의 역 사, 우여곡절이 많았던 일본식 돈가스 도입의 사연을 풀어냈다. 사업 으로서 식당이란 무엇인가, 돈은 어떻게 벌어야 진짜인가 알 수 있 는 시간이었다.

윤 회장은 애초에 외식사업가가 아니었다. 우리나라에서 대기업 으로 기성복 사업을 가장 크게 벌였던 반도패션(현 LG패션)의 임원 을 역임한 전형적인 기업가였다. 그는 일을 잘했고, 늘 구 씨 성을 쓰 는 창업주들의 신뢰를 받았다. 그러다가 1983년, 새로운 길을 찾게 된다. 외식사업이었다. 회사 일로 일본 출장이 잦았는데, 마침 사업 상 인연이 있는 재일동포에게서 돈가스를 해보라는 제안을 받게 된 다. 도쿄 메구로(目黑) 지역의 동키라는 돈가스집에서 도움을 얻으라 는 조언도 들었다. 절대 기술을 가르쳐주지 않겠다는 일본인 주인을 설득, 끝내 허락을 받는다. 단, 소스는 가르쳐줄 수 없다는 전제였다.

나는 2년 전에 동키를 가본 적이 있다. 동키는 워낙 명성이 자자해 서 늘 손님으로 가득 차 있다. 가격은 꽤 비싸서 보통 돈가스값을 생 각하면 오산이다. 돈가스 정식이 2천 엔(약 2만 원) 이상 했던 것 같다. 조리 과정을 보면서 먹을 수 있는 1층은 여간해선 자리가 나지 않는 다. 상하의 모두 흰색 조리복으로 차려입은 요리사들은 자부심에 가 득 차 보였고, 특히 넓은 주방에서 끓고 있는 맑은 기름솥이 인상적 이었다. 어디선가 본 듯한 기시감이 있었다. 바로 명동돈가스였다. 직계는 아니나, 방계로서 동키의 전설적인 맥에 닿아 있다고나 할까.

자본주의 일본사의 상징이 된 돈가스

　돈가스는 이름부터 특이한 요리다. 돼지 돈(豚)에 커틀릿을 뜻하는 일본식 표현 '가스'가 붙어 만들어진 조어다. 1970년대 한국의 어떤 신문에서는 이 요리 이름을 두고 '괴상한 조어'라고 힐난하기도 했다. 표기도 좀 애매한데, 일본식 발음으로 하면 돈카츠나 돈까쓰라고 해야 맞을 텐데 어쨌든 우리 표기법으론 돈가스라고 쓴다. 부언하자면, 가스란 일본어에서 쓰레기라는 뜻이니 '돈가스'라는 표기는 일본인에게는 어불성설이다.

　돈가스는 일본에서 각별한 지위에 있다. 고기 요리로서 최선두에서 일본인에게 어필했다는 점, 기름을 물 쓰듯 해야 하는 현대적 요리라는 점, 가스(일본어 발음으로는 카츠에 가깝다)라는 말이 이길 승(勝)과 발음이 같아서 시험 전에 먹는 주술적 음식이라는 점 등이다. 게다가 원래 서양요리였던 것이 일본화되면서 밥 위에 얹거나 반찬으로 먹는 형태로 변화했다는 것도 의미 깊다.

　돈가스는 현재의 자본주의화된 일본 역사를 상징하는 음식이다. 서양에서 들어왔지만 일본에서 개량되어 일본인 스스로 이 음식은 일본 것이라고 생각하는 경향이 있다. 왜 아니겠는가. 고기를 썰어서 젓가락으로 먹고, 간장 소스를 뿌린 양배추를 곁들이며, 심지어 아시아의 상징인 밥과 된장국까지 나오니 말이다.

　돈가스는 원래 오스트리아 빈의 슈니첼이나 이탈리아 밀라노의 코톨레타에서 근거를 찾을 수 있는 음식이다. 유럽에서 넓게 편 돼지갈비나 송아지갈비 등을 '구워' 만드는 요리다. 이걸 요리하자면,

우선 고기를 망치로 두들겨 얇게 펴는 일부터 시작된다. 밀가루, 달걀, 빵가루 순으로 묻혀 튀기는 것이 서양식 튀김의 보편적 순서인데, 이것은 좀 다르다. 슈니첼은 무엇보다 한국이나 일본의 돈가스와 결정적인 차이가 있다. 튀김옷이 그렇다. 영국식 피시 앤 칩스의 배터(반죽)와 비슷하다. 밀가루를 쓰지 않는다. 뼈 붙은 송아지갈비를 달걀물에 적신 후 고운 빵가루를 입혀 버터 녹인 팬에 천천히 지져낸다. 팬에 버터나 기름을 흥건히 붓고 조리하는데 튀기는 것이 아니라 버터에 지지는 것에 가깝다.

일본에 전래된 커틀릿도 이런 식이었다. 일본은 메이지 유신 이후 "서양식 식사법을 받아들여 일본인도 건장한 체구를 가져야 한다"고 생각하게 되었다. 그러나 일본 대중은 이 요리를 그렇게 좋아했던 것 같지는 않다. 밥과 생선구이, 채소절임과 국을 먹는 식단을 하루아침에 바꿀 수 없었던 것이다. 우여곡절 끝에 현재의 일본식 돈가스와 비슷한 요리가 도쿄에서 탄생하게 된다. 원래 소와 돼지 같은 큰 가축의 고기를 거의 먹지 않았던 일본 식생활에 대격변을 불러온 셈이다. 이제 돈가스는 일본인이 가장 흔하게 먹는 '반찬'이 되었다.

공급이 취향을 만든다, 바삭하고 두툼한 그 맛!

윤 회장의 특별 주문으로 주방에서 돈가스를 내왔다. 두툼한 고기, 바삭하고 바늘처럼 굵고 긴 튀김옷이 입에서 고소하게 씹힌다. 자른 고기의 단면을 보니, 고소한 지방이 뜨겁게 녹고 있다.

"원래 로스가스, 그러니까 돼지 등심 돈가스는 등심 위에 붙은 지방을 제거하지 않고 튀겨야 맛이 좋습니다. 한동안 그렇게 요리했는데, 돼지기름이 몸에 좋지 않다 뭐다 해서 제거하고 튀기는 식으로 바꿨지요. 아쉬운 일입니다. 어쨌든 취재팀에게는 이렇게 드리고 싶었습니다."

원래 요리 바닥에서는 돼지 등심 위에 붙은 지방, 그러니까 돼지의 척추 옆에 붙은 지방을 '에이(Λ)지방'이라고 하여 귀하게 친다. 도축장에 주문하면 가격도 비싸다. 이 지방은 살짝 쫄깃한 맛이 나면서 고소한 맛이 일품이다. 참고로, 돈가스는 두 가지 부위를 쓴다. 등심과 안심이다. 일본에서는 돈가스란 말보다 부위의 명칭을 붙여서 부른다. 등심은 로스가스, 안심은 히레가스. 주문할 때는 그냥 "로스!"라거나 "히레!"라고 외치는 게 보통이다.

일본이 이 요리를 많이 먹게 된 사연에는 한국도 관련이 있다. 1960년대 일본은 본격적인 경제 발전을 이뤘다. 이미 1950년대에 한국전쟁의 보급기지 역할을 하면서 큰 이득을 본 일본은 도쿄올림픽(1964)을 유치하는 등 폭발적인 경제 성장과 마주하게 된다. 당연히 외식과 고기 소비도 크게 늘었다. 7세기 불교도인 덴무 천황의 명으로 고기를 먹지 않게 되었다는 기록처럼, 본디 일본은 근대에 메이지유신으로 고기를 전면 허용할 때까지 고기 소비가 억제된 나라였다. 오죽하면 멧돼지를 잡아먹으면서도 돼지고기라 말하지 못하고 산고래(야마쿠지라, 山鯨)라고 에둘러 표현했겠는가. 그런데 오랫동안 고기 소비가 억제되었던 만큼 1960년대 고기 소요량의 큰 증가에 공급이 빠르게 대응하기란 어려웠다. 공급은 늘 부족했다. 이때 한국은

좋은 대안이었다. 가까웠고, 돼지를 기르는 기술이 있었기 때문이었다. 부산에서 배로 일본까지 나르는 데 전혀 문제가 없었다. 김해에 대단위 축산단지가 조성된 것이 바로 이 때문이라는 게 지배적인 견해다. 미국으로부터 사료가 싼값에 들어왔고, 한국도 역사상 처음으로 대량으로 돼지 사육을 하게 되었다.

이 거래는 한국의 식문화에 엄청난 영향을 끼친 것으로 보인다. 일본이 돈가스에 적합한 등심과 안심을 부분육으로 수입해가자 남는 부위가 많았다. 이때부터 족발, 순대, 머리와 사골을 이용한 순대국밥, 돼지국밥, 삼겹살, 갈비가 우리 외식의 핵심이 되었다는 것이다. 다만 이런 해석은 연구가 더 이루어져야 하는 부분이다.

보통 외식시장에서는 '공급이 수요를 만들어내고, 그것이 미각을 유지시킨다'는 말이 있다. 치킨도 마찬가지다. '제공되므로' 먹는다. 그리고 '먹으므로' 취향이 된다는 순서를 지키고 있다. 등심이 공급되니 돈가스를 사랑하게 된 것도 그런 이치다.

완전히 다른 돈가스에 손님이 몰려오다

다시 명동돈가스의 개업으로 돌아가자. 1983년, 그의 나이 마흔일곱 때였다. LG패션 임원에서 물러나 외식업에 뛰어들어 맺은 첫 결실이었다. 현재의 자리에 명동돈가스를 개업하자마자 손님들이 구름처럼 밀려들었다. 흥미로운 건 처음 돈가스를 시킨 손님들이 항의를 많이 했다는 점이다.

"아니, 무슨 돈가스가 이렇게 두껍냐고 말이지. 막 항의를 하고 그랬어요. 설명하느라 애를 많이 썼지요."

당시 명동은 서울에서도 가장 번화한 곳이었다. 필자도 그즈음 명동에 자주 갔던 기억이 있다. 뒷사람에게 떠밀려 걸을 정도로 인파에 시달렸다. 지금*과 달리 다방과 식당이 꽤 많았다. 옷가게와 잡화점이 균형 있게 영업했다.

"하루에 7백~8백 명씩 손님이 몰려들었어요. 항의도 많았어요. 그동안 경양식집에서 먹던 것과 이름은 같은데, 맛과 형태가 달랐으니까."

그가 모시던 구자경 회장(전 LG그룹 회장)이 오고, 유명한 연예인들도 몰려와서 화제가 되기도 했다.

"제가 20대이던 때(1960년대)에는 경양식집에서 돈가스를 먹었지요. 겉이 딱딱하고, 포크와 나이프를 쓰는 방식이었어요. 이것(명동돈가스)과는 완전히 다른 음식이었어요."

당시 돈가스는 스테이크 정도는 아니어도 고급 음식이었다. 멋진 실내장식을 갖춘 경양식집**에서만 팔았다. 경양식집은 데이트 장소로 인기를 끌었고, 돈가스는 요즘으로 치면 고급 레스토랑의 소고기 안심 스테이크 같은 지위에 있었다. 그때 팔던 돈가스는 슈니첼처럼 납작하게 두들겨 펴거나 포를 떠서 넓게 만든 형태였다. 수프가 딸

* 요즘은 중국인 관광객 경기를 타서 많은 가게들이 대개 화장품 가게로 바뀌어버렸고, 그나마 남은 몇몇 식당의 상당수도 관광객 입맛에 맞춘다는 말을 듣고 있다. 패션 일번지, 금융 일번지라던 명동은 이제 옛 명동이 아니다.

** 경양식집이 이 땅에 출현한 것은 일제강점기로 보고 있다. 일본의 근대식 문화가 당시 식민지 수도 경성에 이식되는 과정에서 생겨났다. 비어홀과 경양식집이 그 상징이었다.

"명동돈가스는 본디 요리하는 걸 사람들이 다 본단 말이지요.
그 시스템은 가져가야겠다고 생각했어요."

려 나오고, 간단한 양배추 오이 샐러드도 나왔다. 요즘 말하는 코스 요리 같았다. 웨이터가 "밥으로 하시겠습니까, 빵으로 하시겠습니까" 하는 멘트는 대단한 파워가 있었다. 코미디 프로그램의 단골 멘트였고, 지금도 필자가 잊지 않고 있는 말이다. 뭔가 어색한 서양 것의 형식미를 흉내 냈던, 어설픈 우리 시대의 한 삽화였다(실은 이것조차 일본에서 비롯된 것이다).

이후 경양식집이 1990년대 들어 거의 사라지고, 돼지고기 등심과 안심 값이 아주 싸지면서 돈가스는 동네 분식집이나 체인점, 기사식당의 음식으로 그 지위가 달라졌다. 특이한 건 이즈음, 구색이 바뀌었다는 점이다. 풋고추에 된장을 곁들이고, 김치와 수프가 공존했다. 주로 기사식당의 실험적인(?) 메뉴 변화였다.

직원도, 예전의 그 맛도 지킨 사장의 진심

명동돈가스의 기름은 맑다. 하루 두 번 교체하기 때문이다. 90킬로그램짜리 돼지의 등심과 안심에 후춧가루를 쳐서 냉장숙성한 후 170도 정도의 온도에서 오랫동안 튀겨낸다. 육즙은 지켜내고 겉은 바삭하다. 슈니첼과 달리 밀가루, 달걀, 빵가루의 순서로 옷을 입힌다.

개업 초기에 5천 원 정도 했던 가격은 현재 1만 3천 원(로스가스)부터 시작한다. 여전히 예전의 맛을 지켜가고 있는 것은 윤 회장의 고유한 뜻이기도 하다. 카운터의 직원 이순자 씨는 이미 34년째 근무하는 장기근속자다. 누구든 오래 일하고 싶은 직원은 함께 간다. 노

포가 명성을 오래 이어갈 수 있는 중요한 요인 중 하나인 '직원'을 그렇게 지켜가고 있는 셈이랄까.

명동돈가스는 상표등록이 되어 있다. 허나 전국에 같은 이름의 가게가 꽤 있다. 분점은 아니라고 한다. 이 집의 메뉴는 여섯 가지. 로스가스, 히레가스 외에도 코돈블루 같은 전형적인 일본식 메뉴가 더 있다. 돈가스 이야기를 들으러 갔는데, 그의 인생사로 흐름이 넘어가기도 했다.

정말 드라마틱한 사건이 많다. 특히 1982년 뉴재팬호텔 화재 사건은 그를 일본에서 명사로 만들기도 했다. 당시 10층에 묵던 그는 연기가 들어차고, 붉은 화마가 넘실대는 와중에도 침착하게 침대 시트를 여러 장 묶어서 탈출에 성공하여 일본 각 언론에 대서특필되기도 했다. 또 다른 층에 있던 일본인 신혼부부를 구해서 의인(義人)으로 더 유명세를 탔다.

"그때 당황했지요. 곧 이상하게 침착해지더군요. 원래 당황하면 일을 그르칩니다."

그는 벌어서 쓰기도 잘하는 이다. 뒤져보니 언론에 실린 미담이 많다. 모교에 거액을 기증한 뉴스도 나온다. 어찌 보면 파란만장한 그의 삶이 지금 베풂으로 남은 듯하다. 그 진심은 명동돈가스로 오랫동안 남아 있을 것이다.•

• 2020년 초, 윤종근 회장께서 작고하셨다는 소식을 전해 들었다. 고인의 명복을 빈다.

비밀은 없다,
간결한 맛으로 승부한다

하루 5백 그릇만 파는 전설의 곰탕집
하동관

1939년 창업

· · ·

그 맛이 너무도 간결해서 오히려 도저히 흉내 낼 수 없다는 하동
관 곰탕. 서울 토박이들과 시내에서 직장을 다닌 사람들이 첫손가
락으로 꼽는 추억의 맛집, 하동관. 명동 본점의 주방을 미디어 최초
로 출입을 허가받아 들어갔다. 주방도 음식처럼 간결했다. 온갖 요
리 기술과(심지어 분자요리라는 우주적 물리 요리도 있는 세상) 자칭 비법
이 난무하는 세상. 더구나 이른바 '마케팅'이 본질보다 앞서 있는 요
즘 요식업 세상에 이 간결함의 정체는 무얼까. 간결해서 오히려 더
많은 손님이 오고, 하루 종일 팔면 억만금을 벌 텐데 대를 이어 오후
3~4시면 문을 닫는 하동관 본점의 힘을 느꼈다. 맑은 듯 기름지고
기름진 듯 맑은 이 정체불명(?)의 육수와 고기, 내장을 씹으면서 이
집이 견뎌낸 세월을 생각했다. 욕심내지 않음으로써 결국 더 벌게
된 이 희한한 마케팅의 국밥집 시간 속으로 들어간다.

한결같이 욕심 없이, 선대 방식 그대로

한국의 노포 식당을 손꼽을 때 무조건 다섯 손가락 안에 들어가는
집이다. 하동관(河東館). 한때 나는 이 곰탕이 경상남도 하동식인 줄
알았다. 물론 하동에는 이런 곰탕이 없다. 하동에서 유명한 건 재첩
국이다. 하동관은 서울식 곰탕집이다.

"선대에 작명가가 지어준 이름이에요, 돈 많이 벌고 오래간다고.

왜 그렇게 지었는지는 나도 몰라. 작명의 의도가 틀리지는 않았어. 돈은 몰라도 오래는 가서 이렇게 내가 앉아 있으니까."

김희영 씨의 말이다. 하동관의 3대 또는 2대 주인. 일흔아홉이라는 나이가 믿기지 않는다. "곰탕 많이 먹어서 그렇다고 대답하지"라고 농을 한다. 아닌 게 아니라 곰솥을 들여다보며 김을 쐬면 피부가 좋아진다는 말이 있다. 늘 김이 올라와서 보습 효과(?)가 있다니까 말이다.

지금은 명동에 있지만 원래 하동관은 길 건너 수하동의 터줏대감이었다. 수하동 26번지. 그이가 시집온 건 1966년도, 새파란 청춘이었다. 부산으로 하루짜리 침대칸 기차를 타고 신혼여행을 다녀와서는 다음날 곧바로 부엌에 들어가 새벽밥을 지었다.

"노할머니에 시부모, 시이모도 계셨고, 시동생도 있었지요. 회사 다니다 시집간 터라 밥할 줄도 몰랐어요."

전형적인 서울 사투리다. 본적이 세종로 1번지다.

"공수래공수거야. 내 좌우명이. 밥 먹을 수 있고 직원 월급 주니까 얼마나 좋아요. 그래서 나는 이 곰탕이 좋아요."

지긋지긋한 일이 될 수도 있었을 평생의 업. 그이는 진짜 사랑하는 것 같다.

서울은 오랫동안 평양과 함께 소를 가장 많이 잡는 도시였다. 물산과 사람, 권력이 모인 곳이니 한국인(조선인)이 가장 선호하는 소 도살도 많았다. 하동관은 1939년 처음 문을 연 것으로 되어 있다. 서울의 음식점은 대개 청계천변을 중심으로 몰려 있었다. 이곳이 돈이 돌고 사람도 모이는 동네였기 때문이다. 창업자는 김용택 선생이었고, 안주인 류창희 여사의 솜씨로 시작되었다. 이 부부가 친분이 있

던 장낙항 선생에게 가게를 넘긴 것이 1963년의 일이다. 장 선생의 안주인 홍창록 여사가 그 후 쭉 하동관을 이끌다가 1968년에 며느리 김희영 씨에게 국솥을 넘겼다. 현재 외동딸 장승연 씨가 승계 수업을 하고 있다.

식당 한편에 소고기 등급판정표가 붙어 있다. 한우의 최고 등급인 투 플러스 도장이 땅땅 찍혀 있다. 제일 비싼 고기. 안 그래도 근자에 한우값은 천장에 있다. 내려올 줄 모른다. 그래도 한 번도 유혹에 흔들리지 않았다. 선대부터 쓰던 고기이니 그냥 내처 쓴다. 그것이 하동관 맛의 비결이다. 한결같은, 늘 똑같이, 욕심 없이.

고기는 70년째 팔판정육점에서 받는다. 한국에서 가장 오래된 정육점이다. 고기 보는 눈으로 한국의 소시장을 장악했던 고(故) 이영근 선생의 대를 이어 아들 이경수 씨, 그리고 다시 아들로 이어지고 있는 집이다.*

곰탕 5백 그릇이 소진되면 문을 닫는다

주방에 팔판정육점에서 보내온 고기가 그득 놓여 있다. 피를 빼고 있는 중이다.

"소 한 마리분을 받아요. 고기가 오면 달아보지도 않아요. 믿으니까. 양지에서 나오는 각종 부위들, 그러니까 양지머리, 업진, 차돌박이에다가 양, 대창, 곱창을 넣어요. 맛있는 기름이 나오는 곤자소니

* 바로 뒤 꼭지에서 팔판정육점을 소개한다.

선대부터 쓰던 고기이니 그냥 내처 쓴다.
그것이 하동관 맛의 비결이다. 한결같은, 늘 똑같이, 욕심 없이.

를 넣고 한꺼번에 두 시간에서 두 시간 반 삶고 먼저 익은 건 꺼내면서 익혀요. 그게 전부예요."

영업비밀이 단출하다. 곤자소니란 소의 창자 끝부분이다. 기름이 많아 탕을 기름지게 한다. 고기는 건져서 너붓너붓하게 썰고, 내장도 포를 뜨듯이 썬다. 그래서 '내포'라고 부르는 것은 아닐까? 내포(內包)란 사전적으로는 짐승의 내장이란 뜻인데, 보통 경기, 서울, 이북에서 많이 쓰는 말이다.

오랫동안 주방에 변한 건 없다고 한다. 화력 정도나 바뀌었을까. 처음 시집왔을 땐 돌탄이라 부르는 무연탄을 땠고, 그다음에 연탄이 12개 들어가는 아궁이를 썼다. 그다음으로 기름, 프로판가스로 이어졌다. 돌탄은 덩어리로 들어오는 걸 쪼개서 썼다. 영업용 연탄이 들어오면서 훨씬 편해졌다. 아마도 이이가 시집오기 전에는 장작을 땠을 것이다. 서울은 연료 소모량이 많은 도시였고, 서울 동쪽에서 주로 달구지로 장작이 들어왔다. 지게로 지고 다니면서 마을 곳곳을 돌며 장작을 패주는 소매상도 있었다. 보통 반찬을 파는 가게에서 장작도 같이 팔았다고 한다. 일제강점기까지의 분위기다.

"내가 시어머니에게 일찍 일을 물려받았어요. 수하동 집 구석방에 신방을 차렸지요. 그 집이 한옥과 양옥이 붙어 있는 구조였어요. 한옥은 하동관 업장이고 양옥에서 살림을 했지. 눈물 빠지는 시집살이를 했어요. 직원들도 다 먹이고 재워야 하니까 일이 좀 많아요? 젊은 남녀가 많았어요. 남자는 주로 홀 일을 했고, 여자는 주방이고. 요즘과 반대였죠. 다들 그래서 하동관 하면 홀의 젊은 남자들을 기억하는 분들이 많아요."

김 군, 이 군, 강 군. 하동관 홀에서 위생복 입고 곰탕 나르면서 깍국(깍두기 국물을 부르는 하동관식 용어) 주전자 들고 동분서주하던 젊은이들이었다. 나도 어려서 그 장면을 본 것이 아주 선명하다. 서울에서 청소년 시기를 보낸 50~70대는 잘 알 것이다. 그중 강 군이라고 부르던 분이 아주 오래 일했다. 명동으로 옮긴 후에도 내가 목격했으니까. 언제부터인가 안 보이셔서 물어보니 정년퇴직했다고 한다.

"강 군이 아주 진국이고 착했어요. 그래서 오래 일했고요."

김 씨는 지금도 주방을 챙긴다. 실제 업무는 대부분 딸에게 위임한 상태다. 딸은 여의도, 코엑스 지점을 여는 등 사업 확장도 주도하고 있다. 그래도 하동관의 핵심은 명동이다.

"하루에 우리가 곰탕 5백 그릇을 파는데 무쇠솥 하나에 250명분씩 삶는 셈이에요. 그러니 솥이 두 개지. '스뎅'(스테인리스)은 맛이 안 나. 푹 삶고 다 팔리면 문을 닫아요. 그게 하동관 전통이에요."

문을 일찍 닫는 날은 2시가 되는 날도 있다고 한다. 대개 4시에 닫는데, 고기나 내장이 떨어져서 어차피 장사를 못한다.

맛의 비결은 내장, 오로지 손이 하는 일

"우리 탕 맛은 내장이 아주 중요해요. 손질? 뭐 없어. 그냥 손으로 열심히 하는 수밖에 없어."

하동관 곰탕 맛의 비결을 알기 위해 장안의 많은 요리사가 손님처럼 들러서 감정을 했다. 호텔 요리사들이 오기도 했다. 하지만 아무

도 비슷한 맛을 내지 못했다. 깔끔한 서울식 장국밥을 만드는 건 가능했지만, 뭔가 구수하고 기름지면서도 먹고 나면 푸근하고 개운한 하동관 곰탕 맛은 카피가 불가능했던 것이다. 생각건대 그 비결은 아마도 내장에 있지 않을까 싶다. 좋은 내장을 잘 손질하고, 거기서 우러나오는 국물과 기름을 적절히 섞는 것이 이 곰탕 맛에 가까워지는 길목 같다. 물론 내 생각이다.

주방에서 대여섯 명의 요리사들이 모두 달라붙어 양 손질에 한창이다. 뜨거운 물에 튀해서 기름막을 떼어내고, 지저분한 것들을 정리한다. 튀한다는 건 뜨거운 물에 데쳐서 지저분한 것을 정리한다는 뜻의 오래된 우리말이다. 작업은 그저 맨손의 일이다. 내장이 들어가도 적당히 깔끔한 하동관 곰탕 맛은 이런 작업에서 나온다.

예전에 하동관에서 장사가 너무 잘되어 고기를 작두로 썰었다는 풍문에 대해 물었다.

"고기를 너붓하게 썰어야 하는데 작두로는 그렇게 썰 수가 없지요. 그 정도로 많이 팔지도 않았고. 하루 소 한 마리분. 딱 정해져 있으니까."

주방에서 탕이 나가는 걸 지켜봤다. 썰어둔 고기와 내포가 놋그릇에 질서정연하게 담겨 있다. 기본 주문 그릇이고, 여기에 특별 주문을 더 넣을 수 있게 되어 있다. 그 놋그릇 밑에는 밥이 담겨 있다. 그리고 국물만 따로 담아둔 중간 크기의 솥이 적당히 데워져 있다. 토렴을 해서 밥과 담아둔 고기의 온도를 올린다. 그다음에 뜨거운 국물을 그득 담아낸다. 놋그릇은 뜨거워지는데, 일반인은 절대 오래 잡을 수 없다. 직원들은 그것을 익숙하게 쥐고 손님상에 옮겨낸다. 그

러고도 안전사고 일어났다는 말을 못 들었으니 대단한 공력이다.

메뉴는 하나인데, 주문법은 각양각색

하동관 곰탕이 시민의 사랑을 듬뿍 받은 가게라는 중요한 징표가 있다. 바로 하동관만의 주문법이다. 따로 주문표에 쓰여 있지 않아도 단골들은 알아서 식성대로 주문해서 먹는다. 이를테면 맛배기, 넌둥만둥, 스무 공 스물다섯 공, 깍국, 통닭, 냉수, 뜨겁게, 안 뜨겁게, 밥 따로, 민짜, 내포 빼고, 내포 많이, 기름 많이, 기름 빼고……. 이것 말고도 더 있을지 모르겠다. 반찬도 없는 간단한 곰탕 한 그릇에 이처럼 많은 주문이 가능한 건 세계신기록이다. 개별 주문이 복잡하기로 유명한 서양도 이 정도는 아니다. 내가 서양요리사라 잘 안다.

"손님이 먼저 이런저런 식으로 해달라고 주문해요. 그러면 우리가 고민을 하지. 너무 길면 주문이 복잡하니까 짧게 불러야 할 것 아니우. 그래서 약칭을 만드는 거지. 직원들끼리 암호처럼. 근데 그걸 손님이 다 아는 거야."

아는 이들은 알지만 설명이 필요하겠다. '맛배기'는 밥을 조금 넣는 것이고(그만큼 고기가 좀 더 들어간다), '스무 공'이니 '스물다섯 공(이제는 서른 공도 있다)'은 곰탕을 그 돈만큼 비싸고 호화롭게(?) 내는 걸 말하는데, 숫자 20과 25에 '0'이 세 개 붙는 걸 약칭으로 부르는 것. 소 곱창은 보통 스무 공 이상에만 나간다. 비싼 부위이기 때문이다. 곱창은 금세 떨어지기도 한다. '깍국'은 깍두기 국물이고 요청하

면 주전자로 부어준다. 느끼한 곰탕을 개운하게 마무리하는 방법으로 사랑받아왔다. 하동관에서 곰탕을 맛있게 먹는 법이 바로 깍국이다. 곰탕의 맛을 돋운다. 이 집 깍두기는 달다는 걸 빼면 전형적인 서울 김치라고도 한다. 새우젓과 좋은 소금, 고춧가루, 설탕만 쓰는 방식이다. 탕을 어느 정도 먹고 깍국을 부어 먹으면 기름진 고기와 내장 맛이 씻겨가면서 개운해진다. 새우젓이 좋다고 한다. 한 드럼에 2백만 원짜리라고 한다. 마포에서 3대를 이은 제일상회 것을 쓴다.

그럼 '통닭'은 뭘까. 바로 달걀이다. 단백질 부족의 시대에서 온 유물 같은 주문이다. 값은 5백 원. 물론 그냥 날달걀이다. '냉수'가 아주 특이하다. 이 집은 공식적으로 술을 팔지 않는다. 그러나 단골들의 취향을 존중하지 않을 수 없는 법. 예전에 5백 원을 슬쩍 직원 손에 쥐어주고 냉수 한 잔 주소, 하면 소주를 컵에 따라 한 잔 내줬다는 걸 기억하는 노인 단골이 많다. 다 아는 사실이지만, 공식화되지 않은 술 파는 법이다. 참 대단한 식당이요, 손님이다. 요새는 물론 값이 올랐다.

참, '넌둥만둥'도 소개해야겠다. 전날 과음하고 해장으로 곰탕을 먹을 때, 아무래도 밥이 잘 안 먹힌다. 그때 "넌둥만둥" 하고 외치면 밥을 조금만 넣어준다. 아예 밥을 빼면 '민짜'다. 국물이 당기는 해장용으로 제격이다. 이런 각별한 주문법은 민속박물관에 가야 하는 게 아닌가 싶다. 유형의 유물들 말고, 이런 무형의 것도 충분히 가치가 있지 않은가.

"여기 스무 공 하나! 넌둥만둥, 내포 많이, 통닭에 냉수 한 잔이오!"

눈앞의 이익에 휘둘리지 않는
진짜 장사꾼

전국 소시장의 제일 큰손이었던 3대가 잇는 정육점
팔판정육점

1940년 창업

．．．

　재벌 기업이 80억 원에 팔라고 했다던 정육점이 있다. 3대가 이어
오고, 한때 전국 소시장의 제일 큰손이었던 정육점이다. 고기 시장은
변하고 있고, 엄청난 경쟁자들이 들어섰다. 그럼에도 최고 정육점의
위치를 오랫동안 지켜오고 있는 노포다. 두 근을 시킨 집에 여섯 근
을 보내고, 손해 보면서도 4년 동안이나 고깃값을 올리지 않고 납품
했던 건 진짜 장사꾼의 자랑이다. 전통적인 장사란 무엇인가. 신용과
품질은 무엇인가를 직선으로 보여주고 있는 이 집의 황소처럼 우직
한 내력 속으로 들어가본다.

좁은 골목길의 특별한 동네 정육점

　고기를 잘 아는 형님이 한 분 있는데, 당신은 늘 '팔판정육점'에서
고기를 산다 했다. 팔판동은 익히 들어온 이름이었으나, 마장동도 아
니고 그저 '동네' 정육점에서 특별한 고기를 산다는 걸 이해하지 못
했다. 아닌 게 아니라, 인구가 적고 그래서 소비도 적은 북촌 동네 골
목에서 좋은 고기를 다루고 팔기란 지금 시속에서 어려운 일이겠거
니 생각한 것이다(고기라면, 나도 사고파는 일을 하고 있는 요리사이니 이
런 저간의 사정을 모르지는 않는다).

　"글쎄, 자네가 스테이크도 굽고 숙성도 하는 고기 전문가라는 걸
모를 리 없지. 그래서 일러주는 말이야. 팔판정육점에 가봐."

더 알쏭달쏭해지는 일이었다. 팔판동은, 삼청동이 뜨면서 랜드마크가 된 삼청파출소에서 쭉 올라가다가 왼쪽을 보고 좁은 골목길을 젖혀들어가면 자리 잡고 있다. 내가 중학교를 인근에서 나온 터라 친구들이 더러 팔판동에 살고 있었고, 그 이름을 아는 바였다.

팔판동은, 종로구 거개의 구역이 그렇듯 워낙 작은 동이 모여 있는 곳에 있어서 동마다 독립된 주민센터가 없다. 삼청동 주민센터 홈페이지를 들러보면 한 주민센터가 7개 동을 아우르고 있다는 것을 알 수 있다. 안국동, 소격동, 사간동과 함께 팔판동이 있다. 조선시대에 모두 여덟 명의 판서가 살았다 하여 명명되었다고 한다. 팔판동은 정궁인 경복궁을 옆에 두고 있는 입지로서 조선조의 고관들이 많이 살았던 동네다.

우리는 그 한복판의 정육점을 찾았다. 어느 해의 가을이었다.

"추석 선물 들어갑니다. 요새 바쁘지요."

아이스박스 포장에 한눈에도 질 좋아 보이는 소고기 꾸러미가 들어간다. 한창때는 추석 명절이면 밤을 새워 포장했다고 한다. 주인 이경수 씨와 아들 준용 씨가 직원들과 함께 분주하다. 가게 안에 냉장고가 차지하고 있는 면적이 넓은 터라, 사무실이라고 부를 공간도 없다. 이 선생이 작은 작업대에 서서 펜으로 장부를 다루면서 "이제 다 끝나가요, 인터뷰합시다"라며 웃는다. 호방한 체격에 호골(虎骨)이라 할 몸피의 노인인데, 눈빛이 따스하다. 가게를 둘러본다. 오래 써온 듯한 정갈한 나무 도마와 소고기 지육을 걸어둘 게 분명한 커다란 갈고리가 여럿 걸려서 이곳이 전형적인 푸줏간임을 말해준다.

"고기 들어올 시간이 아니어서 볼거리가 없어요. 나랑 차나 합시다."

"부친에게서 내가 사업을 샀어요. 물려받았냐고요?
아니에요. 돈 주고 샀어요."

고기는 모자라고 사려는 사람은 넘치던 시대, 소시장을 장악하다

하루에 보통 열 마리에서 열서너 마리의 고기를 작업한다. 소고기만 해서 그렇다. 소매는 한눈에도 별로 없어 보인다. 이른바 '납품'이 주업인 듯하다. 그런데도 동네 정육점이니 찾는 이웃들을 위해 돼지고기도 갖추어 판다.

"내가 팔판동 82번지 태생이오. 여기서 쭉 살았지, 그럼요."

본디 조선 왕가의 혈육인 가문이라고 한다. 팔판동 일대에 집만 아홉 채가 있었고, 본가인 82번지는 2백 평이 넘는 대저택이다. 한 시절을 호령하고 살았던 가문인 셈이다. 그런데 어떤 연유로 정육점을 하게 되었을까.

"아, 사업이지요. 고기가 흔해진 1980년대 이후에야 그저 동네 정육점이라고들 하겠지만, 아버지가 갓 고기 사업을 시작하던 1940년대에는 서울에 정육점이 몇 없었어요. 소를 다루니 큰돈이 오갔고, 사업이 컸지요."

뒤에 쓰겠지만, 이 선생이 한창때 전국의 소시장을 주유하던 시절에는 어음도 수표도 없이 현금 다발을 싸들고 다녔다. 소시장에 큰돈이 몰렸고, 소 자체가 상징적인 현금이었다. 흔히들 '소 판 돈'이라는 말은 거액을 의미했고, 상아탑이 아니라 '우골탑'이라는 말처럼 소 팔아서 자식들 대학 공부를 시키던 때였다. 현금이 그처럼 많이 모이는 곳이 드물었다. 소가 수백 마리만 거래된다 해도 하루에 요즘 돈으로 몇십억 원이 왔다 갔다 하는 판이다. 그래서 옛 신문을 보면 소시장 강도 기사가 유독 많았다. 그의 부친 고 이영근 옹이 팔판

정육점을 연 게 1940년. 일제강점기 말에는 물자가 없어서 정육점을 하지 못했고, 해방 지나고 한국전쟁 후 본격적으로 고기 사업을 시작했다.

"부친이 쥐고 있는 돈이 없었어요. 집안 사정이었는데, 뭐 그런 일이 있었습니다. 종잣돈을 마련해서 정육점을 열었는데, 지금 생각하면 초라하지요. 얼음 깔고 그 위에 짚을 덮어놓고, 미군 판초 우의를 덧대어 고기를 보관하고 진열했어요. 외제 냉장고가 있었다 해도, 전기 사정이 형편없을 때라 쓸 수 없었겠지요."

이미 전쟁 전에 북에서 남한으로 송출해오던 전기가 끊겼다. 당시 국내 소비 전기는 대부분 북한에 있는 발전소의 몫이었는데, 송전이 끊기면서 남한의 전기 사정은 엉망이었다. 게다가 고기는 절대 부족했다. 전쟁 통에 농우가 많이 죽고, 수송용으로 징발하여 군사용으로 사용하면서 잡아먹었기 때문이다. 일제강점기 말, 태평양전쟁을 치르던 터라 소는 모조리 징발당한 상태였다. 고기는 물론 가죽으로 전투 물자를 만들었다. 그 유명한 가미카제의 어린 소년 비행사들이 입었던 가죽 재킷과 조종사 모자가 바로 여기서 나온 소가죽 제품이었다. 강제 수탈로 크게 줄어든 한우 사육업은 전후에도 한동안 바닥을 쳤다.

"고기를 사려는 사람은 많고 고기는 모자랐지요. 1960년대를 거치면서 부친의 사업도 커졌을 겁니다."

당시 그의 부친 별명이 축산대장이었다. 한강 이북의 소고기 시장을 장악했고, 군납도 크게 했다. 서울 시내에만 일곱 개의 정육점을 운영할 정도였다. 그가 얼마나 대단했느냐면, 한 일화가 있다. 당

시 장안에 제일 센 주먹이 바로 이정재였다. 이정재가 누구냐. 박정희 사단이 5·16 군사정변 후 민심을 수습하기 위해 잡아들여 목에 '깡패'라는 팻말을 달고 시내를 돌게 해, 시민들에게 공포정치적인 구경거리가 되었던 바로 그 전설적인 인물이다. 계보와 성질은 달랐어도 시라소니, 김두한 등의 뒤를 잇는 상징적인 주먹이었던 것이다. 그런 그도 이영근 옹은 건드리지 못했다. 손가락으로 호두를 부술 정도의 힘을 가진 분이었다. 이정재와 유일하게 맞짱을 뜰 수 있는 상대였다는 말이 틀리지 않을 것이다. 어쨌든 이런 힘은 우시장 판에도 먹혔다. 이영근 옹이 찍은 고기는 그야말로 가치 있는 고기였을 것이다.

이영근 옹이 활약하던 시기에는 정육점도 있었지만, 소고기를 파는 행상도 있었다. 서울에서 자라 그 풍경을 책으로 써낸 아동문학가 어효선의 《내가 자란 서울》(대원사, 1990)에 나오는 대목이다.

> 쇠고기 장수는 쇠고기를 갸름한 궤에다 담아 지고 다녔다. 단골이 정해져 있어서, 다른 장수처럼 외치지 않았다. (중략) 고깃덩어리를 꺼내놓고, 시퍼런 식칼로 썩썩 베어서 대저울에 달아준다. 그 궤짝 속은 쇠피가 묻어서 어룽어룽 얼룩이 졌지만, 겉은 쇠기름이 배어 검누르게 길이 들어서 야들야들 윤이 흘렀다.

부친에게 값을 치르고 물려받은 사업

1970년대가 되자, 소고기 먹을 여유가 생겨나기 시작했다. 경제는 어려웠지만 워낙 소고기를 좋아하는 민족인 데다 도축할 소의 수가 불었다. 경운기가 보급되면서 역축의 역할이 조금씩 줄어든 것도 영향을 끼쳤다. 시골에서는 소를 길러 자식들의 공부 뒷바라지를 하고 시집 장가도 보냈다. 고기 공급이 늘어날 조건이 갖춰진 것이다. 1980년도에 우리나라 소고기 소비량이 1인당 2킬로그램을 조금 넘기 시작했다. 최근에는 10킬로그램을 훌쩍 넘는다. 한우로는 모자라서 수입 소고기가 그 소비량을 받쳐주고 있다.

"부친에게서 내가 사업을 샀어요. 물려받았냐고요? 아니에요. 돈 주고 샀어요.(웃음)"

철저한 사업 마인드의 부친은 가게를 그냥 대물림하지 않았다. 액수를 매겨 돈을 가져오라고 했다. 진짜 장사꾼이었다.

"1974년 1월 2일인가, 날짜도 안 잊어요. 일을 해보겠다고 어디 가서 쌀을 날랐어요. 힘이 좋아서 4천 원인가 받았어요. 꽤 큰돈이었습니다. 돈을 벌어야겠다 생각했지요. 아버지한테 가게를 사기로 한 게 7월이에요. 저장된 고깃값은 다 드리고, 가게 시세는 절반으로 쳐서 샀어요."

모두 처가에서 빌린 돈이었다. 그 빚을 갚아야 했다.

"내가 말이오, 1974년 7월 4일에 가게 인수하고 하루도 네 시간 넘게 자본 적이 없어요. 일주일에 서너 번은 한 시간 반밖에 못 잡니다. 고기는 트럭으로 밤에 들어와요. 그때부터 일하는 거요."

그러면서 그는 "나는 존재가 없는 사람"이라고 말했다. 자기희생의 다른 표현일 것이다.

"안성, 음성 쪽에서 첫 고기가 자정 넘어 옵니다. 이 양반들에게 잘해주고 고기를 제꺽제꺽 받아야 해요. 엄청 무거운 걸 내가 다 받아 걸었어요. 그때 잘해주지 않으면, 기사들이 우리 고기를 소중하게 다뤄주지 않습니다. 한번은 고기가 망가져서 생기는 손해를 제가 계산해봤어요. 연간 5천만 원입니다. 그러니 기사들 힘들지 않게 고기 잘 받고, 비상대기해야지요. 제가 거의 집에 들어가지 못해요. 이 좁은 가겟방에서 대충 잠을 자는 거지요. 장사꾼은 그래야 해요. 희생이라고 생각하면 안 돼요. 돈이 그냥 벌리나요."

아, 놀랍다. 내 마음에 지진파처럼 파동이 밀려든다. '돈이 그냥 벌리나요.' 이런 계산은 아무에게서나 나오는 게 아니라는 생각이 들었다. 굴지의 사업을 50년 굴려본 사람의 계산이다. 지육 상태로 들어온 고기를 걸고 손질하고 나누고 여투는 일이 밤새 일어난다. 그렇게 다루는 소가 한때 하룻밤에 수십 마리씩 들어왔으니 노동 강도가 짚인다. 명절 때는 한 번에 수십억씩 매출이 난 적도 있다.

"이제는 법인이 되었지만, 그렇게 수십 년을 개인사업자로 세금 제대로 내고 장사했지요. 소득의 38퍼센트를 세금으로 냈어요. 고기 많이 팔아서 세금 많이 냈으니 참 잘한 일이라고 생각해요."

70년 동안 이어온 전통, 암소만을 고집하다

팔판정육점의 고기는 철저하게 암소다. 수입 고기는 다뤄본 역사가 없고, 소를 팔아도 한우에 암소만 다룬다.

"우리나라 사람들은 암소를 좋아하지요. 부드럽기도 하고, 무엇보다 먹고 난 뒤끝이 아주 고소해요. 황소나 거세우는 못 따라오는 맛이에요."

보통 한우 중에서 암소는 고소하고 부드러우며, 황소는 진하고 억세며, 거세우(황소를 일찍 거세하여 기른 것)는 부드러운 맛이 도드라진다고 한다. 암소의 경우 처녀소인가, 경산우(출산 경험이 있는 소)냐, 경산우면 출산 경험이 몇 회인가를 따지는 경우도 있다. 부위별로 또 다른 기준이 적용되기도 한다. 물론 다루는 전문가마다 다른 기호와 해석을 가지고 있다.

지금 한우의 경우 철저하게 비육우(肥肉牛) 체제다. 좋은 고기를 얻을 목적으로만 기른다는 뜻이다. 고기의 부드러움은 대부분 보증될 정도로 품질이 좋다. 그래도 이 선생의 정육점은 암소 전문이다. 창업 후 70년을 이어온 전통이다.

"암소란 게 마블링이 피어도 아주 가늘고 고와요. 거세우는 중간이고, 황소는 굵고 터프하죠. 제각기 맛에 개성이 있는데, 그래도 암소가 각별해요. 그러니 지금까지 암소만 다루지."

암소와 황소가 같은 무게일 때 암소는 황소보다 지방이 많아서 고기 양이 적다. 그래도 그는 암소만 팔았다. 부드러운 맛, 씹으면 끝에 매조지하는 맛이 있는 까닭이다. 그 배경에는 이윤도 있었다. 암소

한 마리 팔면 황소 네 마리 파는 격이었다고 한다. 좋은 암소를 찾기 위해 전국의 우시장을 다녔다. 그의 입에서 각 우시장의 장날이 술술 나온다.

"1일장이 횡성과 홍성에 금촌과 백암이고 2·7일장이 안성에다가 3·8일장이 오산, 4·9일장이 수원과 양평이지……."

장사의 첫걸음은 정직 그리고 고기 볼 줄 아는 눈

웃기는 일도 많았다. 고깃값을 고시 가격보다 높게 받는다고 단속을 당했다. 옛날에는 고기가 물가 관리 대상이라 정부의 고시 가격이란 게 있었다. 좋은 고기를 비싼 값에 사와도 똑같은 가격에 파는 불합리가 판을 쳤다. 그러니 물 먹인 소가 등장했다.

"그런데 웃기는 일이야. 정육점에서 물 먹인 소를 어떻게 만들어요?(웃음) 살아 있는 소라야 물을 먹이지 않겠소. 우리야 죽은 고기를 받는 것뿐이니 무슨 잘못이 있겠소. 우리도 피해자였지요. 그런 황당무계한 일도 있었어요."

물 먹인 지육을 받아 보관하면 물이 다 빠져서 오히려 손해를 보았을 것이다. 그러던 시절이었다. 1970, 1980년대까지만 해도 물 먹인 소가 횡행했다. 신문에 열흘이 멀다 하고 뉴스가 나왔다. 소에게 소금을 먹여 물을 들이켜게 하거나, 도축장에서 소 혈관에 물을 주입하기도 했다. 냉동 유통이 흔한 때였으니, 물 먹인 소고기가 얼었다 녹으면 거의 엉망진창이 됐다.

그는 소고기야말로 진짜 고기라고 생각한다. 특히 남자의 힘은 소고기가 최고란다.

"차범근 선수가 옛날 독일에서 뛸 때 한 번에 2킬로그램짜리 소고기 스테이크를 먹었다고 하잖소. 그렇게 먹었으니 독일 애들하고 붙을 수 있었던 거지. 정력에도 소고기요. 스지(소 힘줄)도 좋고. 내가 한때 담배도 많이 피웠지. 그래도 견딘 게 소고기 힘이오."

그는 소고기의 숙성에도 일가견이 있다.

"소고기 숙성은 산도(소의 숙성에 관련된 ph값)와 연도(부드러움) 같은 걸 이해해야 하오. 사후경직을 아는 건 당연하고. 아미노산이 숙성되면서 증가하거든. 오늘 소 잡은 날이라고 하면, 육회라면 몰라도 실은 그날 먹을 수 없는 고기라는 뜻이지. 숙성이 되어야 맛이 돌아요. 부패 직전이 최고라고도 하고. 그렇다고 그런 고기를 팔 수는 없고."

좋은 소를 사는 것이 바로 장사의 첫걸음. 당연히 고기 보는 기술이 중요했다.

"허리를 잘 봐야 해요. 채끝이 있는 쪽에 살집이 잘 잡혀야 좋은 소예요. 근수가 잘 나와요. 단순히 덩치가 크다고 근량이 많이 나오는 게 아니에요. 그런 기술로 이익을 더 낼 수 있었지요. 귀를 만져서 가죽이 겉돌면 물 먹인 소라는 것도 알아야 했지요. 지금은 그런 소가 없지만."

당시 소꼬리를 들추고, 항문 쪽의 살집을 보는 경우가 많았다. 일종의 비밀 감별법이었다.

"항문 옆으로 살이 비죽비죽 나오고 지방이 넉넉하게 비어져 나오는 암소가 아주 좋은 겁니다. 백 프로 근량이 많이 나와요. 또 가

습 위 가죽 있잖소. 늘어진 부분. 그걸 잡아봐서 가죽이 너무 딱딱하고 두꺼워도 안 샀어요. 그런 소는 고기 양이 서른 근까지 적게 나와요."

이 선생이 누비던 우시장 판은 이제 많이 사라졌다. 우시장이 있어도 갈 일이 없다. 등급제가 시행되면서 지육 상태로 고기를 보기 때문이다.

"경기도에서 용인 백암시장, 안성과 안중시장이 없어졌지. 이천 정도가 남았고. 이제 뭐 우시장은 다 역사야."

7, 8년 전부터 당신의 기술이 소용을 다했다고 한다. 산지에서 소를 보고 만져서 감별해내던 날카로운 기술. 아들 준용 씨에게 이 기술을 전수할 수 없어 안타깝다. 역사는 그렇게 흘러간다.

"소는 강원도 쪽은 다 괜찮았어요. 옥수수가 많이 나오니까 그걸 먹이는 데다 일교차가 크니까 소 몸에 기름이 잘 배고 말이지. 그래서 고기가 맛있고 육색이 좀 덜 붉고 밝아요. 지방이 중간중간 끼니까. 구례와 영주, 상주도 고기가 좋아요. 그런데 이제는 고기의 맛 차이가 많이 줄었어요. 사료가 거의 비슷하니까."

3대째 가업, 눈앞의 이익보다 더 큰 것을 본다

아들 준용 씨가 팔판정육점에 합류한 건 2011년. 그는 특이하게도 미국에서 MBA를 하고, 경제학을 부전공으로 했다. 국내에서도 연봉이 높은 엘리트였다. 그를 가게로 불러들인 건 이 선생이었다.

"내가 무릎도 수술했고, 3년 전에 급체가 와서 큰 고비를 넘겼어요. 가게를 계속해야 하나 고민이 있었지. 그때 모 재벌기업에서 기막히게 그 소식을 들었나 봐요. 80억에 팔판정육점을 팝니다. 왜 고민이 없었겠어요. 그런데 안 되겠어요. 아버지한테 내가 돈 주고 샀으니 나도 자식한테 넘겨야지. 당시 쟤가 받던 봉급 두 배 준다고 해서 불렀어요.(웃음)"

너무도 고된 50년 세월을 함께 보낸 아내가 6개월을 울면서 말렸다고 한다. 아들에게 또 이 고통을 넘겨주느냐는 항의였다. 이렇게 팔판정육점은 대를 이어가게 된다.

팔판정육점의 주요 거래처는 열두 곳 정도. 그중에서 노포 우래옥과 하동관은 개업 이후부터 70년 고객이다.

"우래옥 창업자와 우리 선친이 지인이에요. 그때부터 넣은 고기를 지금도 넣는 거지."

전율이 인다. 대를 이어 믿고 사는 사람이나, 그걸 대는 사람이나 놀랍기는 매한가지다.

"내가 가는 단골식당? 우래옥이나 하동관 정도밖에 없어요.(웃음)"

팔판정육점은 작아 보이지만, 뒤쪽으로 소 290마리를 보관하는 창고가 있다. 시설을 늘린 것이다. 이 창고에서 엄청난 양의 암소가 늘 숙성되고 있다.

"장사는 눈앞의 이익을 보면 안 돼요. 크게 보는 거예요."

거상(巨商)이라 할 이경수 선생의 말이다. 준용 씨는 한동안 그런 아버지를 이해하지 못했다. 두 근짜리 고기를 시킨 손님에게 여섯 근을 배달하지 않나, 돼지고기는 값이 폭등해도 아예 이문도 없이

노포의 장사법

옛날 값으로 그냥 팔지 않나.

"옛날에 우래옥에 소 혀를 댔는데, 4년 동안 밑졌어요. 그렇다고 거기에다 말도 안 했어요. 그런 작은 손해는 지고 가는 겁니다. 계산이 정확할 때는 그래야 하지만, 베풀면서 그때를 알기는 참 힘들지요."

그가 악수를 청했다. 한때 유도를 했고, 한 방에 소를 쳐서 쓰러뜨렸다던 무도인인 그의 손이 무겁고 두툼했다. 무엇보다 따뜻했다. 3대 76년의 정육점 주인이다.

직장인의 식욕을
정확히 읽는다

서울 다동의 전성시대를 이끌었던 전설의 노포

부민옥

1956년 창업

· · ·

    부민옥은 아무나 가는 집이지만 또 아무나 가지 않는 집이다. 대중식당이니 누구나 들어갈 수 있지만, 묘한 기에 눌려서 아무나 들어가지 않는다는 뜻이다. 이런 집이 서울 중구 다동 언저리에 여럿 있다. 이 집 역시 오랜 단골들의 출입처다(섭외가 어려워 미루다가 이번에 어렵게 문턱을 넘었다). 손님도 홀의 직원도 주방 요리사도 사장도 다 나이 들었다. 역사로 깊어진 맛, 맛에 사연과 세월이 깃든 집. 이런 집을 우리는 간단히 노포라고 부른다.

    과거에는 '○○옥'이라는 이름의 집이 많았다. 아마도 근대적 식당문화가 생기기 전에 '아무개집'이라고 부르던 시절의 유산인 듯하다. 그 이름을 일제강점기에 집을 뜻하는 일본어 '옥(屋)'으로 고쳐 부르지 않았을까. 작명 이유도 요즘 생기는 식당들처럼 그리 거창하지 않다. 부민옥에도 어마어마한 느낌의 이름과 달리 실제로 듣고 보면 너무도 소박한 작명 사연이 숨어 있다.

한 시대를 풍미했던 노장들의 아지트

    한때 이 집 손님의 평균 연령이 70대라는 설이 있었다. 어지간히 30~40년 단골 아니면 대우도 못 받는다는 말도 있었다. 나이 오십 넘은 나도 슬쩍 들어가서 조용히 먹고 나오는 집이었다. 이 집의 특징을 잘 말해주는 건 좌석의 배치다. 1, 2층 모두 홀 좌석보다 방이

중심이다. 그 방마다 모임 치르는 노장들의 웃음소리를 백그라운드 뮤직 삼아 밥을 먹는 게 나름 인상 깊다. 안 그래도 늘 붐비는 집에 자리가 부족해졌다. 덜컥 〈수요미식회〉라는 프로그램에 나온 까닭이다. 본디 명품이었던 육개장이 소개된 것이다. 그 덕에 젊은이들이 조금 보인다.

"손님 평균 연령을 엄청 내려줬지. 하하. 방송 보고 찾아오는 젊은 손님들이 문에 들어서자마자 멈칫 하더라고."

역시 엄청난 평균 연령에 기가 눌리는 것일까. 이 부민옥을 이끄는 이가 김승철 사장이다. 올해 우리 나이로 쉰넷. 가게 건물 2층으로 올라갔다. 그가 가리키는 다동의 풍경이 보였다. 앞에는 롯데호텔을 막아서는 삼성화재 건물이, 그 밑으로는 어색한 도시계획으로 이도 저도 아닌 길이 애매하게 나 있다.

"이 자리가 다동 154에 8번지. 나는 154에 4번지에서 태어났어. 원래 4번지 건물을 헐고 도시계획으로 이 자리를 얻어서 건물을 올렸어. 원래 자리가 전통의 부민옥이지."

과거에는 반도호텔이었던 롯데호텔이 힐끔 보인다. 그가 어린 시절에는 삼성화재 건물이 있던 자리가 공터였던 걸로 기억한다. 상전벽해는 아니지만, 이 동네의 지형도도 많이 바뀌었던 것이다.

"무엇보다 다동, 무교동이 갖던 힘이 많이 빠졌지. 예전엔 비어홀에 온갖 식당에 주점, 참 대단했지. 월급쟁이들 놀이터로 이만한 데가 있었나."

경제 성장의 천일야화가 시작된 다동

　1960, 1970년대를 다룬 소설을 보면 늘 등장하는 무대가 이곳이다. 월급쟁이들이 누런 서류봉투를 끼고, 아니면 도시락가방을 들고 대포 한잔하던 곳. 김원우의 소설 〈무기질 청년〉에는 이 동네의 '여급'이 나오는 '비어홀'이 등장한다.

　우리가 여러 가지로 늘 답습하던 일본의 경우를 먼저 알아보자. 비어홀은 도쿄올림픽 전후 호황기를 맞으면서 급격히 늘어난 주점의 한 형태였고, 그것이 한국에서도 재현되었다. 맥주를 마시기는 하되, 칸막이가 있고 여직원이 시중을 드는 방식이었다. 원래는 일제강점기에 생겨난 업태로, 경성(京城)의 한 풍경으로 비어홀이 늘 언급된다. 모던보이들과 모던걸들, 경성의 권력자들이 몰려들던 욕망의 아성이 바로 비어홀이었다. 현대에 와서 1970, 1980년대 다동과 무교동의 비어홀은, 급격한 경제 성장으로 세련되지만 강퍅하게 변모하던 서울을 의미하게 됐다.

　다동의 전성시대는 아마도 1980, 1990년대가 아닌가 싶다. 엄청난 경제 성장과 거품 경기의 시대였다. 근처에 삼성화재(전 안국화재)가 있었고, 삼성의 심장인 태평로 사옥도 건재하던 때였다. 뿐인가. 한국은행을 비롯해서 온갖 은행의 본점과 주요 지점이 가까운 곳에 포진했다. 한다하는 언론사인 서울신문, 조선일보, 스포츠서울, 동아일보 등의 직원들이 모두 이곳 손님이었다. 당시는 기록적인 호황이 이어져 신문사들은 광고 실을 데가 없어서 증면 경쟁을 할 때였다. 그마저도 실을 자리가 없다고 거절하는 경우도 있었다. 전설 같은

이야기다.

"말도 못하게 장사가 잘되었지. 점심, 저녁 밀어닥치는 손님으로 가게가 꽉 차 있었어. 기자들, 회사 임직원들, 한량들. 말도 마."

그는 필자와 연배가 같아 말을 놓는다. 평안북도 곽산 출신의 아버지와 대전 출신의 어머니를 둔 2남 2녀 중 막내. 다동에서 태어난, 서울의 신토박이. 그가 가게 건물 2층에서 묵묵히 일대를 둘러본다. 옛 기억이 회로처럼 돌고 있는 모양이다. 담배 한 대를 다 태우는 걸 보니.

마침 2층에 들인 방에서 어른들이 왁자하다. 그 어른들이 사진작가의 촬영 요청을 흔쾌하게 받아들인다. 전형적인 부민옥의 손님 풍경이다. 한국은행 오비(OB) 모임이라고 한다. 청춘을 묻은 동네로 돌아온다. 은퇴하고서도 이곳에 와서 여전히 만난다. 당연히 추억이 서린 부민옥이다. 그러고선, 가게를 지키는 김승철 사장에게 반말을 툭 던진다. "막내, 잘 지냈어?" 아, 이 '그림' 참 대단하다. 이제 노장이 된 옛 손님과 역시 중년의 깊은 자락에 든 옛 가겟집 막내의 만남이다.

부민옥 하면 떠오르는 '장수 메뉴'가 있다

내게도 부민옥 시절이 있었다. 단골은 아니었지만 양곰탕과 양무침 같은 걸 먹으러 다녔다. 해장에 이만한 게 없었다. 옆집 용금옥도 있고, 이제는 외국인 관광객이 더 많은 멋진 북엇국집과 '내강'이라는 이름의 자그마한 비빔밥집도 다녔다. 그런데 이곳 부민옥에 다니기가 제일 힘들었다. 뭐랄까, 안주인(김승철 사장의 모친)의 힘이랄까,

기세에 눌려서 밥을 퍼 넣는 둥 마는 둥 했다. 요즘은 나도 노장(?)이라 홀에서 양무침과 부산찜에 소주 한잔을 여유 있게 마신다. 이 집은 식사로는 역시 육개장이고, 안주로는 양무침이다. 나는 그렇게 생각한다. 알게 모르게 있다가 사라진 메뉴가 있지만, 이 두 메뉴는 확실히 장수하고 있다.

양무침은 본디 서울의 전통 음식에 들어간다. 차게 무쳐서 낸 여름 보양식이다. 평양과 함께 서울은 소를 많이 잡기로 유명한 곳이었다. 옛 암행어사의 글에 "평양은 서울서 관료가 오면 닭을 잡듯이 소를 잡는다"고 한탄했던 곳이다. 당시 소는 일소로서 일종의 경운기였다. 그런데 서울은 한 수 위다. 그 '관료'가 어쩌다 평양 가서 소를 먹는다면, 서울에서는 '늘' 소를 먹었으니까. 아예 소 잡는 사람들이 모여 사는 마을을 국가가 지정해주고, 심지어 '보호'하기까지 했다. 보호했다는 건, 조선왕조에서 수시로 '금우령'을 내렸는데 금우령을 내리고도 예외를 허용했다는 의미다. 뿐만 아니라 소 잡는 걸 감시하는 금살도감을 설치한 적도 있을 정도다. 소 잡는 이들의 집단 거주지가 지금의 혜화동, 즉 성균관 앞에 있었다. 다른 건 몰라도, 성균관 제사에는 소고기를 올려야 했고, 그 고기를 성균관에서 공부하는 유생들에게는 먹여야 했다. 유생들을 잘 부양하는 것이 곧 조선의 정신적 혈통을 유지하는 것이었으니.

양무침은 소를 잡으면 반드시 생기는 소의 위를 요리하는 법이었다. 국에 넣고 끓이기도 했고(하동관의 양곰탕이 그것이다) 여름에는 더우니까 시원하게 무쳐 먹기도 했다. 그런데 부민옥의 그것은 따뜻한 요리다. 그때그때 주문을 받으면 미리 삶은(양은 적어도 90분은 삶아야

맛있게 물렁해진다) 양에 양파며 쪽파 같은 양념을 듬뿍 넣고 고춧가루, 마늘을 넣어 따뜻하게 무쳐낸다. 소주 안주로 이만한 것을 나는 거의 본 적이 없다. 과음하기 딱 좋은 안주다.

부산찜도 인기를 끌었다. 부산 피란 시절에 해물을 구할 수 있는 대로 넣고 해 먹던 요리다. 원래 이름 자체가 없었다고 한다. 그렇다. 우리의 외식사(外食史)는 이처럼 우발적이고 소박한 발발이 흔하다. 필자의 전작《백년식당》에서 다룬 부산 마라톤집에서는 '재건'과 '마라톤'이라는 메뉴를 판다. 모두 손님들이 즉흥적으로, 어쩌면 그것조차 필연적인 역사에 의해 지어진 이름이다. 어려운 시절 이름 없던 해물찜은 '부산찜'이라는 멋진 이름을 얻었고, 지금 주력 메뉴 중 하나다. 뭐가 되려면 이렇게 즉흥성과 고객의 협조가 필요하다. 단, 그 물건의 품질이 훌륭해야 한다. 당연한 얘기지만.

돈이 돌자 고기와 술이 팔려나가기 시작하다

그의 부친 고 김상희(1923년생) 씨는 이북에서 월남해 부산에 자리 잡았다. 은행원이었다. 아내 송영준(1929년생) 씨를 만나 부산에서 딸 둘, 서울로 이주해서 아들 둘을 낳았다. 서울 이주는 1956년도로 부민옥 간판에 쓰여 있는 개업 연도와 같다.

부민옥. 부유할 부(富)에 백성 민(民), 집 옥(屋)이다. 깊은 뜻이 있어 보인다. 한데 대답은 뜻밖이다.

"응, 부산 부민동에서 어머니가 장사를 시작했거든."

그냥 부민동의 이름을 가져다 쓴 거다. 한국의 식당 이름은 이런 식이다. 출신 도시나 고향을 건다. 아니면 상호가 없어서 손님들이 붙여주기도 한다. 골목집, 구석집, 전주집(주인의 고향을 따서), 육교집. 이런 집들이 나중에 세무 등록을 하면서 정식 상호가 됐다.

원래 외할머니가 음식 솜씨가 좋으셨다. 두 분이 함께 피란지 부민동에서 밥장사를 했다. 서울로 온 후, 상호에 그 동네 이름을 넣었다. 그러니까 이 60여 년 된 노포는 부산 피란 시절의 기억으로부터 출발한다.

"피란지에서도 인기가 많았다고 해. 환도한 후에 이 동네에 자리 잡았지. 어머니는 장사 욕심이 많고 외할머니가 솜씨가 있으니 메뉴도 많았어. 삼계탕, 돼지탕 같은 것도 했고. 그게 서울 요식업의 한 유행이기도 했을 거야. 뚝배기로 파는 음식이 아주 많았지. 육개장도 그때부터 메뉴였다고 하고. 처음엔 음식만 했어, 술집이 아니었지. 점차 직장인들 회식이 많아지고, 돈이 돌면서 술안주가 잘 나갔던 거지."

그래서 한창때는 삼겹살도 구웠다. 너도나도 삼겹살 인기에 휘둘리던 때였다. 주물럭 같은 것도 있었다. 주물럭은 삼겹살이 인기를 얻기 시작한 1970, 1980년대의 인기 안주다. 고깃집에서 파는 경우보다 일반 식당에서 '갑자기' 시작하는 경우가 많았다. 돈이 돌고, 사람들이 고기와 술을 찾던 시기였다.

고기구이 전용 화로 없이 탁자 위에 업소용 프로판가스 레인지를 놓고 고기를 구웠다. 돼지는 삼겹살, 소는 주물럭. 주물럭은 소갈비나 생등심처럼 본격 메뉴가 아니라 좀 질긴 소 등심 부위를 양념으

양무침	中 35,000	제 육	中 30,000
	小 30,000		小 26,000
부산찜	中 33,000	모듬전	19,000
	小 28,000	곱창전골	中 45,000
낙지볶음	中 33,000		小 35,000
도가니	33,000	선지술국	8,000
수 육	中 33,000		
	小 28,000	(150g)	

이 집 돈은 안주가 벌어주지만 자부심은 육개장이다.
노포에는 꼭 이런 원조 메뉴, 자존심을 건 메뉴가 있다.

로 주물러 연화(軟化)시켜 굽는 메뉴를 가리킨다. 1980, 1990년대 초반까지 서울 직장인들은 이런 메뉴를 즐겨 먹었다. 보너스와 체력단련비, 명절상여금, 자녀학자금 명목으로 회사에서 온갖 아이디어를 짜내어 직원들에게 돈을 더 주던 시기였다. 호황이었고, 이익을 많이 내면 세금도 많이 내야 하니 보너스를 크게 베풀었다. 연봉제가 아니라, 호봉제였던 때여서 이런 명목의 특별 지급액이 꽤 많았다. 직장인들은 더 이상 자기 아버지처럼 도시락을 싸 가지고 다니지 않았다. 점심과 저녁을 회삿돈으로 먹었다. 회식과 접대라는 이름으로.

"그렇지. 삼겹살과 주물럭은 갑자기 생긴 메뉴였지. 가스레인지를 탁자에 올리고 철판에 알루미늄 포일 깔고. 나중에 없앴어. 누구나 팔던 메뉴였거든. 대신 양무침 같은 우리 집의 독보적인 메뉴가 인기를 끌기 시작했어. 이걸로 거의 평정을 한 거지."

돈은 안주가 벌지만 자부심은 육개장이다

그때 나이 드신 홀 여직원이 인터뷰 장소를 지나갔다. 오래된 직원이 많은 곳이다. 환갑을 훌쩍 넘긴 분들이 흔하다. 근속 기간이 얼마나 됩니까? 그분께 내가 물었다. 그는 김 사장에게 "내가 여기서 얼마 있었지?" 하고 편하게 되물었다.

"내가 여기서 제일 오래된 건 아니고. 홀에서는 두 번째일걸? (사장더러) 왜 뚱보언니 기억나지? 그 언니가 그때 있었지. 1987년도에 입사했어."

대충 들어보면 얼추 30년은 되신 분들이다. 그런 분들이 주방에도 두 분 계신다. 이래라저래라 할 필요가 없는. 진짜 이모 같은 분들. 노포의 특징이 여기서도 발견된다. 장기근속 직원이 흔하다는 것!

그는 원래 아주 유명한 제약회사 직원이었다. 명문대학교 화학과를 졸업한 연구직이었다. 공부를 잘했고, 당연히 그런 쪽으로 양복 입고 살 줄 알았다.

"아버지가 부르시더니 회사 다니기 힘들어? 이러시는 거야. 그렇다고 했지. 이거 하라고 하는 거야. 형과 누나들이 안 한다고. 엄마는 반대했어. 왜 멀쩡한 직장 관두고 힘든 일 시키느냐고. 공부를 어렵게 시켰는데, 식당 일이냐고. 그러다가 어찌어찌 오게 됐어. 하하."

이 집 돈은 안주가 벌어주지만 자부심은 육개장이다. 가게 시작부터 있던 원조 메뉴다. 대파를 넉넉히 넣되, 완전 영남식은 아닌 듯하다. 아주 달지는 않고 시원한 쪽이기 때문이다. 그는 "주방 아주머니들의 희생으로 만들어지는 음식"이라고 말한다. 대파를 엄청나게 손질해야 하고, 맑고 시원한 국물을 내기 위해 고기도 잘 다뤄야 한다.

"내가 염색 안 하는 이유가 있어. 손님들이 무조건 반말하거든. 머리가 하얘지니까 좀 덜해.(웃음) 물론 단골들은 다 알지. 어이 작은 사장, 아들내미! 이리 와봐! 이러신다고. 크흐."

큰 사장은 물론 어머니를 이른다. 그이는 이제 가게에 잘 안 나오신다. 가끔 동창 모임에서나 얼굴을 비친다. 그와 얘기를 나누는 동안, 술이 식었다. 다시 부민옥의 역사 속 이야기가 천일야화처럼 끝도 없이 이어졌다. 부민옥. 이 독특한 노포의 한 세기를 듣기에는 시간이 너무 짧았다.

재료가 무기다,
꼼수는 없다

순 메밀로 만든 관록의 평양식 막국수집

남북면옥

1955년 창업

...

냉면과 막국수. 같으면서도 다른 존재. 춘천이나 강원도 휴가를 가서 만나던 그 국수와 서울 냉면은 어떤 관계일까. 냉면은 음전하고 뼈대 있으며, 막국수는 그 이름대로 '막'국수인 걸까. 여름이면 '냉부심(평양냉면 맛을 안다는 자부심)'이 등장하고 막국숫집도 문전성시다. 그 차가운 국수는 우리에게 무엇일까. 냉면처럼 막국수도 그 역사의 흔적이 극히 미미한 음식이다. 하긴 막 눌러 먹는다는 변방의 국수를 누가 기록하고 관심이나 가졌겠는가. 냉면처럼 우아한 꽃길을 걷지 못했으나 막국수는 사람의 관심 밖에서 저대로 맛을 지키고 있었다. 특히 냉면과의 관계를 명확히 보여주는 남북면옥은 보통 우리가 아는 막국수와는 다른 길을 걸어왔다. 그 현장에서 대를 이은 주인이 직접 손 반죽해서 눌러주는 막국수 그릇을 마주하고 앉았다. 이건 막국수의 역사에서 중요한 대목이 될 것 같다는 예감이 들었다.

법도와 규율이 필요 없는 '막'국수

필자는 서울 태생이라 일찍이 냉면을 먹으며 자랐다. 냉면의 원류는 이북이지만 기실 남한, 그것도 서울의 음식이라 해도 과언이 아니다. 장안의 유명한 냉면집에 가면 머리 허옇게 센 노인들이 냉면 모임을 하는 장면을 흔히 볼 수 있는데, 이북 노인들인 경우는 생각보다 적다. 그들의 다수가 서울 토박이거나 이북을 제외한 이주민

출신이다. 이북 출신 생존 실향민의 수가 줄어들고 있는 탓도 있지만, 서울에 사는 사람들이 워낙 냉면을 좋아하기 때문이다.

실향민의 가슴 아픈 사연을 입고 서울의 냉면집이 크게 성장했지만, 실은 그 이전부터 서울에 냉면집이 성행했다. 적어도 일제강점기에 냉면이 서울의 핵심 외식이었음을 보여주는 자료가 많이 남아 있다.

아닌 게 아니라 한여름 더위를 씻어주는 그 맛있는 냉면을 누군들 좋아하지 않았겠는가. 나도 냉면만 먹다가 이 글의 주제인 막국수의 맛을 뒤늦게 알게 되었다. 종종 춘천을 비롯한 지방 출장을 가서 막국수 맛을 보았던 것이다. 당시의 소회는 하고많은 말 중에 하필 '막'을 접두어로 쓰고 있느냐는 의문과 호기심이었다. 막장(醬), 막사탕, 막소주 같은 낱말이 없는 것은 아니었으나 이미 사라져가던 과거의 용어였던 차, 인기 있는 음식에 떡하니 '막'을 붙인 막국수는 그래서 더 신기하고 정이 갔던 것 같다.

춘천과 강원도 내륙(메밀로 유명한 평창군 봉평면도 해당된다)의 영서에서부터 강원도 해안 지역인 영동 지방을 돌다 보면 어디든 그 지역의 터줏대감 격인 막국숫집이 있었다. 익숙한 건 냉면이었는데, 막국수를 알게 되면서 묘한 친근감이 들었다. '막'이라는 게 본디 형식도 규율도 벗어던진 여유와 탈형식을 의미하기 때문이 아닐까. 그냥 적당히 신발 벗고 방에 들어가 '대충' 주문하고(여느 냉면 먹기처럼 순면과 민짜, 곱빼기와 사리 추가의 다채로운 법도와 규율이 거긴 없었기 때문이다) 발 뻗고 후루룩, 후룩 국수에 집중할 수 있었다. 자유로움! 서울 냉면집 여기저기에 앉아 있는 노인들 눈치 볼 필요 없고, 간혹 들리

는 두툼한 이북 사투리에 주눅 들 일도 없는 한갓진 강원도식 막국숫집의 풍경이었다. 물론 그 동네 노인들이라고 해도 어디 메밀껍질처럼 까칠한 분들이 없었겠느냐만 마음이 훨씬 편한 건 사실이었다.

지금은 제법 세련된 인테리어의 막국숫집도 있고, 돈 벌고 건물 올려서 위세를 보이는 집도 없지 않지만, 과거 강원도 막국숫집에는 어떤 편안한 정서가 있었다. 우선 대문이고 뭐고 길과 가게의 구분이 똑 부러지는 맛이 없었다. 동네 가게라, 한여름에는 길가에 대충 내놓은 평상에 앉아서 이미 막국수 드시는 동네 노인들이 있고, 마실 가다가 붙잡혀 한담을 나누는 아주머니들도 있고, 뭐 좀 그런 여유로움이 은근한 민속화처럼 펼쳐졌던 것이다. 대개 지붕은 새마을운동 때 개량된 '스레드'이고, 서양식 탁자는 아예 없고 안방, 건넌방, 마루에 앉은뱅이 식탁이 몇 개 놓여 있을 뿐이었다. 본디 주인이 쓰던 상도 식탁으로 놓여 있고, 더러는 '호마이카' 껍질이 일어난 교자상도 있었다. 그런 자리에 대충 앉으면, 어서 오라 가라는 말도 없는 무뚝뚝한 아저씨가(안주인은 대개 부엌에서 국수를 삶았다) 찌그러진 양은 주전자에 육수를 담아내고, 주문받은 수육이며 막국수를 날라 대던 것이었다.

인제에 있는 이 집 '남북면옥'이 딱 그런 집이었던 것 같다. 새로 올린 2층짜리 수수하고 너른 집의 1층이 객장인데, 휘휘 둘러보니 그 시절의 '증거품'이 한쪽 벽에 서 있다.

"맞아요. 이 가게를 2013년 9월에 신축했는데, 원래 쓰던 한옥에서 떼어낸 장지문을 붙여논 거지요."

권수일 씨가 웃으며 답한다.

메밀국수의 맛을 좌우하는 타이밍

강원도의 막국수는 다 비슷해 보이지만, 제각기 특징과 내력이 있다. 개별 가게들의 스타일이 다 달라 일괄로 구별하기는 어렵지만 대략 다음과 같이 정리할 수 있다. 우선 춘천식은 메밀 속살을 잘 빻아서 색이 희고 새콤달콤하며 참기름 향이 강한 비빔면 스타일로 보면 거의 틀림없다. 대관령을 기준으로 강원도 내륙인 영서 지방도 역시 희고 고운 속메밀을 쓴다. 동치미를 쓰는 남북면옥도 여기에 해당한다. 반면에 영동 지방은 겉메밀을 섞어 써서 거친 면이 대세이다. 그렇지만 워낙 나들이 인파가 많고, 너나없이 막국숫집이 많이 생긴 강원도에서 이런 지역별 스타일을 그대로 고수한다고 할 수는 없다.

권수일 씨는 선이 여리고 웃는 모습이 순한 막내아들 태가 난다. 가게 한구석에 돌아가신 창업자 부부, 그러니까 부모님의 사진이 걸려 있다. 권계복(1914년생), 김옥희(1919년생) 부부의 사진이다. 그는 2대째 이 막국숫집을 운영하고 있는 것이다. 부모님 사진이 크게 인화되어 있어서, 새로 지은 이 막국숫집 홀을 내려다보는 것 같다.

"부모님이 모두 인제 토박이시지요. 1955년부터 장사를 하셨다고 해요. 계절 장사였죠."

남북면옥의 시초는 계절 장사로 한겨울에 임시로 막국수를 말던 때로 올라간다. 농사짓고 사는 농촌인 데다 유동인구도 없는 인제에 사철 막국숫집은 가당한 일이 아니었다. 그래서 가을에 수확한 메밀을 빻아서 국수를 말아내는 건 길어야 봄까지로 한정되었다.

"속살을 백 퍼센트 쓰니까 당연히 재료비도 많이 나오지요.
뭐 어째요. 부모님 하시던 대로 그래도 하는 거지."
남북면옥의 국숫값은 도저히 납득이 안 되는 선이다. 달랑 5천 원.

"가게가 1961년에 정식 등록된 걸로 나옵니다. 그전에는 겨울에만 여는 무허가 식당이었던 게지요. 인제군 남북리 시절입니다."

그때는 그랬다. 서울에서 사철 장사를 하는 식당들도 무허가가 더 많았으니까. 세제가 정비되고 관이 허가를 관장하는 일이 확립된 건 보통 1960년대로 본다. 그러니 인제군에서 1961년에 허가 받은 것만 해도 오래된 역사다. 당시에는 여전히 무허가가 많았기 때문이다.

남북면옥은 1973년에 지은 한옥 시절부터 유명해지기 시작했다.

"인제군 인제읍 삼동리 343-21번지였고, 지금은 265-1번지입니다." 숫자가 그 집의 내력을 다 말해주지 않지만, 달라지는 지번은 남북면옥의 변화사를 읽을 수 있는 기호가 된다.

"변화라고 하시지만, 사실 변한 건 없어요. 똑같아요. 아, 국수틀은 바뀌었네요.(웃음)"

권 씨가 한 장의 사진을 보여준다. 그가 소년 시절, 어머니 김 씨를 도와 국수틀을 누르는 장면이다. 쇠로 만든, 당시로서는 최신식 기계였다.

"원래 강원도에서는 국수분틀이라고 해서, 규모 있는 집이나 마을마다 국수 뽑는 나무틀을 가지고 있었어요. 겨울에 국수를 내려 먹으려면 틀이 필요하니까요."

강원도 위로 이북 지방은 한겨울에 국수를 내려 먹는 풍습을 오랫동안 유지하고 있었다. 그 흔적은 강원도를 중심으로 남아 있다. 물론 메밀을 많이 생산하는 지역의 관습이다. 그 나무 분틀의 시대를 거쳐 쇠로 만든 분틀, 현재는 자동화된 국수틀을 쓰고 있다. 국수를 내릴 때 장정의 힘이 필요했던 시대에서 유압식 기계의 덕을 보고

있는 것이다.

이 집에서 쓰는 국수틀을 직접 부엌에 들어가서 보았다. 주문이 들어오면 그때서야 반죽을 하기 시작하는데, 다행스러운(?) 건 그래도 메밀은 특성상 오래 치대지 않아도 된다는 점이다. 밀가루는 오래 치댈수록 점도가 올라가 쫄깃해지는데, 메밀은 그 특유의 무덤덤함을 상징하듯, 찰기조차 없다. 메밀에 더운물을 더해서 주무른 후 그대로 제면기에 넣는다. 국수 기계 아래는 언제나 뜨거운 물이 설설 끓고 있어서 국수가 순식간에 익는다. 반죽이 내려가는 시간이 있으니까 그 틈을 노려보고 있다가 촤악! 국수가 끓는 물에 들어가면 퍼지기 전에 빨리 건져서 얼음장 같은 물에 넣어 헹궈내야 맛있는 메밀국수가 완성된다. 메밀은 재빨리 삶지 않으면 퍼져버리므로 국수틀 아래에 설설 끓는 솥이 있게 마련이다. 아주 차가운 물에 헹궈내므로, 사리를 짓는 이의 손은 늘 빨갛게 붓고 얼어 있다.

남북면옥이 한창때 막국수를 많이 말아낼 때는 하루 기백 그릇이었다. 요즘도 여름 휴가철에 해안으로 오가는 차량이 많은 시기나 스키 시즌에는 어지간히 말아내느라 어깨가 아프다.

"메밀은 워낙 예민해서 타이밍을 놓치면 국수가 맛이 없어요. 그게 힘들지요."

동치미 맛을 대신했던 아지노모토

여담인데, 막국수라는 말은 전국 공통이었던 것 같다. 막국수가 강

원도만의 용어는 아니었던 것이다. 비록 국수의 스타일은 다르지만, 크게 보면 고원과 북부 지역의 명물 요리로 한반도에서 각기 만들어 먹던 음식이라고 해야 맞을 것 같다. 다시 말해 북한에서도 막국수란 말을 사용했다는 것이다. 그래서 막국수=강원도, 냉면=이북의 등식은 성립하지 않는다.

남북 이산가족 상봉의 역사는 외식사에도 여러 가지 삽화를 남겼다. 그중 북한의 스케이트 선수 한필화와 남한의 오빠 한필성의 만남*은 꽤나 극적이었다. 이들이 당초 남매간임을 밝히면서 오빠 한씨가 월남하기 전, 가족이 모두 평안남도 진남포에 살면서 '막국숫집'을 했다는 기억을 떠올렸다. 필자는 이 슬픈 가족사와 함께 막국수라는 낱말에 주목했다. 북한에서는 흔히 냉면(랭면)이라고 부를 텐데, '왜 막국숫집이라는 말을 꺼냈을까' 하는 점이다. 결론적으로 막국수와 냉면은 서로 같은 뜻으로 쓰인 것으로 보인다. 평안도 태생의 시인 백석(白石)이 자신의 시에서 거론하는 '국수'가 냉면과 동일한 음식이라는 게 여러 음식 연구자에 의해 밝혀졌듯이, 막국수 역시 냉면과 동일한 음식이라는 것이다.**

사실 한겨울에 먹는 냉면은 본디 차가우니 따로 냉면이라는 명명이 필요치 않아서 그냥 국수라고 부르는 게 당연했으리라. 냉면이라는 작명은 이 국수의 상업화와 깊은 관련이 있다. 원래 겨울 음식인

---

* 1971년, 한필화가 일본에서 열린 프레 동계올림픽에 참석했다. 이때 월남하여 살던 한필성 씨와 전화 상봉이 이루어졌던 것이다. 당시 이산가족이 전화로나마 소식을 전하게 된 건 실로 엄청난 사건이었다. 이는 언론에 톱으로 보도되며 전국적인 화제가 됐다. 이후 1990년에 이 남매가 일본 삿포로 공항에서 실제로 만나면서 전 국민의 눈시울을 적셨다.

** 재야 한국음식 연구자 박정배는 《음식강산2》(한길사, 2013)에서 여러 문헌을 검토한 결과, 동일한 음식이라는 증거를 내밀고 있다.

　　　　　　　　　　　　　　　　　　　　　노포의 장사법

냉면을 여름에 팔게 되면서 '차가운 면'이라는 이미지를 굳혀서 식욕을 돌게 하는 의도가 있었던 것 같다. 한여름에는 차가운 것이 귀하던 때였으니까.

메밀은 보통 겨울에 많이 먹을 수밖에 없는 작물이다. 우선 수확시기를 보면 대개 여름에 씨를 뿌려 늦가을에 거둔다. 그래서 자연스레 겨울이 제철이 된다. 대부분의 곡물이 그렇지만 메밀은 열에 아주 약하다. 겨울에 보관된 상태여야 제대로 맛을 낸다. 냉장고가 보급되면서 늦가을에 수확한 메밀을 1년 내내 좋은 상태로 유지할 수 있지만, 과거에는 언감생심이었다.

메밀국수(막국수이든 냉면이든)가 겨울 음식이 된 데는 다른 이유도 있다. 냉면의 국물이 되는 동치미가 겨울에만 먹을 수 있는 김치였던 것이다. 나중에 따로 다루겠지만, 냉면이 여름 음식으로 팔리게 된 것은 제빙 공업의 발달과 함께 동치미 맛을 대체할 수 있는 아지노모토(조제 글루탐산나트륨)의 보급이 결정적이었다. 일제강점기에 일본의 아지노모토사는 냉면의 맛을 내는 데 아지노모토가 최적의 맛내기 재료라는 점을 강조하는 광고를 신문에 싣기도 했다. 동치미가 불가능한 시기, 냉면 가게는 아지노모토와 소고기 육수의 힘을 빌려 새로운 메밀국수를 창조(!)해냈던 것이다. 여담인데, 아지노모토사는 여전히 일본에서 그 제품을 출시하고 있으며 현재의 주력사업은 조미료가 아닌 첨단 화학제품 생산이라고 한다.

1973년 1월 11일자 〈동아일보〉에 중요 무형문화재 17호 봉산탈춤 예능 보유자 김선봉 씨가 아들과 나눈 대화가 기사로 실렸다. 김 씨의 고향 황해도의 겨울 추억을 아들과 대화하는 형식의 기사다. 한

"메밀 생산을 안 하니까 막국수 장사가 참 어려웠어요.
수입 메밀도 없을 때 아닙니까.
어떻게든 메밀을 구해서 국수를 뽑았어요."

해 전인 1972년에 7·4남북공동성명이 발표되면서 남북통일에 대한 국민적 관심이 높아졌던 시기에 실린 특집이다. 김 씨의 회고담에 전형적인 이북 냉면을 얘기한 이채로운 부분이 있다.

> 밤늦도록 윷놀이를 하다가는 밤참으로 얼음 동치미에 막국수를 말아 꿩고기를 구미로 하여 먹지. 그 맛이란 참! 이불을 목에까지 뒤집어쓰고 훌훌 소리 내며 먹으면 위에선 이가 시려 덜덜 떨리고 아랫도리는 방바닥이 뜨거워서 후끈후끈 달고⋯⋯. (후략)

단돈 5천 원, 순 메밀 백 퍼센트 막국수의 맛

남북면옥 권 사장의 집안 내력을 보면 가슴 아프다. 그는 수몰민이었다. 뿌리와 고향이 송두리째 물속에 수장되어 버리는 가혹한 역사를 겪었다. 1970년대 들어 댐 공사가 활발해지면서 전국에 수몰민을 양산했다. 권 사장 가족도 마찬가지였다.

"삼동리가 고향이 아닙니다. 인제군 남북리에서 개업해서 장사를 잘하다가 1973년에 소양강 댐이 생기면서 수몰되었습니다. 보상금을 받았는데 집 지을 돈이 턱없이 부족했다고 합니다."

어쨌든 그런 집안의 역사가 지금 삼동리 시절을 열어가고 있다. 남북리라는 이름만 상호에 남긴 채. 자, 그렇다면 남북면옥의 메밀국수는 어떻게 탄생한 걸까.

"원래 인제에 화전민이 많이 살았어요. 밭에 불을 질러서 메밀 뿌

리면 잘 자랐다고 합니다. 쌀이나 보리 같은 곡식은 안 되어도 메밀은 쑥쑥 자랐다는 거예요. 그래서 언제든 메밀을 구하기가 쉬웠던 겁니다."

1920년대 통계 자료에 의하면 전국의 화전민이 무려 150여만 명이었다. 3천만 인구에 150만 명이면 엄청난 비율이다. 전답이 부족하니, 그 많은 사람이 산에 들어가 불을 놓아 밭을 일구었던 것이다. 이런 흐름은 해방 후에도 이어졌다. 그러다가 1970년대, 정부는 산악 지역의 화전 개간을 금지하기 시작한다. 국토 녹화 사업에 방해가 되기 때문이기도 했고 또한 자연스럽게 도시로 인구를 유입시켜 그들을 노동자로 흡수하려는 의도도 있었다. 수출입국에는 노동자가 필요했다.

화전민이 줄어드니 그들이 생산하던 메밀 양이 줄었다. 그러면서 권 사장 집안의 메밀국수도 어려움을 겪기 시작했다. 메밀값이 오르고, 구하기도 어려워졌다. 이때 그 대안이 있었으니 바로 전분과 밀가루였다. 값싼 전분과 수입 밀가루가 메밀 시장을 대체하기 시작한 것이다. 공장에서 만든 메밀 함량이 적은 냉면과 메밀국수가 범람한 것이 바로 그 시기였다. 이제 한반도 남쪽은 메밀 대신 밀가루로 배고픔을 해결하기 시작했다. 바로 1970년대의 풍경이다.

"다들 메밀 생산을 안 하니까 막국수 장사가 참 어려웠어요. 수입메밀도 없을 때 아닙니까. 어떻게든 메밀을 구해서 국수를 뽑았어요. 산속에 가서 농사짓는 사람들을 찾아 메밀을 공급받았어요. 저는 어렸을 때 배달도 많이 다녔습니다. 겨울만 되면 아주 바빴지요. 강원도는 당시에도 여전히 메밀은 겨울 국수라는 인상이 강했으니까요.

높은 산에 있는 KBS 중계소까지 한밤중에 배달 다니던 기억도 납니다.(웃음) 길에 짝짝 미끄러지면서 말이죠."

배달통이 없던 때라 서너 그릇은 쟁반에 담고, 조금 많으면 목판에 담아 날랐다. 권 사장이 말하는 동안, 메밀국수가 나왔다. 맑은 빛의 속살이다. 강원도식이라기보다 평양식의 순면이라고 불러야 할 면이다. 아닌 게 아니라 권 씨는 자신들의 막국수가 평양식일 것이라고 추측한다. 그래서 메뉴판에도 평양식이라고 써놨다. 강원도 인제의 순면인데, 막국수는 검고 거칠거칠하다는 선입견 때문에 아예 평양식이라고 쓰고 있는 것이다. 정작 평양냉면이라고 주장하는 다수 냉면집도 메밀껍질과 전분을 많이 넣어 순수한 메밀 속살의 순면에서 멀어져가고 있는 이 시대에 말이다.

"속살을 백 퍼센트 쓰니까 당연히 재료비도 많이 나오지요. 뭐 어째요. 그래도 부모님 하시던 대로 하는 거지 뭐."

남북면옥의 국숫값은 도저히 납득이 안 되는 선이다. 달랑 5천 원. 순 메밀 백 퍼센트 면에 어떤 꼼수도 없는 멋진 동치미 국물에 말아내는 국수가 이 가격이다. 국수 한 젓가락을 먹는다. 동치미도 홀홀 마신다. 나는 더 이상 욕심이 없다. 이런 국수만 양껏 먹을 수 있다면, 먹을 수 있다면 하고 뇌면서.*

- 이 기사를 취재한 것은 출간 2년 전의 시점이다. 2020년, 남북면옥의 주인이 바뀐 사실을 확인했다.

국내 최장수 근무,
60년 차 주방장의 힘

서울에서 가장 오래된, 업력 80년의 소갈빗집

조선옥

1937년 창업

서울의 가장 오래된 노포 식당에서 조선옥을 빼놓을 수 없다. 나를 포함해 많은 기자들이 취재를 시도했으나 이곳은 금단의 영역과도 같았다. 홍보할 필요가 없는 가게이기 때문이리라. 그런 서울 갈비 원조 중의 원조 조선옥을 어찌어찌 섭외에 성공했다. 3대째인 지금 사장 김진영 씨가 허락을 했다. 가게 구석구석을 돌아다니는데, 역사의 봉인이 풀리는 느낌을 받았다.

"뭔가 기록을 남겨야 하겠다는 생각을 했어요. 조선옥이 오래된 집인데, 역사의 흔적이 사람 기억에만 있어요. 아차, 싶었지요."

지금 이 활자는 아마도 조선옥에 대한 최초의 본격적인 기록이 될 것이다. 조선 사람들이 가장 오랫동안 사랑해온 진짜 외식, 소갈비. 현대에 와서 온갖 요리가 외식의 주인공이 되었지만, 역사적으로 단 하나를 꼽으라면 소갈비(불고기)라고 단언할 수 있다. 그 역사를 품고 있는 곳, 팔순이 다가오는 '고용' 주방장이 있는 전설적인 식당으로 여러분을 안내한다.

조선옥, 역사의 봉인이 풀리다

접시에서 소갈비가 맛있는 냄새를 풍기고 있다. 주방의 갈비구이 조리대가 포착되고 박중규 주방장의 굽은 어깨가 보인다. 나는 잠시 이 긴 시간의 블랙홀에 빠져드는 느낌을 받는다. 시멘트로 '공구리'

를 치고 주물로 된 틀을 얹어 만든 세상에 하나밖에 없는 조선옥 갈비구이기. '기(機)'라는 건 뭔가 그 자체의 기계공학적 구조를 뜻하므로, 정확지 않을 수 있다. 그냥 갈비조리대라고 불러야 옳을 것 같다. 19공탄 연탄을 넣어서, 아주 오래전에 그랬듯이, 박중규 주방장이 갈비를 굽는 것이다. 이 장면은 홀에서 보면 하나의 액자처럼 보이고, 그것이 곧 사라져버릴 수도 있는 '그림'이 되리라는 걸 짐작할 수 있다. 박 주방장은 올해 79세. 입사 60년 차다. 그가 얼마나 더 오래 그 앞에 서 있겠는가.

"1947년인가 가게를 사들였어요. 할머니께서. 듣기로는 1937년에 생긴 가게랍니다."

신문에 실린 기록도 아주 드물다. 1950년 초에(한국전쟁 전) 낮술을 팔다 걸린 가게로 조선옥이 나온다. 전설적인 식당들인 중구 도동의 잼배옥, 종로의 이남옥(현 이남장과는 다른 곳) 등과 함께 실렸다. 웃음이 슬며시 나온다. 어수선한 시절, 사회 기강 잡는다고 행정 당국이 낮술 단속을 하고 있었던 것이다. 그것 말고는 기사가 거의 없는 듯하다.

"조선옥이 나온 옛 사진을 공모했는데 별게 없어요. 가게에서 식사하다가 사진을 찍은 어른들이 있었을 테니 그게 집 앨범에 남아 있으면 좀 제보해달라는 것인데. 하긴 그런 사진이 있어도 그 집이 조선옥인지 알 수가 없겠지요."

우리 집에도 선친이 조선옥 비슷한 곳에서 진로소주와 고기 안주를 드시는 사진이 있다. 그런데 내부 사진이므로 조선옥인지 확신할 수가 없다. 옛 자료는 그렇게 기억 속에만 존재하고, 실체가 드물다.

"영화에 장소 협찬으로 많이 나왔다고 해요. 주인공이 갈비 뜯는 장면은 거의 우리 집이었다는데. 이곳이 충무로에서 가까워서, 영화배우가 많이 드나들었어요."

그런데 이제는 그 영화도 거의 못 찾을 것 같다고 한다. 상당수 영화의 필름이 밀짚모자의 테두리를 만드는 재료로 소모되어버렸기 때문이다.

갈비와 냉면을 함께 팔기 시작하다

이 가게를 운영했던 집안 어른은 김 사장의 친할머니 이금순 씨다. 1922년생이다. 할아버지는 김재석. 전쟁통에 북으로 갔다. 그렇게 홀로 된 할머니의 완고한 살림이 이 집안을 지탱해왔을 것이다. 이금순 씨는 1990년 10월 9일 별세했다. 당시 신문에 부음이 실렸을 정도로 유명한 분이었다. 다른 기사로는 1970년도에 그이가 조리기능사 시험을 치렀다는 내용이 나온다. "조선옥 사장인 이금순 씨는 시험에서 된장찌개를 맛있게 끓였다"고 보도하고 있다. 당시 이미 유명한 식당인 조선옥의 사장이 굳이 그런 시험을 치를 필요가 없었을 텐데 할머니의 진취적 태도 같은 것이 아니었을까 싶다. 실제 그때 자격증을 취득했다.

지금도 그렇지만 옛날엔 술집과 밥집, 식당의 구별이 뚝 떨어지지는 않았다. 그래도 술집을 정면에 내세우는 집들은 개화기에도, 일제 강점기에도 그리고 전후에도 있었다. 내외술집이며 선술집, 목롯집

같은 것들이다. 내외술집은 한마디로 '내외'하는 집이다. 여자가 술을 팔되 내외가 엄격하니 주렴이나 발을 쳐놓고 손만 내밀어 술 주고 돈 받고 했다는 서울의 전설적인 술집 형태다. 일제강점기 무렵 문명개화의 물결에 따라 사라졌으리라 본다. 목로는 원래 기다란 나무에 안주를 진열해놓고 팔던 집을 말한다. 그 나무의 이름이 목로다. 지금도 소박한 서민 술집을 목로라고도 부른다. 선술집은 일제강점기 때의 전래 같은데(일본은 서양의 바 문화에서 영향을 받은 것 같다), 문자 그대로 서서 마시는 술집이다.

"조선옥도 술집처럼 장사를 했다고 해요. 낮에도 술을 팔았고요. 한때 작부도 있었을지 몰라요."

김진영 사장의 말이다. 서글서글하게 솔직하다. 낮술 팔다 걸렸다는 말도 김 사장이 알려준 얘기다.

김 사장은 이화여대 식품영양학과를 나오고 대학원도 나왔다. 석사논문 주제가 놀랍게도 냉면 육수에 대한 것이다. 조선옥은 냉면도 판다. 전국의 많은 고깃집들이 갈비(불고기)랑 냉면을 같이 파는데, 이 집이 이 '환상의 복식조'의 원조가 아닐까 생각해본다. 고기를 많이 먹으면 느끼하니, 깔끔하게 냉면으로 입가심을 하는 것이다. 지금도 여전히 이 방법은 인기 있다. 조선옥과 이곳의 사람들은 예나 지금이나 고기와 냉면에 얽혀 있는 셈이다.

아쉽게도 한국(조선)은 먹는 일에 대한 상세한 저술이 별로 없다. 요식업이 발달하지 않은 것도 이유이겠고, 이웃 일본과 달리 먹는 일에 대한 탐미를 좀 멀리하는 유교적 관습이 영향을 끼친 것 같기도 하다. 그런 중에 김화진의《한국의 풍토와 인물》(을유문화사, 1973)

은 아주 귀한 책이다.

> 1939년께 종로 낙원동에 평양냉면집이 하나 생기더니 가리구이
> 를 팔면서 그것을 갈비라고 일컫기 시작했다. (중략) 풍로를 피우
> 고 자배기(넓적 우묵한 옹기그릇) 가득 가리 잰 것을 가지고 와서
> 작부(술 따르는 여자)가 구워 올렸다. 하나에 5전으로 아주 쌌다.

그의 기억을 다 믿을 수는 없겠지만, 요식업에서 갈비구이를 판
건 일제강점기 무렵인 것으로 보인다. 1927년 시대를 풍미한 잡지
《별건곤》에 실린 소설 〈폐물〉에도 선술집에서 갈비구이 뜯는 장면이
나온다.

> 벌건 화로에서 지글지글 익는 갈비를 우둑우둑 쥐여 뜯었다. 살점
> 을 물고 잡아 흩뜨리면 쭉쭉 찢기는 것이 상쾌하였다. 입에 넣고
> 질겅질겅 씹는 것도 (후략)

이후 갈비는 유명한 수원갈비(화춘옥이라는 전설의 갈빗집이 있었
다. 이후 사라졌다가 최근 후손에 의해 다시 만들어지고 있다고 한다)와 서
울 시내의 장수갈비(조선옥의 요리사가 주방장으로 옮겨갔다는 증언이 있
다) 등이 크게 인기를 끌었다. 알다시피 마이카와 과시 소비 시대가
1988년 올림픽 이후 시작되었다. '가든'이라고 불리는 숯불갈빗집이
성업하고, 서울 강남의 득세와 더불어 '삼원가든', '늘봄가든' 등의
빅 히트가 이어졌다. 삼원가든은 후손에 의해 모던한 종합 외식 기

업으로 확장되고 있다. 그리고 이 갈비 외식사의 한가운데 조선옥이 근 80년간 자리하고 있었던 것이다.

옛날 그대로 갈비를 펴고 투박하게 구워내는 고집

김 사장의 할머니에 대한 기억을 더 들어본다.

"할머니는 가게 3층에서 거주하셨어요. 연세 드신 후에는 잘 안 내려오셨어요. 제가 어렸을 때는 장 보는 데 절 데리고 갔어요. 광장시장 같은 곳. 시장 상인들의 환대가 어마어마했어요. 장사가 잘되니까 구매력이 있었고 그러니 대우받으셨겠지요."

그렇지만 가게에 손주들이 나오는 걸 좋아하지 않았다. 술도 팔고 왁자지껄한 집이었으니까.

"원래 이 앞에 주차장 자리까지 조선옥이었어요. 부도나고 쪼그라들었는데, 지금 좀 일으킨 것이지요."

장사는 아버지가 했다. 김정학 씨다. 경복고 출신의 수재. 1938년 생으로 아마 5단의 기력에 바둑 잡지를 펴낼 만큼 바둑계의 원로다. 뒤집어 말하면, 가게 영업에 그다지 뜻이 없었다는 뜻이다.

"여기가 을지로3가 228번지예요. 33년 전에 새로 지은 것이고. 아버지가 보증 잘못 서서 이 근처 땅 다 날리고 부도나고. 이 식당 자리만 어떻게 남아 있어요. 아버지는 그냥 신사였죠. 장사 같은 거 하실 분이 아니었죠."

김진영 사장은 25년 전에 조선옥을 맡았다. 나이 서른. 어린 여자

"옛날에는 아침부터 갈비를 구워 먹었어. 하루 최대 75짝까지 팔아봤어요.
소 37.5마리분이지.
1짝에 25인분 나오니까 1875인분을 판 거죠."

가 할 일이 아니었다. 드센 손님이 많았다. 시내에서 한다하는 명문 가게. 단골도 많았고, 그 뒤치다꺼리가 어지간했으리라.

"겨우겨우 운영했어요. 직원이 서른 명이 넘었어요, 그때는."

나중에 직원을 줄이고, 규모 있는 가게를 만들기 위해 김 사장은 애를 썼다. 그래도 옛 조선옥의 모습은 지켜냈다.

박 주방장이 지하로 나를 데려갔다. 오래된 지하 냉장숙성고와 고기 처리실이 그대로 남아 있다. 이제 거의 사용하지 않는 시설이다. 한때 이곳에 갈비짝이 그득하게 걸려 있었다.

"요즘은 갈비짝이 커요. 30킬로 가까이 나가지. 옛날에는 소가 작았어요. 비육 기술이 떨어지고 종자가 작았으니까. 암소랑 황소가 섞여 들어오는데 한 13킬로나 나갔나요. 지금은 골절기를 쓰는데 옛날에는 작두랑 도끼로 잘랐지요. 위험한 일이었어요. 골절기도 위험하기는 마찬가지예요. 여름엔 특히 고기가 늘어지니까 말려 들어가서 손도 빨려 들어갈 수 있어요."

요즘은 하루에 갈비 다섯 짝(두 마리 반 분량)을 쓴다. 일일이 손으로 직접 손질한다. 여기 갈비는 옛날식으로 갈비를 편다. 가운데 뼈를 두고 양쪽으로 나비처럼 벌리는 게 옛날식*이다.

요즘 갈비는 한쪽으로 편다. 그래야 양념 먹이기도 편하고 굽고 자르기도 편하다. 고기가 한쪽으로만 펼쳐지니까. 뼈에 다른 부위 고기를 붙이기도 편하다. 편법 아니냐고? 대법원 판결에 의하면 갈비

• 단행본《백년식당》에 소개했던 '서서갈비'의 이대현 사장님이 하는 방식이다. 여담인데 박중규 주방장은 이대현 사장을 안다. 연배도 비슷하다. 그가 조선옥에 김포약주를 배달해주었다고 한다.

뼈에 고기가 조금 붙어 있으면 거기에 다른 부위를 붙여도 합법이다. 갈빗집에 가시거든 유심히 보시라. 양쪽으로 펴는 집은 거의 없다. 개인적으로 최근에 담양의 한 떡갈빗집에 갔더니 양쪽으로 펴는 걸 볼 수 있었다.

"한 번은 어떤 손님이 우리가 구워 낸 갈비를 던지고 갔어요. 이건 갈비가 아니다. 강남에선 이렇게 안 한다고 하면서. 옆에서 구워주지도 않지, 갈비도 투박하지, 갈비 뜬 것도 다르지. 다른 부위를 예쁘게 붙여서 구운 갈비를 보다가 우리 집 갈비를 보니 이상했던 거죠."

김 사장이 쓰게 웃는다. 아닌 게 아니라 이 집 갈비는 투박하다. 그 대신 양이 많다. 세 대를 1인분으로 친다. 계산할 때 아주 싸다는 생각은 안 들겠지만, 소갈비라는 걸 감안하면 비교적 싸고 양이 많은 편이다.

전설적인 일꾼들과 변하지 않는 거래처

김 사장은 어렸을 때부터 가게를 돕던 직원들에 대한 기억을 말하면서 뭉클한 마음을 토로한다. 그들 덕에 먹고살 수 있었다고 한다.

"본명은 잘 생각이 안 나요. 그때 부르던 대로. 영등포 아줌마, 가평 아줌마, 최 씨와 신 씨, 박 씨 아저씨. 박 씨 아저씨가 이분이에요 (박중규 주방장). 최 씨 아저씨는 우리 가게 모든 목공이랑 일을 다 봐 주셨어요, 이 탁자도 거의 그분이 손으로 짠 거예요. 마법의 손. 영등포 아줌마랑 최 씨 아저씨는 10년 전에 퇴사하고 시골로 가셨어요.

지금도 찾고 있는데 소식이 없어요. 혹시 이 책 보시고 연락이 되었으면……. 뵙고 싶은 고마운 분들이에요."

김 사장이 그리워하는 전설적인 일꾼들이었다.

"내가 입사한 게 1975년이에요. 어린이날이었어요. 그때 월급이 8천 원인가 했고. 쉬는 날은 거의 없었어요. 명절에만 쉬었고. 갈비는 화력이 그다지 중요하지 않아요. 은근히 구워야 속까지 익으니까. 처음엔 이공탄을 땠어요. 큰 구멍이 두 개 나 있는 사각탄이었지. 나중에 십구공탄을 썼어요. 강한 화력이 필요한 중국집이나 탕을 크게 끓이는 식당은 49공탄과 가루탄을 개서 쓰고."

박중규 주방장의 기억이다. 그는 아직 근력이 좋고 안색도 좋다. 요즘은 오래 일하지는 않아서 일찍 퇴근하는 편이다. 대신 부주방장이 있다. 그의 나이 사십 줄이지만, 열두 살 무렵 입사하여 내공이 막 강하다. 이런 사람들의 손으로 노포의 뼈대가 지켜진다.

"논산에서 올라왔는데 먹여주고 재워준다고 해서 입사했어요. 갈비 보조 했지. 온갖 허드렛일도 다 하고. 아줌마들이 가게에서 먹고 자면서 탕을 끓이고 남자는 주로 고기를 다뤘어요. 그때 주방장이 김봉화라고 대단한 양반이었어. 1998년도에 일흔둘 나이로 퇴사했고."

전임자도 할 수 있는 데까지 일하다가 은퇴했다. 역시 노포에 정년이란 없는 것이다. 그는 새벽에 일어나 연탄 갈고, 고기가 아침 일찍 들어오니까 검수해서 받았다. 더러 기계나 냉장고가 고장 나야 휴가를 받을 수 있었다.

"양념에 쓰는 간장은 물론 왜간장이에요. 저 배울 때부터 그랬어요. 요 앞에 중국인이 운영하는 간장 공장이 있었어요. 승리간장이라

고. 그걸 썼지. 갈비는 재워야 해요. 이틀을 재웁니다. 설탕, 간장, 마늘, 참기름이 전부예요. 대파와 다마네기(양파)는 안 써요. 숙성되면 잡맛이 돌고 이상한 냄새가 나요."

승리간장은 한때 화교들이 운영한 간장 공장이다. 지금은 빅 브랜드가 시장을 장악하고 있지만, 1970년대까지만 해도 군소 공장이 아주 많았다. 화교 공장도 열 개 남짓 되었다. 승리간장은 화교인 언영서 씨가 운영했고, 나중에 후손까지 미국으로 이민 가면서 국내에 맥이 끊겼다. 이 회사 제품 브랜드는 '승표간장'이었다.

지금도 양념은 옛날 배합과 거의 달라지지 않았다. 설탕을 과거보다 줄인 것을 빼면. 예전에는 서울 장안에 고기를 제대로 파는 집이 드물어서 장사가 잘되었다. 우래옥, 한일관 정도가 고작이었다.

"이 앞에 서래관이라고 소고기를 팔았는데 없어졌어요. 옛날 가게는 이제 거의 없어요. 쓸쓸한 일이지요."

하루 1875인분 소갈비 판매 신화

당시 갈비 한 대 50원부터 기억한다. 고기는 50년째 같은 정육점 것을 쓴다. 고기가 갑자기 모자라면 리어카를 몰고 마장동까지 사러 가기도 했다. 응암동까지도 갔다. 그때 도축장이 응암동에도 있었다. 리어카에 갈비 다섯 채를 싣고 무악재를 넘어온 기억이 지금도 생생하다. 유명인도 많이 왔다. 최은희, 김진규, 이예춘(이덕화 부친), 송해 같은 배우들. 김승호(김희라 부친)도 왔다. 가수 배호도 왔다. 배호가

"그래서 갈비를 받으면 기름이 옛날보다 훨씬 많아요.
그게 뭐가 좋아. 고기 자체의 육향이랄까 씹는 맛이 덜해졌어요.
소도 변해요. 세상만 변하는 게 아니라."

그이더러 "어이 총각, 갈비 좀 맛있는 거로 줘"라고 주문하던 말이 또렷하게 기억난단다.

"옛날에는 아침부터 갈비를 구워 먹었어. 하루 최대 75짝까지 팔아봤어요. 소 37.5마리분이지, 흐흐. 1짝에 25인분 나오니까 가만있자 계산이, 1875인분을 판 거죠."

이게 말이 되나 싶다. 1875인분!

"한 사람이 1인분만 먹는 게 아니거든. 보통 다섯 대, 여섯 대를 드시니까."

그래도 4백~5백 명의 손님이 하루에 다녀갔다는 얘기다. 우래옥이 하루에 냉면 2천3백 그릇인가 팔았다는 전설과 흡사하다.

"많이 자시는 이들은 혼자서 열 대를 먹어요. 밤 10시까지 장사를 했어요. 빨리 구워달라고 아주 성화였지. 갈비가 그런다고 빨리 구워지나. 갈비는 뼈가 붙은 고기라 천천히 구워야 해요. 손님 독촉에 난리가 나지.(웃음)"

재촉 받는 홀 여직원들이 고생을 많이 했다. 그때 홀 남자 직원은 '뽀이'라는 일본식 관습 영어로, 여직원들은 아가씨라고 불렀다. 또는 미스 김, 미스 리 하는 식으로 가게 안에서는 불리기도 했다.

"갈비는 맛이 나려면 참아야 해요. 양념을 끼얹어가면서 그게 뚝뚝 불에 떨어져서 다시 연기가 확 올라와 고기에 배어들고 말이지. 그렇게 해야 고기가 맛있어요."

보통 소갈비 하면 암소 갈비다. 그러나 박 주방장의 생각은 다르다.

"암소는 기름기가 너무 많아요. 경산우는 질기고, 암소는 보통 고기밥(고기의 양과 물리적 부피감을 뜻하는 요리사의 은어)이 작고. 황소가

좋아요. 장단점은 있지. 암소 갈비가 최고라는 건 손님들 관습이에요. 일소로 부리던 황소가 질긴 때가 있었으니까 그런 선입견이 있는 거지."

요즘 소는 대개 부드럽다. 거세우도 많고 기본적으로 비육우이고 일을 안 하니 부드러울 수밖에 없다.

"그래서 갈비를 받으면 기름이 옛날보다 훨씬 많아요. 그게 뭐가 좋아. 고기 자체의 육향이랄까 씹는 맛이 덜해졌어요. 소도 변해요. 세상만 변하는 게 아니라."

60년 넘은 경력 주방장의 날카로운 정리다. 인간도, 세상도, 소도 변한다. 아니 변하는 것이 무엇이 있으리.

박 주방장께 부탁하여 갈비를 굽고, 술잔을 비웠다. 사람 좋은 김진영 씨가 물끄러미 우리를 바라보았다. 그렇게 또, 한 시간들이, 이 오래된 갈빗집의 탁자에서 흘러갔다.

장사꾼은 골목의 신뢰를
얻어야 성공한다

생맥주와 노가리로 상징되는 서울의 원조 호프집

을지오비베어

1980년 창업

. . .

매일 아침 가게 앞 골목을 쓴다. 아침 10시에 문을 열고 10시에 닫는다. 사람이 인정해줄 때까지 매일 가게에서 담요 깔고 자면서 일한다. 생맥주의 온도는 여름 2도, 겨울 4도…… 매일 일정한 루틴으로 가게를 돌보며 생맥주를 따르고 노가리를 구웠다. 남보다 먼저 자신만의 메뉴를 만들기 위해 선택한 것이 노가리였다. 소소한 안줏거리이지만, 이 집의 노가리가 지금 서울에 급속도로 번진 노가리호프의 어떤 원조 격이 되었다. 열 평도 안 되는 작은 가게에서 이룬 성공의 내막은 어쩌면 경건하게 삶을 살아갔던 한 실향민의 수도자 같은 태도가 핵심이었다. 구순(九旬)의 노익장 강효근 선생의 살아 있는 이야기를 듣는다.

"나는 아침 10시에 열고 밤 10시에 닫는 걸 한 번도 어긴 적이 없어. 그게 우리 가게였어."

한 번도 어긴 적이 없다……. 이 얼마나 놀라운 말인가. 심장이 두근거린다.

'을지로 야장'의 역사적 거점

을지로3가역 4번 출구. 어둠이 내리기도 전, 퇴근 시간 무렵이면 여러 무리의 '와이샤쓰' 부대들이 이동한다. 어디로 가는 것일까. '현장'에 도착하기도 전에 우리는 어떤 거대한 에너지를 만나게 된다.

바로 '야장'이다.

야장이란 밤 야(夜)에 마당이라는 뜻의 장(場)이 합쳐진 말이라고들 한다. 문자 그대로 밤에 벌어지는 페스티벌이다. 아닌 게 아니라 그 소재가 바로 맥주 아닌가. 독일의 옥토버페스트를 빗대어 '을지로 페스트'라는 말이 있을 정도다. 을지로는 여러분도 서울에 산다면 한번쯤 친구의 손에 끌려가보았을 이른바 명물 거리이고 골목이다. 본디 인쇄골목과 조명 설비, 위생 설비 가게와 철공소가 즐비한 곳이었다. 또 사이사이 거대한 오피스 빌딩이 자리해 있다. 이곳의 사람들은 퇴근 후 한잔을 원했고, 그 수요에 맞춰 야장이 들어서게 된 것이다.

단돈 천 원짜리(근 10년 넘게 안 오른) 노가리에 막 뽑은 싱싱한 생맥주를 싼값에 마실 수 있는 을지로 야장은 서울의 명물이 되었다. 특히 밤이 깊으면 야장에서 내뿜는 열기와 노란 불빛, 술꾼들의 소음으로 환상적인 무대가 만들어진다. 이것은 본디 호모사피엔스가 놀기 좋아하는 종이라는 사실을 증명한다. 외국인에게도 환상적인 곳이라는 평을 듣는 이 을지로의 밤을 지키는 이들이 있다. 나는 이 밤의 열기를 일단 무시하고, 대낮에 골목을 찾는다. 거기엔 이유가 있다.

"이 집이 바로 을지로 노가리 골목의 시작인 을지오비베어입니다."

을지로 야장의 역사적 거점이다. 현재 이 가게를 운영하고 있는, 창업주의 사위 최주영 씨의 설명이다. 본디 모든 역사는 미미한 데서 시작하는 법이라는 걸 깨우쳐주는 작고 소박한 가게다. 이젠 찾아보기 힘든 바닥재인 일명 '도끼다시'가 깔려 있고, 청결하면서도 세월의 묵직한 공기가 가게에 서려 있다.

가게 내부라고 해봐야 대여섯 평 남짓, 4인용 테이블 네 개를 채

놓지 못할 공간이다. 그 바람에 탁자 대신 나무 바로 구성되어 있다. 벽돌을 얹어 튼튼하게 기초를 쌓고, 그 위에 두꺼운 나무를 깔았다. 이 자리를 거쳐간 이, 수십만 명에 이를 것 같다. 반질반질한 탁자에 역사가 깃들었다. 자리가 얼마나 좁은지, 가게 벽을 따라 기역자로 꺾어 붙인 바는 폭이 아주 좁다. 겨울에는 특히 조심해야 한다. 다들 두꺼운 옷을 입고 있어서 더 좁아지니까. 취했다가는 유리로 된 맥주잔을 떨어뜨리기 딱 좋다.

"우리 집은 점잖은 손님들이 많아서인지 그런 일은 거의 일어나지 않았어요. 다만 자리가 비좁고 해서 늘 송구한 마음이지요."

구순의 노익장, 악착같이 살아남은 삶

나는 이 가게 창업주와의 인터뷰를 요청했다. 그는 연로하여 은퇴한 후 신월동 자택에서 아내와 여생을 즐기고 계신다. 올해 연세 무려 아흔. 과연 나오실 수 있을까. 어렵게 청을 넣었다. 낮 2시. 이미 오비베어는 혼자 온 낮술 손님이 두엇 앉아 있다. 밖에서 택시가 도착한다. 창업주이신 강효근 선생이 인터뷰를 위해 기꺼이 거동하신 것이다. 나는, 솔직히 미리 마신 두어 잔의 맥주에 혈관이 뜨거워져 있었는데, 그의 등장에 눈시울까지 뜨겁고 묵직해졌다. 아아, 한 시대를 살아낸 우리 아버지, 할아버지의 얼굴. 그는 그런 낯빛으로 차에서 내렸다.

놀랍게도 내 팔을 붙드는 그의 악력이 단단했다. 기억력은 더 또

렷했고, 밝았다. 우리는 가게를 물려받은 따님(호신 씨)이 따라주는 맥주를 한 잔씩 마시며 수인사를 나눴다. 조금 후의 일이지만, 그는 인터뷰를 하다가 상기되었는지 담배도 두어 대 청해서 피우셨다. 그 야말로 노익장이었다. 그의 오랜 술회를 듣던 따님이 간혹 눈물을 닦아냈다. 모든 딸은 아버지로부터 각별한 것, "아버지" 하고 부르는 따님의 말투에는 정이 담뿍 배어 있었다. 그렇게 인터뷰는 따뜻한 여정을 시작했다.

강효근 선생은 황해도 송화군 태생이다. 지도를 보면 연평도·백령도가 있는 옹진에서 얼마 멀지 않은, 바닷가 면이다. 한국전쟁으로 흔한 피란민이 되었다. '1·4후퇴'였다. 1951년 '중공군'에 밀려서 전선이 남쪽으로 내려가자 수많은 피란민이 이북을 탈출하게 된 사건이었다.

"인민군들이 입던 바지저고리 한 벌 입고 갑자기 내려온 거요."

형님과 딱 둘만 내려온 길이었다. 그때 다들 그랬듯이, 몇 달 전화(戰禍)를 피하면 다시 고향에 가서 살 줄 알았던 것이 이미 66년이 되었다.

"백령도로 갔다가 엘에스티(미군 상륙선)를 타고 인천으로 왔지. 살아온 게 신기해. 그러다가 동두천으로 갔어."

그는 동두천의 미군 부대에서 유엔경찰이라는 딱지를 붙이고 일했다. 일종의 한국인 군속이었다.

"철원의 금화 지역에서 미군 25사단 군속으로 일했어. 먹고살아야 했으니까."

일가붙이 없는 남쪽에서 그는 대개 피란민들이 그랬듯이 생존 게

"매일 새벽에 우선 길을 쓸어. 여기 아무 술집도 없을 때야.
여기서 저기까지, 동네 길을 다 쓸어. 다 호감을 갖는 거지. 그렇게 살아왔어."

임에 내몰렸다. 디아스포라, 고향 잃은 이들의 운명이었다. 그의 그런 악착스러운 생활력이 후에 을지오비베어의 오늘을 만들어낸다.

여담인데, 이 집은 몇 가지 '전설'이 있다. 노가리를 처음으로 이 골목에서 판 것, 당시 오비맥주에서 공급한 1천 시시짜리 잔이 여럿 보관되어 있는 것(지금은 손님에게 제공되지 않는 기념품이다), 30년 넘은 단골이 수두룩한 것, 낮 12시가 넘으면 손님이 찾아오는, 아마도 전국에서 가장 빨리 문을 여는 생맥주 전문점이라는 것……. 끝도 없다. 역사는 본디 전설을 만드는 것이니까. 아니, 전설이 역사를 만들기도 하니까.

그는 여든일곱 살까지 이 가게에서 맥주 따르는 '디스펜사'(디스펜서)를 잡았다. 놀라운 일이다.

"내가 저 디스펜사를 놓지 않으려고 했어. 그러다가 탈장 수술을 하고, 자연스레 딸아이에게 물려주게 된 거지."

그가 은퇴한 뒤에는 아내 함한명 씨가 2년을 더 잡았다. 그리고 2015년 10월 6일, 그 세대는 완전히 물러났다. 이것이 을지오비베어의 역사다.

예술적 디스펜싱으로 만들어낸 생맥주의 맛

강 선생은 맥주 공급기를 '디스펜사'라고 불렀다. 생맥주를 연결하여 맥주를 공급해주는 손잡이 장치를 말한다. 그런데 이것이 이 집의 역사를 이어온 중요한 열쇠가 된다. 맥주 공급 장치야 뭐 전화만

하면 맥주 도매상에서 설치해주고, 맥주를 따라 내면 장사를 하는 것이니 대단한 것이 못 된다고 할 수 있다. 그게 전부가 아니라는 건, 강 선생의 팔뚝과 손에서 알 수 있다. 연로하시어 직접 보지는 못했는데, 과거 은퇴 전에 그의 맥주 디스펜싱 솜씨는 신기에 가까웠다고 단골들은 말한다. 한 손님의 증언.

"주문이 밀려들어도 전혀 내색이 없으셨어요. 잔을 기울이고, 디스펜서를 당기고, 차아악 밑술이 깔리고 거품을 얹어내는데, 그게 이른바 일관작업이에요. 정확해요. 생활의 달인 같은 건데 뭐랄까 예술적이라고 할 수 있어요. 예술, 그거 말고 달리 설명할 말이 없네요."

이제 따님 호신 씨가 전수받아 따르는 맥주를 마실 수 있다. 그이도 '수제자'답게 완벽한 디스펜싱을 한다. 따를 때 엄격한 표정까지 닮았다. 이 집 맥주 맛은 어떤지 내가 말로 설명해야 할 차례다. 독자들의 목이 마를 테니.

우선 부드럽다. 목을 치는 탄산의 힘이 지나치지 않다. 맥주계의 사찰 음식 같다. 자극이 유연하다. 물리적 통각으로 마시는 맥주가 아니라 맛과 향으로 마시게 된다. 온도도 적당하다. 너무 차가운 맥주가 종종 저지르는, 온도가 맛을 내치는 일이 없다. 잔은 냉각보관하지 않는다. 그럴 공간도 부족하지만, 아주 차가운 맥주 온도와 상온에 놓인 잔의 온도가 적절히 최적의 온도를 맞춘다. 그래서 부드럽게 넘어간다. 강 선생이 영업 비밀(?) 하나를 내놓는다.

"겨울에는 4도고, 여름에는 2도야. 그게 적정 온도야. 모자라거나 넘치면 맛이 없어요. 맥주 맛이 그게 그거 같아도 다 다른 이유야."

그날의 날씨와 습도도 생맥주의 온도를 결정하는 데 참고한다. 한

잔의 맥주에 과학이 숨어 있다.

그는 생맥주 냉각기에 대해 일찍이 관심이 있었다. 전기냉장고가 아주 드물어서 옛날식으로 얼음통에 맥주 넣어 '히야시'(차갑게 냉각한다는 뜻의 통용 일본어)해서 팔던 때가 있었다. 그때 이미 그는 전기냉장고의 힘을 알았다. 미군 부대에서 근무했기 때문이었다.

"시내에 유명한 고층 빌딩이 있었어. 삼일빌딩이라고. 그 뒤에 만리향인가 하는 중국집에서 디스펜사를 수입했다고 하는 거야. 당시 돈으로 110만 원이라고. 엄청난 돈이야. 70년대니까. 나도 수입해야 갔다(황해도 사투리). 그렇게 마음먹고 있는데 너무 비싸, 돈이 없어. 그래서 동두천 미군 부대에 가서 비슷한 걸 얻었어. 거기에 모다(모터) 구해다가 내가 달았어. 그렇게 디스펜사를 만들었던 거야."

그는 본래 생맥주를 이해하고 있었다. 1970년대에 종로3가에서 노르망디라고 하는 경양식집을 운영했다. 당시 생맥주 파는 경양식집은 고급에 속했다. 신문에 실린 광고에서 보듯이 멋진 설비를 차

1970년대 생맥주를 팔던
경양식집 광고

려놓고 생맥주를 '쪽끼'로 팔았다. 쪽끼, 또는 조끼라고 부르는 건 영어의 'jug'가 일본어 발음으로 와전된 것이다. 그는 동양맥주(오비맥주로 상호가 변경된 것은 1995년의 일이다)에서 당시 모집하기 시작한 프랜차이즈형 생맥줏집을 따냈다.

"지금 건물이 골조만 올라갔을 때야. 우리 가게가 2호였어. 1호는 을지로 오비맥주빌딩(현 두산타워) 지하에 있는 호프였고. 그

러니 맥주 하나는 확실하게 받았지. 흔히 오비호프라고들 하는데, 우리는 호프(hof)가 안 되었어. 열 평 이상은 호프였고, 우리는 그냥 오비베어가 된 거야. 호프가 뭐야? 독일어로 광장이라는 뜻이니까 열 평 이상 큰 가게만 해당이 되는 거지."

우리가 생맥주를 속칭 호프라고 부르는 건, 바로 이때 나온 관습이다. 맥주에 들어가는 홉에서 온 말이라는 건 와전이고 정설은 오비맥주에서 '호프'라는 말을 프랜차이즈 상호로 쓰면서 시작된 일이다.

맥주는 어떻게 조선에 왔을까

원래 맥주는 서양 것이었다. 러시아인이 처음 아시아에서 맥주를 만들기 시작했다. 독일이 중국 칭다오에 조차하면서 맥주 문화도 이식했다. 우리에게도 이젠 유명한 칭다오맥주는 이런 과정에서 만들어졌다. 제1차 세계대전이 터지자 일본의 '다이닛폰'사가 칭다오맥주를 인수했다. 일본이 아시아에서 최고 맥주 국가로 등극하는 계기였다. 일본은 다이닛폰과 기린의 양대사 체제로 들어갔다. 식민지 조선에 조선맥주(옛 크라운, 하이트의 전신), 쇼와기린(동양맥주의 전신)을 세웠다. 이 자산이 나중에 해방 후 적산 시설로 국내에 팔리게 되고, 우리 브랜드의 맥주가 열린 계기가 되었다.

일제강점기에 맥주는 크게 인기를 끌었다. 고급술이라는 인식이 있었다. 도쿄 긴자에나 있던 비어홀도 수입되어 수도 경성에 여럿 생겼다. 1933년 3월의 신문 기사를 보면 "작년 경성부 내 맥주 소

비량은 전 조선의 3할인데 생맥주준 1백 40석, 병맥주 4만 1천 상자……" 하는 기사가 나온다. 생맥주준의 '준'이란 지금의 케그 술통을 뜻하는 준(樽)을 말한다. 또 1934년 5월 26일의 기사에는 "삿뽀로 기린 양대 맥주가 원활히 수급되어 부산 지역을 중심으로 남조선에서는 내지 제품이 보급되고, 생맥주는 경성부에 한정한 것을 인천까지 확정하게 되었다"고 쓰고 있다. 1934년의 어느 기사에는 독자 질문에 답하는 형식으로 "조선에는 영등포에 조선맥주회사와 소화기린맥주 양대 회사가 있다"고 밝히고 있다. 실제로 두 회사는 해방 후에도 오랫동안 영등포에서 공장을 운영했다(나도 1990년대에 무슨 퀴즈에 당첨되어 조선맥주사의 크라운맥주 한 박스를 받으러 영등포 공장에 간 기억이 있다).

1940년 6월 8일의 기사를 보면 조선총독부에서 물가 기준을 정하는데 "맥주는 큰 것 1병에 1엔, 생맥주는 1립(立)에 1엔으로 한다"고 되어 있다. 1립은 1리터다. 큰 병은 아마도 국제 표준인 750밀리리터일 것이다. 그때는 병맥주와 생맥주 가격이 비슷했다는 것을 알 수 있다.

온도, 세척, 압력 ─ 원칙은 단순하다

이 집이 좁은 것은 이미 충분히 말했다. 그런데 어울리지 않는 설비가 있다. 엄청난 크기의 맥주 공급 장치, 즉 디스펜서와 연결된 냉장고다. 단순한 냉장고가 아니라 온도를 제어해주는 컨트롤러가 달

려 있다. 요즘은 순간 강제 냉각 방식의 생맥주가 99.9퍼센트라는 걸 안다면, 이 장치의 수고로움을 알 수 있을 것 같다.

"옛날에는 다 이 장비였어. 점차 안 쓰게 된 거지."

기억이 난다. 1980년대 맥줏집. 모든 가게가 컨트롤러 달린 커다란 냉장고 안에 맥주 케그를 넣어서 맥주를 뽑았다. 그때 이런 기계를 '호프 기계'라고 불렀다. 으레 이 기계를 달아야 생맥주를 뽑는다고 생각했다. 이제는, 공간도 많이 차지하는 데다 가격도 비싸서 찾는 이가 거의 없는 애물단지가 되었다. 그래도 맥주 맛 하나는 확실하다. 요즘 방식은 생맥주 케그를 상온에 비치하고, 순간적으로 냉각할 수 있는 장치를 달아서 온도를 급격히 내려 뽑은 후 제공한다.

"저희는 일단 맥주 케그(통)가 들어오면 가게 뒤 공간에 냉장 보관을 해요. 단 한시도 상온에 노출시키지 않는 거죠. 그러고는 필요할 때마다 이 가게 안의 냉장고로 옮겨서 뽑아내죠."

따님의 설명이다. 원래 생맥주는 살아 있는 술이다. 제조 단계에서는 병맥주와 똑같은 술이되, 가는 길이 다르다. 만들어낸 맥주 중에 병맥주가 될 놈은 병에 담겨 저온 살균을 거친다. 생맥주는 케그로 옮겨져 산소와 차단된 상태로 유통된다.

보통 생맥주는 몇 가지 원칙만 잘 지키면 맛이 좋다. 상당수가 이 원칙을 지키지 않기 때문에 맛이 떨어지고 냄새가 난다. 첫째, 세척이다. 맥주 공급사에서는 교육과 매뉴얼을 통해 '매일 세척'을 권고하고 있다. 세척 방법도 가르쳐준다. 대개는 주인이 이런 관리에 소홀하고, '알바'에서 '알바'로 세척 방법이 전수되다가 어느 순간에 망각된다. 구린내 나는 맥주는 바로 이런 경우다. 맥주는 유기물이라

상한다. 음식물처럼. 극단적으로 말해서 유기물의 시체가 맥주 호스에 쌓이는 것이다. 구린내의 원인이다.

또 생맥주의 압력이 적절하지 않아서 맥주가 싱거워지는 경우도 있다. 맥주의 상쾌한 맛은 거의 전적으로 주입하는 탄산가스 때문이다. 너무 많이 넣으면 거품이 나고, 적으면 밋밋해진다. 가스 압력이 엉망인데도 주인이 몰라서, 또는 압력이 적으면 거품 적게 잘 따라지니까 방치하는 경우도 있다. 비 오는 날은 높은 습도 때문에 압력이 잘 안 받아 맥주가 맛이 없다고 할 만큼 이 탄산가스가 맥주 맛에 큰 영향을 끼친다.

흥미로운 건 주입하는 탄산가스가 맥주에 섞이지는 않는다는 점이다. 맥주 안에 탄산가스가 이미 들어 있다. 생맥주를 뽑을 때 주입하는 탄산가스는 맥주가 뿜어져 잘 올라오게 하는 일종의 압력 분출 장치다. 보통 탄산가스 한 통(작은 산소통처럼 생겼다)은 생맥주 케그 40개분이다.

매일 아침 10시에 문을 열고, 밤 10시에 문을 닫다

강 선생은 1980년 12월에 이 가게를 개업했다. 그때 맥주 한 잔에 380원, 안주는 일괄로 100원이었다. 김, 땅콩, 어포류였다. 모두 오비맥주 본사에서 공급했다.

"그러다가 공정거래위에서 공급사가 안주까지 일괄 공급하고 파는 건 공정거래법 위반이라고 했어. 그러니 각자 가게서 메뉴를 만

들기 시작했지. 각 업장마다 치킨도 팔고, 대구포도 팔았지. 우리는 노가리였고."

자, 문제의(?) 노가리가 등장한다. 왜 아니겠는가. 바로 이 동네를 을지로 노가리골목이라 하고, 근방의 다른 가게에서도 모두 이것을 구워 팔고 있으며, 서울 시내 숱한 노가리 파는 집의 다수가 이 을지오비베어를 모델로 하고 있으니 말이다. 이 집 노가리 맛은 구수하고 바삭하다. 거기에 양념은 특이하다. 우선, 개업하면서 시작한 강선생의 습관을 얘기하자.

"매일 새벽에 우선 길을 쓸어. 여기 아무 술집도 없을 때야. 여기서 저기까지, 동네 길을 다 쓸어. 다 호감을 갖는 거지. 그렇게 살아왔어."

그는 길을 쓸면서 깐깐한 동네 사람들의 신망을 얻었다. 원래 이동네는 인쇄업이 많아 인쇄골목이라고도 불렀다. 종이밥, 인쇄밥 먹는 사람들이 까다롭다는 건 유명한 얘기다. 그들이 강 선생을 믿기시작했다. 그의 술집을 들렀다. 맥주 맛이 좋았다. 거기에다 노가리를 뜯으며 고단한 세상도 씹었다. 전두환이 대통령이던 시절이니까. 술자리에서 말 잘못했다가는 보안법에 걸려 들어가는 일이 다분했던 때였으니까. 막걸리 보안법이라고, 술자리에서 막걸리에 취해 대통령 욕했다가 실제로 잡혀간 사람도 있었다. 그저 사람들은 울화를 생맥주로 식히고, 노가리처럼 세상을 씹었다.

그는 아침에 떼어온 노가리를 길에서 매일 두들겼다. 일일이 손으로. 당시 양념 용액에 적셔 말린 달달한 노가리도 있었지만, 그는 순전히 두들겨 패야 맛이 나는 딱딱한 노가리를 샀다. 특제 소스도 한

뭇했다. 고추장은 고추장인데 맛이 삼삼하다. 그는 절대 이 고추장 맛의 비결을 털어놓지 않는다.

"그때 생맥주는 왕대포였어. 막걸리 같은 거지. 우리 집에 어떻게 사람들이 왔냐면……."

특별하게도 이 집은 아침부터 손님이 왔다. 당시 2, 3호선이 교차하는 을지로3가역은 역 직원들이 교대 근무를 하는 '교대(交代)'역이었다. 그러니 아침에 일이 끝나는 직원들도 많았다. 그들에게는 퇴근 시간이니 한잔하는 게 당연한데, 그 시간이 아침이었다. 대폿집은 안 열었고, 마침 호프집이 열려 있으니 그리 몰렸다. 아침부터 생맥주를 팔았던, 전설이 시작된 것이다.

"나는 아침 10시에 열고 밤 10시에 닫는 걸 한 번도 어긴 적이 없어."

그 꾸준함이 오늘의 을지오비베어를 만들었다.

"요즘 생맥주는 알코올 도수가 전보다 1도 높아요. 한마디 하고 싶은데, 생맥주에 물 탔니 어쩌니 하는 건 거짓말이야. 불가능하다고, 물 타는 건. 타고 싶어도 방법이 없어요.(웃음) 그러니 믿고들 드세요."

여담인데, 맥주에 물 탔다고 의심하는 경우는 맥주 추출을 잘못했기 때문이다. 잘 따르면 맥주에 포함되어 있는 가스가 살아나서 톡 쏘는 맛이 나는데, 이 기술을 잘 표현하지 못하면 맛이 밋밋해진다. 그래서 물 탔다는 소리를 듣는 거다.

맥주 맛 하나로 만든 열 평 가게의 기적

강 선생은 매뉴얼이 있어도 자신의 혀를 믿었다. 일단 아침에 문 열기 전 한 잔 마시고 그날의 생맥주 맛을 조절했다. 예전에는 알루미늄으로 된 30리터짜리 타원형의 은색 케그가 있었다. 그걸로 스무 통을 팔았다. 이 작은 가게에서 기적 같은 일이다. 물론 '야장'을 마당에 깔아야 가능하다. 대략 1천2백 잔을 하루에 따랐던 것이다. 손목에 속칭 '엘보'가 올 일이다.

맥주를 따를 때 잔을 어떻게 갖다 대는가 하는 점도 맛에 큰 영향을 끼친다. 이른바 '낙차(落差)'에 따른 압력 발생이다. 잔을 높였다 내렸다를 지나치게 반복하면 오히려 맛이 없다. 일정한 높이로 따라야 한다. 최악의 생맥줏집은 잔에 거품 없이 생맥주를 대충 따른 후 숟가락으로 휘젓는 집이다. 실제로 잘 살펴보면 그런 집이 있다. 심지어 그걸 '기술'로 안다. 거품 없이 따르면 빨리 따를 수 있기 때문이다. 그리고 손님은 거품 있는 것을 원하므로 나중에 숟가락으로 휘젓는 거다. 생맥주는 일단 잔에 따른 후에는 모든 것이 '끝난' 상태다. 따를 때 나온 거품은 맛있지만, 이미 따른 후에 강제로 일으키는 거품은 죽은 거품이다.

필자가 취재하면서 들은 흥미로운 사례다. 한 맥주회사 직원에 의하면, "오픈하고 한 번도 관 청소를 안 한 집도 상당히 있다. 그러다가 문 닫는 집도 있다"고 한다. 관 청소(매일)나 관 교체(3, 4개월)를 해야 하는지도 아예 모르는 집도 있다는 것이다. 한국이 세계에서 맥주 맛이 가장 나쁘다는 말은 맥주 자체의 품질을 떠나 이런 무지

한 풍토에서도 나온다.

"옛날에는 정말 맥주 잘 마셨어. 손님 서너 명이 한 케그(30리터짜리)를 서서 마셨다니까. 원래 이 집은 의자가 없었어. 다치노미(서서 먹는 집이라는 뜻의 일본어)였으니까. 나중에 의자를 놨지."

그는 개업하고 2년 5개월을 스티로폼 매트와 담요 한 장 가지고 이 가게에서 먹고 잤다. 아침에 길도 쓸고 가게를 더 잘하기 위해서였다. 옛 아버지들의 분투였다.

"그게 홍보였어. 여보쇼들, 우리 가게 와봐, 믿을 만한 사람이 있잖아. 그랬던 거지."

지금도 이 골목의 노가리는 오랫동안 천 원에 묶여 있다. 터줏대감인 이 집이 올리지 않으니 아무도 올리지 못하고 있는 셈이다. 강 선생이 흡족한 표정으로 따님이 따른 생맥주를 드신다. 이렇게 한 시절이 흘러가고 있었다.*

• 취재 후 이 가게와 골목이 서울특별시가 증명을 발급하는 서울문화유산으로 인증되었다. 2018년 1월에 이 가게에 또 들렀다. 그의 외손자가 아르바이트를 하고 있었다. 강 선생의 안부를 들었다. 지금도 정정하셔서 맥주를 하루에 두 캔씩 드신단다. 매일 태우던 한두 대의 담배는 완전히 끊으셨다고 한다.

우직한 토렴질,
운명처럼 받들다

서민들의 열성적인 지지를 받아온 서울식 해장국집

어머니대성집

1967년 창업

　신설동 맛집이라고도 하고, 용두동이라고 하는 이도 있다. 정식 동명은 용신동이다. 찾아가는 길은 길눈 밝은 이들에게도 어렵다.

　"지하철 신설동역 1번 출구로 나와서 10시 방향 앞으로 직진하다가 안암천 다리 건너 첫 번째 사거리에서 다시 11시 방향 좌회전한 뒤 백여 미터 직진……."

　이런데도 사람들이 줄을 잇는다. 해장국 맛이 거기서 거기지, 하는 분들에게 어머니대성집에 꼭 가보라고들 한다. 어떤 네티즌은 이 집에 대해 이런 글을 올려놓았다. 읽다가 재미있어서 혼자, 풋 웃었다.

　"해장하려고 갔다가 국물을 마시는 순간 나도 모르게 소주를 몇 병 마시게 되는 집이다. (중략) 술에 취해서 육회를 씹고 국물을 마시면 다시 술이 깨서 소주 몇 병 마시다 국물을 다시 먹고 술이 깨서 또 술을……."

술꾼들의 열렬한 지지를 받는 해장국

　열광적인 팬이 많은, 특히 술꾼들의 열렬한 지지를 받아온 해장국 노포. 어머니대성집이다. 도가니탕으로 유명한 서대문 대성집과는 아무 관계가 없다. 창업주의 며느리이자, 현재 이 집의 '어머니'인 전은성 씨는 이렇게 말한다.

　"그 집과 헷갈려 하셔서 상호 앞에 어머니를 넣었어요."

맛있다는 거, 오래된 노포라는 건 두 대성집이 비슷하다. 국물 맛이 기막히다는 것도 흡사하다. 물론 도가니탕과 해장국이니 전공은 다르지만 말이다.

국물 맛이 나온 김에 마저 하자.

"나도 몰라요. 좋은 재료, 시어머니가 하던 대로 하는 건데. 뭐 솜씨라고 하면 따로 할 말이 없고."

겸손한 '어머니'가 혼잣말하듯 대답한다. 하긴 맛의 비결이 어디 있으랴. 맛은 본디 먹는 이들이 설명해야 하는 법. 몇 줄 쓴다.

"뜨겁고 시원한 해장국의 본질이다. 고갱이다. 선지는 국물에 영향을 미치지 않아서 제 몫을 하고, 국물은 제 스스로 맑다. 개운하고 깔끔해서 서울깍쟁이 맛, 서울식 해장국일 것이다."

해장국은 본디 해정(解酲)국이었다. 술 깬다는 뜻이다. 발음이 어려워 해장(解腸)이라고 불러도 속을 푼다는 뜻이 되니, 바뀌어서 불린 듯하다. 우리는 입말로 장(腸)을 '창'이라고 했으니(대창, 곱창 하듯이) 해창국이라고 하면 더 어울렸겠지만.

해장국은 역사가 깊은 음식이다. 본디 소는 서울과 평양에서 많이 먹었지만 일제강점기에 인천이 성장하고 돈이 몰리면서 해장국 문화가 성했다. 그래도 여전히 소를 많이 먹고 잡는 곳으로는 서울을 제일로 쳤다.

조선시대에도 심야 술꾼들이 많았고, 그들도 해장을 했으리라. 해장국이 서울의 상징이 된 건 조선시대 후기부터일 것이다. 무엇보다 노동하는 이들의 아침밥으로 팔렸다. 지금의 종로세무서 앞, 광화문 네거리, 남대문시장 쪽(선혜청이 있었다), 동대문, 북촌 입구 등이 유명

한 시전(柴廛, 나뭇전)이었다고 한다. 새벽부터 가평, 양평 쪽에서 나무를 해서 달구지에 싣고 온 이들이 짐을 부리고 해장국을 한술 뜨는 곳이었다는 것이 정설이다.

균형감 있는 일품의 맛

어머니 전 씨는 25세에 시집왔다. 이태원 토박이다. 효자동 출신의 시어머니가 계셨다. 1967년에 이 가게를 열어 전 씨가 시집왔을 때부터 이미 해장국 솥이 끓고 있었다. 솥이 닳아서 몇 번은 바뀌었고, 업력은 50년이 되어간다.

"살아 계시면 올해 104세 되셨을 거예요. 이 씨 성이고 희 자, 영자. 돌아가신 지는 20년째고요. 어머니가 일찍 혼자 되셔서 먹고살려고 국솥을 걸었다고 했어요. 제가 시집와서 처음 몇 년은 일을 안 했는데, 혼자 고생하시니 도와드리지 않을 수가 없었지. 나이 서른에 시작해서 벌써 44년째예요. 아휴."

나는 이 집의 해장국이 국내 최고 수준이라고 생각한다. 다 자기 입맛이 있지만, 균형감 있는 맛이 일품이기 때문이다. 어디에도 기울지 않고, 좋은 재료를 충분히 넣어 낸 국물과 고명이 맞춤하다. 해장국은 특(9천 원)과 보통(7천 원)이 있는데 고기의 양이 달라진다. 나는 내장수육이나 모둠수육을 시켜서 한잔하고, 보통으로 해장국을 시켜서 마무리한다.

해장국에는 선지가 풍성하게 들어 있다(물론 싫어하는 이는 빼도 된

다). 선지는 알다시피 소의 피가 굳은 것이다. 옛날에는 함석통에 넣어 팔러 다니는 사람도 있었다. 대개는 시장이나 정육점에서 샀다. 내 어머니도 흔하게 선짓국을 끓이셨다. 냄비를 가져 가서 선지를 받아왔다. 그때는 동네 정육점에서 소 내장, 선지 같은 걸 팔았다.

어머니는 회색 군용 수건 같은 소 양을 소금과 밀가루로 문질러 씻은 후 무를 함께 넣어 맑은 국을 끓여내기도 했다. 고춧가루 살짝 쳐서. 요즘 집에서 이런 걸 요리하는 이들은 거의 없을 듯싶다. 소내 장이나 선지도 정육점에 미리 주문하지 않으면 구하기 어렵다. 그만큼 살코기 정육이 흔해지면서 내장을 즐겨 먹던 우리 식생활이 변한 것이다.

우직한 기술과 깐깐한 솜씨가 비결

"토렴은 원래 그렇게 했어요. 옛날부터 그렇게 해왔고, 지금도 하고 있어요."

간결한 설명. 왜 토렴을 하느냐고 물은 내가 민망하다. 토렴이란 차가운 밥이나 건더기에 국자로 뜨거운 국물을 부어서 데우는 기술이다. 한국의 국밥에서 많이 쓴다. 토렴이 얼마나 귀찮은 일인가. 밥이 든 뚝배기에 손 데어가며 일일이 국자로 국물을 넣었다 따라냈다 해야 한다. 세어보니 열 번 가깝게 국자질을 한다. 우직한 기술이고, 꾀를 내지 않는다. 내가 생각하기에 전국에서 국자질을 제일 많이 하는 토렴 같다.

"이게(고기) 딱 매일 공산품처럼 안 나와요.
44년을 했는데도 매일 조금씩 달라요. 그래서 긴장하고 살아요."

이 집 해장국은 고명이 아주 특이하기로도 유명하다. 부드럽게 삶은 소고기 살점이 올라가 있다. 하지만 무엇보다 국물 맛이 어머니대성집을 유명하게 만들었다. 균형감이란 말이 가장 잘 어울린다. 깊고 넉넉하면서 순하다. 매운맛은 청양고추로 알아서 조절하면 되는데, 나는 그냥 나온 대로 먹는 것이 최고다. 국을 입에 넣기 시작하면 계속 당긴다. 그러면서도 뒷맛이 깔끔하다. 아주 시원하면서도 깊은 맛이 끝까지 끌고 가는 힘이 있다.

"옛날에는 연탄을 19공탄으로 세 장씩 넣었어요. 아궁이에. 연탄으로 할 때 맛이 더 잘 났던 것 같아요. 밥도 큰솥에 연탄으로 했었고요. 누룽지도 생기고. 국솥 하나에 해장국이 2백 그릇 나와요. 여름에 말도 못하게 더운 곳이 주방이에요. 저기서 40년을 버텼네요."

안주로 인기 있는 것은 육회와 수육인데, 하나같이 맛있다. 이렇게 골고루 무엇이든 잘하기도 힘들다. 모둠수육은 내장과 양지 수육이 같이 나온다. 야들야들하고 부드러운, 그러면서도 씹는 맛이 좋은 내장에다 아주 잘 삶되 뻣뻣하지 않은 수육을 같이 낸다. 수육은 3만원 이상이라 값이 좀 부담스럽지만 일단 시켜서 먹어보면 뒷말이 없다.

어머니대성집은 영업 시간이 특이한 걸로도 유명하다. 오랫동안 밤 9시에 열어서 오후 4시에 닫았다. 밤 9시 오픈이라니.

"이제는 아들이 맡아 운영하면서 오후 6시 반이 오픈이에요. 원래 우리 집은 새벽과 아침 시간이 제몫을 하는 시간대예요. 그래서 저녁 시간은 별로 중요하게 생각하지 않았던 거지. 이제 사람들 오는 시간대가 빨라졌지. 경기가 나빠지면서 심야 시간에 움직이는 사람

도 좀 줄었을 거고."

아들(박연웅 씨)은 사람들의 활동 사이클이 바뀌는 것에 주목했다. 밤새 마시고 새벽에 해장하는 패턴도 줄었다. 그래서 저녁 6시 반 오픈으로 바꾼 것이다. 덕분에 직장인들의 환영을 받았다. 9시에 열면 2차로나 갈 수밖에 없었던 터, 아니 반가울 것인가.

어머니는 아침에 나와서 오후 3시면 들어가신다. 그이를 보려면 점심시간이 좋겠다. 서글서글하되, 깐깐한 솜씨. 어머니대성집을 유명하게 만든 분이다.

낮과 밤이 바뀐 노동자들의 공간

나는 주로 '밤일'을 한다. 요리사들은 대개 저녁과 밤이 일하는 시간이다. 특히 나처럼 술집 형식의 식당에서 일하면 더 늦는다. 손님들이 한창 먹고 마시는 시간이 바로 밤이요, 우리는 별수 없이 그 귀한(?) 저녁시간을 일하는 데 투자한다. 그래서 온전한 휴식은 일반인들이 잠자리에 들려는 시간대이기 십상이다. 밤 10시, 11시가 보통이고 더러는 새벽 한두 시에도 끝난다.

문제는 '우리들의 시간'에는 문을 연 집이 드물게 마련. 늘 냉면 한 그릇과 제육 한 접시가 당기는데, 밤에 여는 냉면집은 없다(제대로 된 냉면을 밤에도 주는 집이 있으면 좀 알려주시기 바란다. 방배동의 장수원이 꽤 늦게까지 냉면 주문을 받지만, 그래봐야 밤 9시 반 정도까지다). 그러니, 늘 밤 시간은 허전하고 막막하다. 그럴 때 비장의 카드를 꺼내게 된

다. 종로로 나가서 청진옥에서 허기를 풀거나 조금 멀리 가면 용두동이 되는 것이다. 바로 어머니대성집이다.

애매한 입지다. 용두동은 서울 시내에서도 꽤 오랜 역사가 있는 동네다. 동시에 발전도 거의 없어서 예전에는 답십리와 함께 서울의 숨은 동네라는 말이 있었다. 요즘 이 동네에 가면 약간은 을씨년스럽다. 재개발을 하려는지, 분위기가 뒤숭숭하기 때문이다. 그런 동네 한가운데 어머니대성집이 밤에 불을 밝힌다. 밤일하는 이들에게 고마운 존재다.

가까운 동대문 패션타운은 물론이고 낮과 밤을 반대로 사는 이들이 이 집의 주 고객이다. 그중에는 연예인 같은 방송 종사자도 많다. 이름만 대면 아는 유명한 이들이 방 한구석(이 집은 방이 옛 모습으로 남아 있어서 인기 있다)에서 소주잔에 해장국을 먹는 장면을 쉽게 볼 수 있다. 옆자리 사람과 엉덩이를 붙이고서.

흥미로운 건 이른바 동대문 패션타운의 성장이 이 가게의 성업과 궤를 같이했다는 점이다. 심야에 불 밝히고 옷을 파는 동대문 문화는 밤에도 일하는 노동자들과 가게 주인들을 많이 만들어냈다. 이들이 위치가 가까운 이 집에 많이 오기 시작했다. 산업의 성장은 식당과 술집의 변화를 일으키는 법이다.

"옷 파는 사람들이 심야에 많이 오면서 가게에 손님이 크게 늘었어요. 요새 그쪽 경기가 좀 없지요. 해장국값도 변화가 많았어요. 처음 시집올 때 한 백 원 했었지요."

어머니대성집은 지금 자리에서 시작했지만 훨씬 넓어진 거다. 원래는 이 대지에 세탁소랑 다른 음식점이 잇대어 있었다. 나중에 장

사가 잘되어 그 가게들을 인수해 공간을 튼 것이다.

"소뼈, 콩나물, 양지머리. 전 이 세 가지만 생각해요. 그게 해장국이에요. 시어머니 솜씨 그대로 해요. 내가 하고 싶은 대로 안 해요."

용두동은 조선시대에 왕이 친경(親耕)을 하고 권농(勸農) 행사를 치르던 선농단이 있을 만큼 유서 깊은 동네다. 조선시대에는 시내에서 일하는 노동자들이 많이 모여 살았고, 아주 오래된 서민들의 주택가이기도 하다. 노동자들이 많아서 새벽부터 뜨거운 밥을 먹을 수 있는 이 집이 쉽게 자리 잡았다. 원래 해장국집은 노동 친화적인 곳이다. 시절이 바뀌면서 밤새 나이트클럽에서 즐기던 사람들이 찾기 시작했고, 경제 호황기에 24시간 움직이는 사람들이 많아지면서 자연스레 손님이 크게 늘었다. 경기 불황을 맞아 밤을 새우는 식당과 술집이 크게 줄었지만, 어머니대성집은 자리가 없을 정도로 성업한다.

"옛날에는 카드도 없고 돈 세는 재미가 있었어요. 요새는 예전보다 이익률은 떨어졌어요. 재료비와 사람 쓰는 돈이 올랐으니까. 그래도 아들이 잘해요."

평범한 원칙을 지키는 것이 곧 승부수

직원들이 장기근속하면서 서비스 품질은 유지된다. 대부분 10년, 15년, 20년 된 분들이고 26년 근속한 아주머니 직원도 있다. 67세가 최고 연장자다. 정년이 없고, 급여는 정년이 지나도 계속 오를 수 있다.

"나이 들면 일하는 능력과 체력이 떨어지지요. 그게 인지상정이지

요. 그래도 경험을 높이 사서 급여가 오르는 경우도 있어요. 체력만 갖고 일하는 건 아니니까."

메뉴는 대개 예전 것이지만 새로 한 것도 있다. 소 골(뇌) 같은 건 없어졌고, 육회는 3년 전에 시작했다. 어머니는 이렇게 말한다.

"육회가 살살 녹죠?"

맛의 비결을 물었더니 그런 거 없다는 말씀이다.

"굳이 따지자면 양념 안 아끼는 거예요. 참기름도 제일 좋은 걸 쓰고. 업자 처지에서 보면 거래처 재료비 결제 빨리 해주고. 값 안 깎고. 그런 거예요."

장사 잘하시는 방법을 일러주신다.

"매일 똑같은 요리인데 매번 달라요. 양념 맞추기가 어려워요. 고기 질에 따라 재료에 따라 다루는 법이 달라요. 그게 오래 걸립디다."

맛이 잘 나오는 날이 있다. 손님이 알려줄 때도 있다. 맛이 평소보다 못하다고. 인정한다. 부엌에 가서 따져본다. 이유가 있을 때가 많다. 불 조절에 실패했을 수도 있고, 재료가 다를 수도 있다.

"이게(고기) 딱 매일 공산품처럼 안 나와요. 44년을 했는데도 매일 조금씩 달라요. 그래서 긴장하고 살아요."

아들이 일하기 시작한 건 10년 전이다. 미국 유학이 예정되어 있었다.

"내가 갑자기 아팠어요. 아들이 유학 가기 일주일 전이요. 그러더니 아들이 유학을 안 간다는 거예요. 지도교수가 놀라고 난리가 났어요. 결국 여기서 저렇게 일해요."

이 집은 특이하게도 일요일이 제일 바쁘다. 단골들이 가족 단위로

많이 오는 날이다. 직원들이 늘 친절해서 인기 있고 대를 이어 가게를 이끄는 2세들이 나와서 직접 일하니까 신뢰가 가기 때문이다.

"장사 잘된다고, 남들 생각하는 것만큼은 못 벌었어요. 그만두기도 아깝고 그냥 하는 거예요. 아들이 한다고 하니 다행이고. 분점이나 프랜차이즈는 안 했어요. 이게 내가 차고앉아야 맛이 나오는 거라. 딸들이 떼어가려고도 안 해요."

그이가 환하게 웃었다.

"손님이 내 얼굴 안 보이면 맛없어 보인다고 해요. 그래서 기를 쓰고 나와요. 운명 같은 거예요."

명품을 만든 것은
장사꾼의 감[感]

강릉 초당마을을 대표하는 40년 된 순두부집

토박이할머니순두부

1979년 창업

・・・

어렸을 때 동네에는 두부 장수가 있었다. 두부 장수는 아침 일찍 작은 종을 울리며 골목길을 누비면서 따끈한 두부를 팔았다. 놋쇠로 만든 종이 두부 장수의 호객 신호였다. 두부는 산업화되면서 맛이 없어졌다. 그럴 수밖에 없다. 유명한 소설가 무라카미 하루키가 정곡을 찔렀다.

"맛있는 두부요? 두부는 오늘의 두부가 제일 맛있지요."

갓 만든 두부를 이길 것은 없다. 우리는 이제 맛있는 두부를 잃어버린 시대를 산다. 강원도 강릉, 진짜 두부를 찾아 나섰다. 그리하여 두부를 만났다. 진짜 두부. '작은 차이가 명품을 만든다.' 이 광고 카피가 두부에도 잘 들어맞는다.

김규태 사장은 급히 눌러 만든 모두부는 맛이 없고, 빨리 내린 순두부는 엉터리라고 한다. 천천히 제 길대로 만들어야 진짜다. 빵이 구수한 맛을 품으려면 시간이 걸린다. 이것을 앞당기려는 과학적 시도가 수없이 있었고, 우리는 더 싼 값에 빵을 먹을 수 있었다. 그러나 다시 인간은 천천히 만든 빵을 찾았다. 그것이 진짜라는 걸 알게 된 것이다.

강릉 초당의 두부는 여전히 느리게 만들어진다. 똑 떨어지는 효과를 내는 조제된 간수 대신 쓸 때마다 들쑥날쑥한 바닷물로 두부를 굳힌다. 그들이 처음이라는 뜻의 초(初)두부(순두부)를 빚는 마음은 그런 우직한 여유다. 돌아가는 길이 때론 바로 가는 길이다.

때론 레시피보다 '감'이 더 정확하다

국내에는 속초를 비롯해 몇 개의 '두부마을'이 있다. 두부 파는 식당과 제조소가 밀집한 지역을 말한다. 대부분 역사가 길지 않다. 관광 붐을 타고 나중에 만들어진 경우가 많다. 본디 자연스레 형성된 곳으로는 강릉 초당을 먼저 떠올린다. 강릉은 지리적으로 독특한 땅이다. 한여름에는 시원하고 한겨울에는 혹한도 없이 따뜻한 날씨를 보여준다. 대체로 온화하고 부드럽다. 강릉 땅을 주행해보면 그 기운이 느껴진다. 강원도의 강(江)이 바로 강릉에서 따왔음을 생각해보니, 이 고장의 기세 있던 역사가 짐작된다.

강릉 초당마을로 차를 몬다. 멀리 솔숲이 보인다. 강릉에 솔숲이 많아서 오죽하면 이 도시의 슬로건이 '솔향 강릉'이겠느냐만, 초당의 솔숲은 압권이다. 제 스스로 무리 지어 그늘을 드리운다. 그 자태가 영험하면서도 억누르지 않는다. 그윽하게 한 소식을 저 안에 담고 싶어지는 모습이다. 그 솔숲과 두부는 제법 어울리는데, 이것을 이르러 천부(天賦)라고 할 수도 있겠다. 인공과 자연의 스스럼없는 조화다.

'토박이할머니순두부'집의 김규태 사장이 이미 마중을 나와 있다. 그는 초당마을 두부를 보존하는 모임의 총무를 맡고 있다. 장화를 신은 작업복 차림이다. 두부를 띄워달라고 미리 부탁해놓은 터이다. 가마솥에 김이 '쐬쐬' 하고 올라오고 있는데, 그는 아직 태평하다.

"두부가 그냥 되는 게 아니고요, 먼저 뽈콰야 합니다. 머 서두른다고 되는 게 아닌데."

그가 사람 좋게 웃으며 말한다. 초당(草堂)이라는 직수굿하며 순한

이미지에 걸맞다. '뿔쿠다'는 불리다라는 말이다. 겨울에는 더 오래 불리고, 여름에는 짧게 불린다. 콩 불리는 일로 두부 공정이 시작되는데, 그 시간이 명확하지 않다. 부드럽되 속을 알 수 없는 두부다운 시작이다.

"감으로 하지요. 감이 있어야 해요. 이걸 공책에 써놔도 안 됩니다. 첨엔 저도 애 마이 먹었지요."

여담이지만, 취재를 마치고 집에서 두부를 해봤다. 그가 한 대로 비슷하게 흉내를 냈는데 실패했다. 어디서 무엇이 잘못되었을까. 나중에 한 번 더 찾아가 그에게 물어봤다. 귀여운(?) 대답이 온다.

"그렇게 쉽게 잘되믄 다 두부 장사 하게요?"

바닷물로 오래 기다려 만드는 두부

우리나라 두부는 중국에서 전래되었다고 하는데, 맛이 좋기로 중국에서도 유명했다고 한다. 그것은 콩과 물이 좋기 때문인데, 초당두부의 맛은 여기에 하나 더 걸친다.

"여기 두부는 간수를 안 쓰고, 바닷물을 줍니다(씁니다). 강릉 앞바다 심해에서 퍼서 동네 생산자들이 나눠 가져요. 이 물을 주니까 두부가 부드럽고 쓰지 않아요. 간수를 안 쓰니, 딱 떨어지는 제조법을 정하기 어려워서 만들기가 까다롭습니다."

김규태 사장의 말이다.

초당두부는 크기가 남다르다. 보통 모두부의 두 배 크기다. 콩 한

말을 쑤어봐야 고작 모두부 스무 모에 순두부가 다섯 봉 나온다. 순국산 콩만 쓰니, 그다지 이문이 없는 일이다.

"원래 초당두부는 컸어요. 크게 만들던 걸 줄일 수도 없고. 모두부 한 모에 5천 원 하면 비싸다고 하시다가도, 크기를 보면 다들 놀랍니다."

과연 크다. 사진작가와 나누어 먹는데도 다 먹을 수가 없다. 옛 할아버지들이 쓰던 목침만 하다.

두부 공정은 아주 간단하다. 불린 콩을 갈고 천에 받쳐 뜨거운 물을 부어주면서 콩물을 내린다. 이때 비지가 생긴다. 그 내린 콩물을 온도 잡아서 가열하다가 바닷물을 부어주면 끝이다. 말로는 정말 단순하다. 그래서 더 어려운 게 두부다. 김 사장은 강원도 사람 특유의 유머 감각으로 말한다.

"말로 하면 콩 한 가마니도 금세 두부가 되지요.(웃음) 해보면 아주 예민해요. 그래서 두부가 재밌는 거예요."

원래 두부 만드는 게 치즈와 비슷하다. 비지는 요새 유행하는 리코타 치즈에 해당하고, 모두부가 바로 연질 치즈다. 이것에 소금을 쳐서 탈수하여 숙성시키면 딱딱한 경질 치즈가 된다. 좋은 원료, 적절한 온도와 응고, 성형까지 닮았다. 치즈를 아무나 잘 만들지 못하는 것처럼 두부도 그렇다. 치즈는 오래 숙성시키고, 두부는 금방 먹는 게 다르다고? 아니다. 두부도 숙성하는 방법이 꽤 많다. 두부를 간장이나 된장에 박고, 아니면 소금물에 넣어서 숙성하기도 한다. 아예 소금을 많이 쳐서 숙성할 수도 있다. 한국의 두부가 즉석 가공 식품이 대부분이라 우리가 잘 모를 뿐이다.

김 사장이 천천히 두부를 만든다. 기다려라, 그의 신조다. 빨리 굳히겠다고 하면 두부가 딱딱해서 못 쓴다. 바닷물을 붓고도 굳지 않고 마냥 그대로인 두부를 보고 있으면 조바심이 난다. 이거, 두부가 되긴 하는 건가? 살짝 걱정이 된다.

"그래도 기다려야 해요. 때가 되면 다 됩니다. 그걸 못 참아서 간수 세게 넣고. 심지어 모두부를 만들 때도 빨리 굳으라고 세게 누르는 사람도 있습니다. 그러면 두부가 시원찮아요."

뚝심과 기다림으로 요약할 수 있는 두부 만들기다.

초당마을 두부를 강릉 시장에 팔다

초당마을의 두부 역사는 16세기 허엽에서 시작되었다고 한다. 허엽은 《홍길동전》을 쓴 허균과 허난설헌의 아버지다. 그가 두부 만드는 것을 독려해 지금의 초당마을이 되었다고 말한다. 사실 여부야 아리송하지만 그럴듯하다. 허엽 부자는 음식에 깊이 연관되어 있다. 허균이 조선조에 미식을 다룬 드문 책인 《도문대작》의 저자이기 때문이다.

허균은 대단한 미식가였다. 아버지에게 배운 맛일 것이다. 관료가 되어 부임해야 하는데, 임지를 따지는 기준을 미식 여부로 했다는 얘기도 있다. 도문대작(屠門大嚼)이란 말 자체가 푸줏간 앞을 지나며 입맛을 크게 다신다는 뜻이다. 음식에 초연함을 덕으로 알았던 사대부로서는 쉽게 붙일 수 있는 제목이 아니다. 천박한 식탐을 극도로 경계했던 것이 사대부였다. 그런 허엽 부자가 살았던 초당마을에 두

부 요리가 번성하여 많은 현대 미식가들을 불러 모으는 것도 참 공교롭기만 하다.

두부 제조소이자 두부 전문 식당의 상호에 들어간 '할머니'는 이 동네를 상징한다. '초당할머니순두부'라는 상호의 원조집이 1979년 이 동네에 생겨서 인기를 끌었기 때문이다. 물론 이 마을에서는 식당이 생기기 전부터 두부를 만들어 팔았지만, 지금처럼 식당들이 아니라 순전히 두부 공장들이었다. 김규태 사장 가족이 초당마을에 둥지를 튼 것도 두부 공장 때문이다. 그의 어머니 이금자 씨가 1976년 이 마을에 들어오면서부터다.

"시고모 댁이 여기서 두부 공장을 했어요. 우리 가족이 홍천에서 초당으로 온 게 1976년도의 일이고, 셋째인 규태를 여기서 낳았지요. 두부 만들면 먹고살 수 있다고 해서 시작한 일이 이렇게 됐어요."

이금자 씨의 기억은 또렷하다. 두부 공장 겸 살 집을 짓느라 직접 '부로꾸'(시멘트로 만든 블록)를 찍어내던 일부터 말씀하신다. 간난하고 매운 시절을 보냈다. 그땐 다들 그랬겠지만. 이 씨는 아들 내외에게 가게를 물려주었고, 지금도 매일 나와서 일을 거든다. 두부 만드는 일만 벌써 40년이다.

"옛날에는 누가 두부 먹겠다고 여기까지 오지도 않았고요. 여기서 강릉 시내까지 버스로 30분씩 걸렸어요. 그냥 여기는 조그만 두부 공장이 많았어요. 먹고사느라고요. 다들 두부 만들어 강릉 시내에 파는 게 일이었지요. 새벽이면 동네마다 두부 만든다고 불 피우고 연기가 꽉 차고 그랬어요."

흙길을 터덜거리며 다니는 버스의 첫차가 아침 6시. 그 시간에 맞

"그래도 기다려야 해요. 때가 되면 다 됩니다.
그걸 못 참아서 간수 세게 넣고.
심지어 모두부를 만들 때도 빨리 굳으라고 세게 누르는 사람도 있습니다.
그러면 두부가 시원찮아요."

추어 시내로 두부를 팔러 나갔다고 한다. 강릉 시내에 있는 중앙시장의 노점 두부 가게는 죄다 초당 사람들이었다.

"버스 기사가 차별은 안 했지만, 두부 다라(함지)가 버스에 공간을 차지하니까 다랏값이라고 웃돈을 받는 경우도 있었어요. 기사들이 할매들 고생한다고 잘 대해줬어요. 그래도 아이들 통학 시간에는 아예 탈 수 없었고요. 그때 만원버스로 다니느라 다들 고생 많았지."

어머니 이 씨의 고생담은 덤덤한데, 듣자니 쉽지 않다.

"큰 가마솥에 콩을 서 말씩 했어요. 해수욕철에는 두부 수요가 늘어서 잠도 못 자고 하루 종일 두부를 만들었지요. 가스불이 어디 있어요. 갈탄이라는 걸 땠는데, 아휴, 가루탄에 물을 넣어 개어서 때는 거예요. 연기도 독하고. 풍구질을 해서 불 올려서 새벽에 달궈지면 두부를 만들었어요. 다들 고생이 심했지. 첨부터 버스 타고 두부 팔러 강릉 시내에 다녔던 건 아니에요. 그전에는 자전거에 두부를 싣고 새벽에 갔어요."

주로 김규태 사장의 할머니, 즉 이 씨의 시어머니가 내다 파는 일을 맡았다. 그때 버스에 사람보다 두부가 더 많았다고 증언한다. 새벽에 다 내다 팔 수 없어서 오후에 한 번 더 나갔다. 강릉 중앙시장은 그렇게 두부가 유명했고, 초당 사람들이 그 몫을 전담했다.

'마이카 시대'를 타고 '두부 러시'가 오다

이 동네가 전국에 두부로 유명해진 건 1979년도부터의 일이다. 소

위 원조집이 유명해지면서 두부 공장만 하던 집들도 하나둘 음식점으로 전업하기 시작했다. 그 가속도가 붙은 걸 김 사장은 독특하게 설명한다.

"여기 작가 신봉승 씨 별장이 있었어요. 드라마 〈조선왕조 오백년〉 하던 그 양반 말예요. 그 양반이 순두부를 좋아하고, 식당서 자시고 하면서 드라마에 출연하는 연예인들도 많이 데리고 왔어요. 그냥 시골 방에 앉아서 맛있는 두부를 먹으니 좀 맛있어요? 그러다가 마이카 붐이다 뭐다 해서 차들이 몰리고 이렇게 된 거예요."

1980년대는 정말 '마이카' 붐이 일었다. 차가 있으니, 어딘가 가서 한 끼 먹고 오는 게 쉬워졌다. '맛집'이라는 용어도 그때 나왔다. 언론에서 이런 집들을 소개하는 고정 지면이 생겼다. 여행 꼭지가 생긴 것도 그때다. 1990년대를 관통하면서 초당마을은 자연스레 '두부 맛집촌'이 되었다. 사람들이 엄청나게 몰리기 시작했다. 김 사장의 증언이다.

"팔팔올림픽 전후로 손님이 너무 몰려서 어떤 여주인은 요리하다 말고 도망간 경우도 있었어요.(웃음) 처음에 이 동네서 두부 장사 하던 사람들이 돈은 벌었을 거예요. 우리 같은 두부 만드는 집에서 한 바께쓰나 되는 초두부를 5백 원에 사서 손님 오면 대접에 퍼주고 간장하고 김치나 함께 내면 됐으니까요."

이 동네의 두부 요리라는 것도 요즘은 요란해졌다. 순두부짬뽕도 있다. 자꾸 신요리가 생긴다.

두부의 제맛은 갓 만든 초두부

"두부란 게 아주 단순하잖아요. 처음엔 초두부(순두부), 모두부 딱 두 가지만 있었지요. 사람들 입맛 맞춘다고 전골도 생기고 했어요."

그는 두부야말로 초두부가 진짜라고 한다. 이 지역에서는 순두부를 초두부라고 부른다.

문제는 초두부는 만들어서 딱 몇 시간 안에 먹어야 제맛이라는 거다. 보통 시중에 파는 순두부는 사실 순두부라고 부를 수 없다. 부들부들하니 순두부라고 할 수는 있어도, 처음 나온 두부라는 뜻의 초두부일 수는 없는 것이다. 게다가 순두부와 제조법도 다르다. 일일이 설명할 필요 없이, 진짜 순두부를 먹어보면 식당서 파는 거개의 순두부와 질감 자체가 다른 걸 알게 된다.

그에게 두부 맛있게 먹는 법을 물었다.

"초두부는 작은 공장에서 사야 하고요, 아침에 만든 걸 바로 먹어야 맛있지요. 모두부는 바닷물 농도 정도로 짭짤한 소금물에 데쳐봐요. 훨씬 맛있어요."

초당두부가 유명해지면서 끗발 있는 사람들이 손님으로 많이 오고, 정작 자신들은 초두부 맛을 별로 못 보고 산다면서 김 사장이 심심하게 웃는다.*

• 사실 이 집은 필자의 다른 책에서도 소개한 적이 있다. 이번 책에 소개하기 위해 다시 방문했고, 이 집이 너무 좋아서 다시 썼다. 양해 바란다.

2부

일품

최고만을 대접하는 집념과 인심을 배우다

우리처럼 고단하고 고통스러운 현대사를 맞은 민족이 또 얼마나 있을까. 그 격동은 먹는 문제에서도 엄청난 후폭풍을 불러왔다. 중국인의 도래는 만두와 짜장면을 전했고, 미군의 구호품이었던 밀가루야말로 우리에게는 축복이자 식탁의 대격변을 일으킨 기폭제였다. 남북 분단은 이북 음식인 냉면에 한을 입혀내는 결과를 빚었고 서울의 경제 성장은 연회와 가족 외식 문화를 만들어 관련 식당을 장수하게 했다. 무엇보다 음식은 칼로리가 아니라 인류사로 해석된다. 그 명확한 증거들이 바로 이 식당들이다. 이들은 격동의 시기를 특유의 집념으로 돌파했다.

트렌드, 경기변동, '남는 것'을 고려하지 않고 담대하게 이어온 노포의 남다른 장사 철학을 소개한다. 다 같이 배고픈 시절, 배불리 먹이고 보내는 게 중요했다는 그들의 인심이 노포를 지금까지 이어지게 했던 것은 아닐까. 때로 맛도 변화하고, 일하는 방식이 진화할지라도 음식과 사람을 대하는 마음만큼은 변치 않았던 노포의 이야기에 귀 기울여보자.

제일 어려운 일은
직원에게 시키지 않는다

의정부 평양냉면 계보를 잇는 서울 5대 냉면집

을지면옥

1985년 창업

. . .

냉면은 여전히 신비로운 음식이다. 좀체 인터뷰를 안 하는 냉면집들의 고집도 한몫한다. 맛의 비결은 '변하지 않는' 것이라는 을지면옥. 새벽 5시에 일어나 육수 뽑는 걸 하루도 미뤄본 적이 없다. 너무 힘들고 괴로워서 그만둔다. 그만둔다 하면서 어느덧 서른 해를 훌쩍 넘게 영업을 이었다. 의정부 평양면옥집의 딸로 을지로 시대를 열었던 지난 시대의 말들이 쏟아졌다. 냉면 잘하는 법이 궁금한가? 한번 들어보시라.

실향민의 사랑방에서 냉면꾼의 성지로

청계천변과 잇대어 있는 을지로 공구 상가 중심에는 이름도 생소한 중구 입정동이 나온다. 삿갓 입(笠)에 우물 정(井). 서울지명사전에 "갓방, 즉 갓을 만드는 집에 우물이 있어 갓방우물골이라고 한 데서 유래되었다"고 등재되어 있다. 입정동을 유명하게 한 건 과거에는 갓방이었고, 지금은 냉면집 때문이다. 1985년 창업한 을지면옥이 그것이다. 서울 냉면의 계보를 그리는 사람에겐 빠지지 않는 집이고, '서울 5대 냉면'이니 하고 숫자 붙이기 좋아하는 호사가들에게도 당연히 순위에 든다. 열광적인 팬들도 많다. 괜히 을지면옥 냉면을 둘째 자리에 갖다 놓는 발언을 했다가는 드잡이를 할지도 모른다.

을지로3가역에서 5번 출구로 나오면 이 냉면집을 만날 수 있는데,

초행길이라면 놓치기 십상이다. 공구상이 길거리에 쭉 늘어서 있다. 돌출 간판이 없어서 주의 깊게 보지 않으면 그냥 지나치기 쉽다. 차라리 2층 쪽에 '을지다방'이라는 상호를 찾으면서 가는 게 좋다. 1층 냉면집 입구에는 그저 푸른색 페인트로 '을지면옥'이라고 쓰여 있을 뿐이다. 이내 냉면집을 찾아 들어서면 아주 좁은 복도 같은 길이 나온다. 이 길은 참 희한하다. 엄밀히 말해서 복도도 아니다. 공구상과 공구상 사이에 있는 묘한 공간이다. 길쭉한 길인데, 이곳으로 들어간다 해도 바로 을지면옥 건물 안으로 들어설 수 있는 게 아니다. 다시 길이 하나 나오고 그 너머에 가게가 있다. 참으로 특별하다고 할 구조다.

이 복도 아닌 복도로 들어서면서부터 손님들은 '북한', 아니 '이북'이라는 체감하기 어려운 공간에 놓인다. 복도 좌우 벽에 빼곡하게 북한의 사진이며 지도, 풍물 사진이 붙어 있기 때문이다. 실향민에게는 고향에 대한 시공간적 착각(?)을 줄 수 있는 인테리어이며, 우리 같은 보통 사람들에게는 묘한 이질적 공간으로 새겨진다. 그리하여 곧 먹게 될 냉면 맛을 더 돋우는 노릇을 한다.

을지로3가역은 두 개의 지하철 노선이 지나가는 환승역이다. "다음은 을지로3가역입니다" 하는 안내 멘트가 나오면, 내 입 안에선 침이 고인다. 냉면 때문이다. 환승하기 위해 발걸음을 옮겨야 하지만, 이내 5번 출구로 발길이 저절로 간다. 그때 내 다리는 김유신의 말이다. 어, 하다가 나도 모르게 복도를 지나고 완고한 표정으로 카운터에 앉아 있는 주인을 지나서 2층의 구석 자리, 내 맘대로 정한 지정석으로 간다. 그러고는 소주 한 병과 편육 한 접시를 시켜서 그

삶은 돼지고기 껍질이 내 혀와 이를 희롱하는 순간을 맞게 된다(참고로 이 집에서는 소고기를 수육, 돼지고기는 편육이라고 부른다). 이윽고 그득한 육수에 넉넉한 양의 면 사리가 들어찬 냉면이 상에 놓이고, 나는 허겁지겁 먹는다. 이런 루트는 사실 내 것이 아니라 이 자리에 앉았던 수많은 선배 '냉면꾼'들의 대물림이다. 그렇게 나도 늙어가고, 자 다음 타자는? 하고 기다리니 아직 젊은 선수들이 나와 같은 주문을 넣으면서 을지면옥을 체화하고 있는 중이다. 대를 이어서 팬층이 두꺼운 집이다.

호사가들이 만들어낸 냉면집 계보

시중의 호사가들은 냉면집 계보를 설명할 때 이른바 '의정부 평양면옥 계열'이라는 구(句)를 쓴다. 의정부에서 시작한 '평양면옥'의 자제들이 서울의 세 곳에서 터를 잡고 비슷한 계열의 냉면을 말고 있다는 것이다. 필동면옥, 을지면옥, 본가면옥이 그것이다.

"이게 무슨 계획에 의한 건 아니고, 하다 보니 그렇게 됐어요. 자연스레 정리가 된 거죠."

을지면옥의 안주인 홍정숙 씨의 설명이다. 이참에 '계열'과 역사를 확실히 정리하고 넘어가자. 의정부 평양면옥은 원래 1969년 경기도 연천의 전곡면에서 홍영남, 김경필 부부가 시작했다. 평양 출신으로 1·4후퇴 때 넘어온 전형적인 피란민이다. 1987년에 의정부 현재의 자리로 가게를 옮겼고, 최초로 서울에 문을 연 것이 둘째 딸 정숙 씨

을지면옥의 변하지 않는 맛은 이유가 있다.
아버지의 유훈이다.
우리 식구들 냉면은 모두 같아야 한다는 뜻이었다.

의 가게 을지면옥이다. 필동면옥은 언니 순자 씨가 열었다. 을지면옥보다 여덟 달 뒤의 일이다. 나중에 셋째 딸 명숙 씨 부부가 잠원동에 '본가평양면옥'이라는 이름으로 가장 늦게 개업했다. 장남 진권 씨가 의정부의 본포를 물려받았으니 냉면 2대가 완성된 셈이다. 그는 현재 하남과 고양의 대형 쇼핑몰 스타필드에 입점해서 간판스타가 되었다.

15년 전에 작고한 아버지 홍 선생은 정숙 씨의 표현대로 "세상에 자상하기가 이를 데 없는 양반"이었다고 한다. 아내를 챙기는 것이 극진해서, 아침마다 달걀 두 알을 요리하고 우유를 데워 어머니에게 드리던 분이라고 회상한다.

"심지어 빈대떡도 당신이 직접 녹두 갈아 부치고, 자봉틀(재봉틀)도 얼마나 잘하셨는지."

이북 남자들의 이미지는 대개 무뚝뚝하고 선이 굵게 그려진다. 그러나 실제는 다를 수 있다. 이북 관서 지방 출신인 백석의 시를 읽고 섬세함에 놀랐던 적이 있는데, 홍 씨의 부친도 그랬던 거다. 의외로 부드럽고 자상한 남자로 기억된다.

"제가 중2 무렵에 냉면집을 열었어요. 전곡은 군사 지역이죠. 주로 간부급 군인들과 공무원들이 손님이었어요."

이 집의 내력은 평양의 한 냉면집이다. 할머니가 곡식 위탁판매상과 정미소를 하면서 면옥을 함께 경영했다. 보실면옥이라는 이름이었다. 집집마다 냉면을 내려 먹는다 해도 과언이 아닐 평양에서도 유명한 집이었다.

"냉면을 배달도 하던 집이었다고 해요. 상인들이 메밀을 가져오면

갈아서 면을 만들어냈다고 들었어요. 그때 (평양에서는) 집집마다 분틀이 있을 정도였으니까. 상인들의 쉼터 구실도 하고 자연스레 면을 말아내면서 면옥이 된 거죠."

냉면 배달에 대해서는 어효선 선생의 《내가 자란 서울》에 재미있는 장면이 묘사되어 있다. 옮겨본다.

> 광교와 수표교 사이에 있는 콘크리트 다리 북쪽 천변에 '백양루'라는 소문난 냉면집이 있었다. (중략) 배달은 기다란 목판에 담아서 어깨에 메고 자전거로 날랐다. 배달꾼들은 몸이 크고 튼튼한 장정이었다. 목판의 길이가 150센티미터인데, 한 목판에 스무 그릇이 놓였다. 이 목판을 한 어깨에 메고 핸들을 왼손으로 잡고 달렸다. 커다란 사기대접에 고깔 모양의 함석 뚜껑을 덮었다. 커다란 국물 주전자는 짐받이에 실었다.

홍 씨 집안은 중국과 여러 가지 무역도 크게 했다고 한다. 부친은 사냥꾼이기도 했다. 직업적인 것은 아니었는데, 냉면집을 열기 전에도 전곡에서 꿩 사냥을 한 뒤 면을 말아서 드셨다고 한다.

"아버지가 소고기는 성질이 차서 안 맞는다고, 꿩을 썼어요. 냉면도 거냉(去冷)을 좋아하셨으니까."

거냉이란 냉면집에서 주로 쓰는 용어인데, 원래 차가운 냉면이지만 너무 차지 않게 온도를 조절해서 내는 방식을 말한다. 호방하고 노래도 잘하고 인정 많던, 멋진 아버지를 그이는 기억한다. 일하는 사람들이 사 먹는 음식이니 양이 많아야 된다고, 그래서 의정부 '계

노포의 장사법

열' 냉면집들은 하나같이 양이 많다. 과거에는 더 많았다고 한다. 아버지를 기억하며 그이의 감정이 좀 흔들리는 것 같아 보였던 건 내 착각인지 모르겠다. 인터뷰 약속을 잡아놓고 을지면옥 자료를 찾아봤지만 스케치 정도의 기사들뿐. 인터뷰라곤 전혀 없다. 나서는 걸 안 좋아하는 내력이 있는 듯하다. 을지면옥의 조용한 느낌도 이런 정서에서 비롯하는 것일 테다.

주방 일, 남이 할 수 없는 일이다

을지면옥을 다니면서 궁금한 게 있었다. 냉면 배합도, 역사도 아니었다. 왜 이 집은 길가의 푸른 페인트 간판을 보고 들어서면 복도가 있는가. 또 복도가 끝나면 곧바로 가게가 이어지지 않고 다시 '길'이 나오는가. 이 글 서두에서 쓴 부분이다. 뜻밖에도 홍 씨는 잠깐 머뭇거린다.

"시아버님이 하신 일이라, 제가 설명하기 좀 뭣하긴 해요. 말씀드리자면, 원래 저것이 복도가 아니었어요. 그냥 상가였어요. 그러니 손님들이 드나들 때 큰길에서 바로 들어오지 못하고 빙 돌아와야 합니다. 앞 상가가 마침 아버님 소유라 가게 가운데에 복도처럼 공간을 만들어서 연결한 거죠."

아, 이제 이해가 된다. 손님용 길을 내자고, 길이 아닌 상가 한 부분을 터버린 것이다.

을지면옥을 잘 모르면, 그저 의정부 계열이고 그 따님의 분가로

이루어진 냉면집으로 알기 쉽다. 실은 저 복도와 관련이 있다. 먼저 큰길가에서 '을지면옥'이라고 쓴 페인트 글씨를 보고 복도를 지나면 가게가 나오는데, 벽에 나무 현판이 하나 붙어 있다. '인천 이 씨' 대동회 것이다. 바로 홍정숙 씨의 시댁 가문이다.

그이는 1979년에 결혼했다. 이북 사람들은 대개 이북 사람과 통혼하는 경우가 많다. 홍 씨도 그랬다. 황해도 신계 출신의 이 씨 집안에 시집왔다. 시부가 신계 명예군수도 지내고 국민훈장도 받은 명문가다. 을지면옥 건물의 소유주이기도 했다.

"남편이 냉면을 배우겠다고 했어요. 시댁이 모 배터리 회사의 총판을 했어요. 남편도 거기서 일했고, 수입이 괜찮았어요. 뭐 하러 냉면집을 하려고 하느냐, 나는 반대했지요. 내가 친정에서 냉면 만드는 고생을 보고 자랐으니까요. 기어이 배우겠다고 제 친정에 다니는데 아주 진지한 거예요."

의정부 본포의 부모님도 반대했다. 그러나 하겠다는 걸 말릴 수 없는 노릇이었다. 고집 센 사위에게 졌다. 1년 넘게 새벽에 일어나 육수부터 끓이면서 냉면을 배웠다. 그렇게 해서 기술이 남편의 손으로 이전됐다. 더 놀라운 건 환갑을 한참 넘긴 그가 지금도 주방장을 한다는 사실이다. 여느 식당처럼 나는 이 부부가 카운터 보고 관리만 하는 줄 알았다. 놀랍게도 부부가 모두 주방의 제대로 된 일꾼이자 주방장, 부주방장이다.

"새벽 5시에 육수부터 끓이는데, 남이 할 수 있는 일이 아니에요. 매일 메밀도 갈아야 하고."

을지면옥 주방장인 남편은 아내가 인터뷰하는 동안 가게 홀에 앉

아 신문을 보는 듯하더니, 금세 주방으로 사라졌다. 주방에서 보니 앞치마 제대로 두른 주방장으로 변해 있었다. 아우라가 세서 주방에 쉬이 들어가볼 엄두가 안 났다.

이들 부부가 냉면을 처음 배울 때는 고생도 많았다. 당시엔 전기로 가동하는 자동 분틀이 나오기 전이다. 쇠로 된 분틀을 힘으로 눌러서 면을 뺐다. 이쪽 동네 말로 '중머리'가 완력으로 뽑았다. 참고로, 일제강점기 때 신문에도 '중머리들이 파업했다' 등 중머리란 낱말이 등장한다. 중머리는 냉면 배달꾼을 뜻한다. 그 어원은 알 수 없다. 중처럼 머리를 민 일꾼들이란 뜻이었을까. 알고 보면, 평안북도 사투리로 국숫집에서 부엌일을 하는 머슴을 부르는 말이다. 비슷한 말로 중노미라는 말도 있다. 식당 등에 딸려서 잡일하는 하급 직원을 뜻한다. 둘 다 이제는 거의 쓰지 않는 말이다.

메밀이 제대로 들어간 면은 따뜻한 물에 반죽(익반죽)을 한 후 곧바로 틀에 넣어 압력으로 빼야 한다. 미리 반죽을 해둘 수도, 면을 뽑아둘 수도 없다. 진짜 냉면값이 비쌀 수밖에 없는 중요한 이유다. 메밀값은 밀가루의 열 배요, 바로바로 반죽하고 뽑는 등 노동비도 많이 들기 때문이다.

그이가 주무르고 사린 면이 얼마였을까. 한 번 집으면 정확한 그램이 딱 나온다. 찬물에 면을 헹궈 사리를 짓다 보니 손가락과 손목에 관절통을 앓는다. 일종의 직업병이다. 그래서 언제까지 이 일을 할 수 있을까 걱정한다. 사리를 지으면서 물기를 꽉 눌러 짜지 않으면, 헹군 물이 육수에 섞여 들어간다. 그러면 냉면을 망친다. 기회 되면 집에서 면 삶을 때라도 한번 해보시길 바란다. 서너 개의 국수사

리의 물기만 꼭 짜내도 손목이 시큰거린다.

"남편이 김장철이 되면 한마디 해요. 우리 올해 김장할 거야? 하지 말지? 이럽니다. 김장 안 하면 다음 해 장사 안 한다, 그만둔다는 소리거든요."

이 집은 김치도 정성껏 김장해서 쓴다는 걸 알겠다.

개업하고 30년이 훌쩍 넘었다. 얼마나 고단하고 긴 싸움이었을까. 매일 똑같은 일의 기계적인 반복. 누구나 탈출을 생각한다. 그러다가 이 부부의 환갑이 지났다. 12월에 배추만 해도 천 포기가 넘는 김장을 한다. 그것으로 이듬해 봄까지 쓴다.

아버지의 유훈처럼 언제나 같은 냉면을 낸다

냉면처럼 호오(好惡)가 분명한 음식도 드물 것이다. 본디 남한 것이 아니니 더 그런지도 모른다. 그래서 원조 논쟁도 늘 잦다. 메밀과 전분의 비율이 얼마여야 하는가를 놓고 논쟁하기도 한다. 이 집의 냉면에는 평양에서 하듯이 고운 고춧가루를 뿌리고 고깃점과 다진 대파를 올려 낸다. 아주 단순한 고명이다. 국물이 맑은 듯 골격이 있다. 면은 가늘고 메밀의 까슬까슬한 기운이 느껴진다. 이런 특징을 합쳐 의정부 평양면옥 스타일이라고도 한다.

을지면옥 국물을 들이켜면 속이 다 시원해진다. 맑고 청량한 맛이다. 무슨 사이다 광고 문구 같다. 을지면옥을 찾는 이의 다수는 이 국물이 해장에 최고라는 말을 덧붙인다. 한 대접 들이켜면 주독이 다

부부가 모두 주방의 제대로 된 일꾼이자 주방장, 부주방장이다.
"새벽 5시에 육수부터 끓이는데,
남이 할 수 있는 일이 아니에요. 매일 메밀도 갈아야 하고."

사라지는 것 같다고 한다. 을지면옥은 2층으로 되어 있다. 1, 2층이 모두 객장인데, 오후에 느긋하게 한잔하려는 꾼들은 2층을 좋아한다. 돼지고기가 소주와 너무도 잘 어울린다. 의정부 계열의 돼지 제육은 정말 다 좋다.

을지면옥의 변하지 않는 맛은 이유가 있다. 아버지의 유훈이다. 우리 식구들 냉면은 모두 같아야 한다는 뜻이었다. 가게마다 조금씩 손맛이 다른 건 어쩔 수 없지만, 언제나 같은 방법으로 같은 냉면을 내는 게 늘 목표다.

"메밀의 함량도 늘 7대 3이에요. 메밀이 7. 변한 적 없어요. 더러 손님들이 드시고 냉면이 옛날 맛이 아니네, 그러시는데 저희는 변한 게 없어요."

그이에게 냉면은 애증의 대상인 듯하다. 여름에 너무 힘들어서 안 한다고 하다가도 겨울 비수기에 편히 지내다가 얼떨결에 또 여름을 맞는다. 그렇게 30년이 넘었다.

"남는 장사가 아니에요. 여름만 보면 잘되는 것 같지만 비철이 아주 길어요. 메밀값, 소고기값이 비싸서 감당이 안 됩니다."

파스타 한 그릇이 2만 원 언저리다. 잘 만든 냉면의 값은 시빗거리가 안 된다는 게 내 생각이다.

그이는 바쁠 때는 부엌에서 냉면 말다가 홀에 나왔다가 하며 바쁘다. 둘 중에는 사실 홀이 더 힘들다고 한다. 손님 다수가 남자이고 이런 노포들일수록 다들 단골 대우를 바란다. 짐작만 해도 알 수 있는 일이다. 냉면처럼 손님의 굳은 기호와 자부심 강하고 심지어 그것을 '내면화'할 정도의 음식이 있을까. 냉면광을 넘어 냉면 그 자체가 되

어버리는 미식가들을 상대하는 일이 버거운 까닭이다.

"길게 인터뷰했네요. 이만하면 됐겠지요? 음, 냉면은 원래 겨울이 제일 맛있어요. 녹쌀(겉껍질 벗긴 메밀쌀)이 반짝반짝하고 녹색으로 윤기가 돌아요. 얼마나 맛있을 때인데요."

그이의 눈이 유별나게 반짝였다.

노포의 주인은
일에 제일 밝아야 한다

부산 차이나타운에서 만나는 중국 전통 만둣집

신발원

1951년 창업

· · ·

고속열차가 서는 부산역. 역 맞은편에 아치가 하나 서 있다. 초량
이다. 예전부터 차이나타운으로 불리는 곳이다. 한때 꽤 많은 화교가
살았다. 그들이 쇠퇴하자 러시아인들이 들어왔다. 러시아어 간판이
보이고, 눈 파란 선원들이 돌아다닌다. 그래서 '초량 텍사스'라고도
불린다. 여기서 텍사스는 '코 큰 사람들이 손님으로 오는 유흥가'를
말한다. 차이나타운은 흔적만 남았다.

부산 차이나타운, 화교의 정착지

시계를 옛날로 돌려본다. 일제강점기에도 이곳에는 중국인이 살
았다. '시나마치(支那町)'라고 했다. 중국인 거리라는 뜻이다. 그 시절,
많은 중국인들이 이 땅에 건너왔다. 그들은 부두 노동자를 비롯한
토목 노동자, 벽돌장이, 이발사, 요리사 같은 생활 깊숙이 필요한 일
들을 했다. 철을 잘 만지기도 했다. 주로 남자들이 건너왔다. 이주가
아니라 당시엔 '임시로 돈 벌러 온' 것이었다. 고향 산둥성이 가뭄으
로 기록적인 기근에 시달린 까닭도 있었다. 정변이 일어나는 등 정
치적인 불안도 한몫했다. 나중에 이들이 영구히 이 땅에 살게 될 줄
은 아무도 몰랐다. 원래 화교의 교(僑)는 '임시로 사는 사람들'이라는
뜻이다.

그들은 배가 고팠다. 고향의 음식도 그리웠다. 가게가 하나둘 생겼

다. 자연스러운 변화다. 호떡을 구웠다. 만둣집도 생겼다. 1949년, 본토가 공산화되고 한국 땅에 살던 화교들이 눌러앉게 되면서 정착 시대가 열렸다. 중화요릿집과 짜장면집이 전국에 널리 퍼졌다.

이 작은 차이나타운에는 만두 잘하는 집이 몇 있다. 그중 가장 오래되고 만두만 거의 전문적으로 하는 집은 신발원이다. 신발원(新發園). 새롭게 일으키는 가게. 이름을 보면 갓 만들어진 집이어야 하는데, 역사가 무려 60년이 넘었다.

"1951년에 처음 문을 열었어요. 아주 작은 가게였죠. 지금 자리는 아니고 옮겨온 겁니다. 만두 전문이었어요, 처음부터. 저 길 안쪽에 샘물이 있었어요. 그걸 길어서 먹던 동네였다고 합니다."

신발원의 3대를 맡고 있는 수의덕 씨의 설명이다. 그는 부산에서 나고 자랐다. 그래도 화교의 혈통을 의식한다.

"한국인은 아니지만, 부산 사람은 맞습니다. 롯데를 응원하고요.(웃음)"

손으로 빚는 산둥식 만두의 비밀

이 집 만두의 비밀은 바로 어머니 곡서연 여사의 손에 있다. 손을 보니, 두툼하면서도 잔근육이 많다. 잔근육은 섬세한 동작을 반복할 때 생긴다. 만두 빚기가 만들어낸 결과다. 〈생활의 달인〉이라는 TV 프로그램에도 나왔을 정도다. 평생 직접 만두를 빚어왔다. 한때는 하루 4백 접시의 만두를 쪘다. 손으로 빚어서. 그것이 신발원 만두의

전설을 유지하는 이유다. 만두는 탄력 있고 고기 함량이 많다. 육즙이 줄줄 흐르는 식은 아니고 담백한 쪽이다. 이 집은 바오쯔(包子)라고 부르는 대륙형 전통 만두라고 봐야 한다. 바로 산둥식 만두다.

"다른 건 몰라도 만두는 여자의 음식이에요. 여자들 손으로 빚고 여자들로 대를 이어 조리법이 비전(祕傳)되었어요. 저도 이 만두를 며느리한테 줘야지요."

중국식 만두에 대한 몇 가지 오해가 있다. 피가 얇지 않으면 제대로 된 만두가 아니라는 오해다. 산둥식 물만두의 경우, 피가 두툼한 것이 보통이다.

"만두는 소가 전부가 아니라 피(밀가루)와 소가 잘 어울려야 제맛이에요."

서울 촌놈(?) 태가 났나 보다. "우리는 많이 먹어본 것이니 조금 들어봐요. 이 집은 만두를 먹어봐야지"라며 옆자리의 노신사가 드시던 만두를 권한다.

사진작가와 몇 가지 다른 메뉴를 시키고 앉아 있을 때 이런 친절을 받았다. 신발원은 만두다, 이런 말씀이었다. 그 노신사는 1950, 1960년대에 이미 이 가게를 출입했다고 한다. 왜 아니겠는가. 추억의 절반은 음식이다. 50, 60대 나이 든 서울내기들은 학교 앞 분식집의 찐빵과 만두를 잊지 못한다. 그때만 해도, 만두는 아주 흔한 간식거리였다. 그 만두가, 역사의 만두가 이제 마트에서 냉동식품으로 팔린다. 화교들이 손으로 빚던 만두는 이제 공장제 만두에 그 영화(榮華)를 넘겨주고 말았다. 손으로 만들던 중국 만두의 흔적은 다행히도 영남권 지역에서 가끔 발견할 수 있다. 서울에선 명동의 취천루가

유명한 만둣집이자 호떡집이었지만 사라진 지 오래고, 그 후예들이 어떻게 되었는지도 모른다. 다만 그 집에서 만두 빚던 분이 서울 동북 지역에서 가게를 열었다는 말을 얼핏 들은 게 전부다. 신발원은 현재 살아남은 중국 만둣집의 전설이고 역사적으로 맹주다. 수 사장이 말을 잇는다.

"우리는 아직도 손으로 빚습니다. 그건 자존심 같은 거예요. 그걸 버리는 순간, 신발원은 없어요."

과거 호떡집의 메뉴를 이어가다

신발원의 원(園)이란 말은 주로 산둥 출신의 화교들이 식당에 붙이는 이름이다. '○○루(樓)'도 마찬가지다. 이 역사적인 식당이 문을 연 한국전쟁 당시, 부산이 임시 수도로 처절한 저항을 하던 시기였다. 미군 부대의 원조로 나온 밀가루로 만든 음식과 가루우유가 중요한 식량이던 때였다.

원래 화교 만둣집은 만두만 빚는 것은 아니었다. 대개 샤오츠라고 부르는 간식거리를 같이 취급했다. 나중에 일손도 줄고 효율도 나빠지면서 만두만 하는 쪽으로 바뀐다. 하지만 특이하게도 신발원은 옛 만둣집의 메뉴를 거의 가지고 있다. 공갈빵, 호떡, 계란빵, 꽈배기 같은 것들이다. 이제 역사의 뒤로 거의 사라져가는 메뉴들이다. 이 메뉴를 보면서 이것이야말로 우리 민속 유산이 아닌가, 그렇다면 뭔가 보존해야 할 것이 아닌가 하는 생각부터 들었다.

"맞습니다. 찾는 손님이 줄어들면 사라질 수 있겠지요. 아직은 하고 있지만, 전문 일손이 거의 없고 이문도 나빠서 계속될지 저도 모릅니다."

수 사장의 설명이다. 이 집에서 만드는 빵과 과자는 일반 요리에 비해 두 배 정도의 공력이 든다고 한다. 그것은 곧 비용이다. 노동 비용의 증가가 결정적이다. 손으로 일일이 만들어야 하는 이런 제품들은 원가 부담을 가중시킨다. 요리의 경우 한 접시에 수만 원 나가지만, 과자는 가격이라고 해봐야 한 봉지에 수천 원이 고작이다. 결국은 사람 손이 귀해지는 시대의 결과물이다.

주방에 들어가봤다. 옛 조리법(배합법)이 한자로 칠판에 가득 쓰여 있다. 직원이 열 명이 넘는다. 작은 주방이 꽉 찼다. 별로 남지도 않아 보이는 꽈배기를 일일이 손으로 꼬고 있고, 반죽을 치고 있다. 언제까지 지속될 수 있을까. 신발원에는 공갈빵도 있다. 전설의 공갈빵. 만둣집에서 팔던 그 빵을 50, 60대는 기억할 것이다.

"공갈빵이 어려워요. 부술 때 팍 하고 부서져야 하고 눅진하게 부서지면 안 됩니다. 어린애 힘으로는 안 부서질 정도의 경도가 있어야 해요. 무려 세 시간 동안 천천히 구워야 합니다. 아주 어려운 기술이죠. 이스트를 안 넣고 자연발효를 합니다. 이제 공갈빵 먹는 사람도 별로 없지만, 그저 지키고 있습니다."

수 사장의 설명이다.

꽈배기는 '마화(麻花)'라는 중국어 이름을 갖고 있다. 이곳의 마화는 톈진 스타일로 딱딱한 질감을 보인다. 류타오도 만든다. 콩국과 곁들여 먹는 중국 정통의 아침 식사용 튀긴 빵이다. 같은 꽈배기이

지만 류타오는 부드럽다.

빵은 예민하다. 사람도 많이 쓴다. 결국 이렇게 '원가 부담'이 세졌다. 그래서 그 많던 중국빵집, 만둣집, 멘바오(麵包, 빵)집들이 없어진 것 같다. 물론 일본과 미국에서 도입한 기술로 대량생산을 시작한 공장 빵에 밀려버린 것도 있다. 더 부드럽고 감미로운 현대식 빵과의 경쟁에서 밀린 것이다. 가게만 가면 쉽게 구할 수 있는 서양식 빵을 이길 수 없었던 것이다. 전국 어딜 가든 파리바게트가 있지만, 중국식 멘바오집은 없다.

"여기 계란빵은 아주 전설적인 것입니다. 하지만 요새 누가 이런 걸 먹겠어요. 맛있는 현대식 빵이 좀 많습니까. 그래도 우린 만들고 있습니다. 언제까지 할지는 모르지요."

계란빵은 모양이 계란을 닮았다고 해서 붙은 이름이다. 수분이 적고 단단한 빵이다. 그래서 상하지 않아서 옛 중국인들이 도시락 삼아 며칠씩 가지고 다니던 식량이었다. 소다 냄새가 난다. 원 조리법이 그렇기 때문이다. 바꾸지 않고 옛 모습을 지킨다. 솔직히 말해서 클래식이라는 의미 말고는 이 빵을 먹을 일은 별로 없어 보인다. 부드럽고 달콤한 현대식 빵에 선호가 밀린다. 그래도 지켜가는 이들이 있다. 이런 걸 흔히 우리는 '보존'이라고 부른다. 시대 변화에 따라 경쟁력은 떨어지지만 지켜야 할 가치가 있는 것을 유지하는 태도를 말한다.

"가게 역사로 보면 67년째 빚고 있는 것이지요.
우리는 아직도 손으로 빚습니다. 그건 자존심 같은 거예요.
그걸 버리는 순간, 신발원은 없어요."

사장은 '그 일'을 가장 잘 알아야 한다

신발원의 멋진 주방을 구경하다 보니, 옛 연료에 대해 궁금해진다. "석탄을 땠지요. 이공탄 같은 것도 때고 조개탄, 무연탄 같은 걸 땠어요. 이공탄은 구멍이 두 개 있는 벽돌처럼 생긴 석탄이에요. 석탄가스 냄새와 먼지가 많았지요. 나중에 조개탄 때는 화덕을 만들었어요. 그 화덕이 원래는 가게 입구에 있었어요. 지금은 구조를 바꾼 거예요. 이제 화덕도 전기지요."

이 집안은 일제 때 건너와서 수영화(1936년생), 수병곤(1954년생)으로 이어져 수의덕 사장까지 왔다. 한눈팔지 않고 중국식 호떡집, 즉 스낵집으로 이 긴 세월을 이어왔다. 처음에는 국제시장 내 속칭 미싱골목 안에서 2년간 영업하다가 지금의 자리에서 이어가고 있다. 사실 화교가 우리나라에 들어오기 시작한 1880년대부터 중화요릿집과 짜장면집, 만둣집 이런 식으로 나뉜 것은 아니다. 본디 호떡집이라고 부르는 것이 곧 만둣집이었고 중화요릿집은 더 나중에 번성했다. 과거 조사 자료를 보면 1930년 10월에 이르러서야 중화요릿집 1635개소, 호떡집 1139개소로 집계된다. 그전에는 호떡집(만둣집)이 압도적으로 많았다. 이는 경제 발전과 관련이 있다. 처음에 화교들은 간소한 호떡과 만두를 팔다가 일제강점기에 경제 규모의 외형이 커지면서 점차 중국요리로 눈을 돌리게 된다.

따라서 중화요릿집의 시작은 호떡집으로 봐야 한다. (3부에 소개된 신일반점 역시 호떡집으로 시작했다) 이 호떡집에서는 만두류와 여러 과자를 함께 팔았으므로 이곳이 곧 만둣집이기도 했다. 물론 호떡만

파는 집, 만두만 파는 집도 있었지만, 당시 한국인들은 두 가지를 같은 것으로 인식했다. 예를 들어 일제강점기 일본어 신문을 보면 호떡집을 '만주야(饅頭屋)'라고 썼다. 만주는 달콤한 소가 들어간 일본화된 빵 과자를 일컫는데, 이런 방식은 반죽 안에 뭔가를 채워 넣는다는 점에서 만두를 만드는 방식과 맥을 같이한다. 여기서 한 가지. 우리가 아는 호떡은 달콤한 설탕소가 들어가는데, 호떡도 크게 두 가지로 나눌 수 있다. 설탕이 들어가지 않은 것과 들어간 것. 전자는 이제 한국에서는 볼 수 없다. 설탕이 들어가지 않은 것 중의 대표적인 호떡이 총빙이다. 파 총(蔥), 떡 병(餅)자다. 밀가루 반죽을 펴서 구운 뒤 거기에 춘장을 바르고 대파를 얹은 것을 말한다. 초기 화교 노동자들의 식사와 간이 음식으로 이만한 게 없었다. 값도 쌌고 맛도 좋았다. 달지 않다는 점에서 이탈리아의 길거리 피자와 비슷하다. 점차 호떡은 설탕을 넣은 것이 대세가 되는데, 이는 호떡집이 화교를 대상으로 하는 것이 아니라 조선인, 일본인을 주 손님으로 하여 돈벌이에 나섰다는 의미로 볼 수 있다. 달콤한 중국 호떡이 간식으로 크게 인기를 끌게 되어 그 흔적이 지금도 거리의 호떡 포장마차로 남아 있는 셈이다.

그러한 호떡과 함께 이 집의 자랑거리인 만두 이야기로 돌아가보자.

"가게 역사로 보면 67년째 빚고 있는 것이지요. 우리 만두는 사실 어머니에게 대물려 있습니다."

어머니가 설명한다.

"그 말을 다 어떻게 하겠어요. 말로 다 못합니다. 스물셋에 시집왔

는데 신혼여행에서 돌아오자마자 앞치마 두르고 주방에 갔어요. 지금, 이런 얘기 해도 누가 믿어주기나 하겠어요."

어머니 곡 씨의 말문이 자주 막힌다. 목이 메기 때문이다.

"새벽 4시에 일어나 불 피우고 만두와 여러 가지 빵에 쓸 반죽을 준비해야 해요. 원래 화교 풍습에 며느리는 아침에 일어나면 날달걀과 뜨거운 물을 시부모님께 드리는 게 일과예요. 시집살이에 만둣집 일로 너무 힘들어서 울고 그랬지요. 그때 불과 스물 몇 살이었으니까요."

그래도 신발원의 살림은 괜찮았다고 한다. 시집오니까 쌀밥을 먹더라는 것이다. 곡 씨의 친정은 국수를 수타(手打)로 뽑았는데(어느 중국집이나 그랬지만), 그 자투리가 나오면 그걸 삶아서 식사했다고 한다.

그이가 얻은 별명이 있다. '만두의 여왕'. 가장 빠르게, 가장 보기 좋게 만든다. 왜 아니겠는가. 37년째 만두를 빚고 있으니까. '노포'의 주인이 되려면 그 일에 가장 밝아야 한다. 그게 원칙이다.

한국에 정착한 화교의 정체성과 중화요리

화교가 이 땅에 들어온 건 우연한 계기였다. 1882년, 임오군란이 벌어지고 그 처리 과정에서 청나라가 개입한다. 오장경이 이끄는 3천5백 명의 군대가 인천에 상륙, 남대문을 거쳐 동대문 디자인플라자 자리에 진을 쳤다는 기록이 있다.

청나라의 군사 개입은 당시 조정의 무력함을 그대로 보여주는 것이었다. 임오군란이 종결되면서 청나라는 우리와 조약을 하나 맺는다. '조청상호수륙무역장정'이었다. 한마디로 청나라 상인이 이 땅에서 자유롭게 장사하게 해준다는 불평등조약이었다. 이 조약으로 화교의 국내 상륙이 본격화된다. 많은 화교가 들어오고, 이어지는 일제강점기에는 한때 수십만 명의 화교가 각종 직업에 종사하기도 했다. 이런 계기로 짜장면의 역사도, 만두도 이 땅에 들어오게 된 것이다.

"저는 원래 남원에서 태어났어요. 물론 화교였고, 전주에서 자랐어요. 부모님도 중국음식점을 경영하셔서 신발원의 시댁 생활이 그다지 어색한 건 아니었지요."

한때 화교의 직업은 요리사가 70퍼센트를 웃돌았다. 화교는 취업과 거주 자격, 참정권에서 엄격한 차별을 받았고(마치 재일동포가 받았던 차별과 비슷하다), 한국 기업이나 공무원 등으로 취직이 사실상 불가능했다. 그러니 가업인 중국집 일을 배울 수밖에.

곡 씨의 말투는 좀 특이하다. 부산서 오래 살았으니 사투리를 쓰는데, 간혹 고향 전북의 말씨가 배어 있다. 혈통은 화교이되, 이 땅에서 태어나 자랐고, 전북과 부산의 인문적 기억을 가진 사람. 그이가 바로 신발원의 안주인 곡서연 씨이기도 하다. 그 정체성의 '유니크'한 면은 우리가 다 이해하기 어려울 것 같다. 아들 수의덕 사장의 말이다.

"저에게는 화교라는 아이덴티티가 있습니다. 근데 그리 간단치가 않아요. 어느 날 타이완과 한국이 야구를 하는데 당황스러운 거예요. 저는 부산 싸나이잖아요, 롯데팀의 광팬이고요. 참 이상한 감정이 생

기는 거예요. 물론 한국인 친구가 참 많죠. 그래도 집에 오면 어머니가 중국어로 '이더야!'(의덕의 중국식 발음에 한국식의 호칭 '야'를 합성한 셈)라고 부르니까 이건 또 뭐지 싶은 거예요."

롯데 팬의 응원 '농도'와 혈관에 흐르는 야구 도시의 유전자는 그에게도 그대로 자라고 있었다. 이방인도 경계인도 한국인도 중국인도, 무엇 하나로 이들을 설명하기 어렵다.

재미있는 얘기가 있다. 화교 혈통은 '6.25'라는 말이다. 화교가 건너온 것이 이미 여러 대를 지났고, 한국인(조선인)과의 혼인도 많았다. 처음 중국인이 건너올 때는 대개 남자 혼자만 왔다. 노동을 하거나 기술자로 단신 입국을 많이 했다. 그들이 눌러앉게 되는데, 중국 여자가 모자라니 조선인과 혼사가 잦았다. 그래서 유전자적으로 현재의 화교는 6.25퍼센트만 중국인의 혈통이라는 조사 결과가 있다는 얘기다. 시간의 흐름에 따라 자연적인 동화(同化)와 혈통의 혼재는 당연한 일이다. 우리에게 이 시점에서 화교는 무엇인가 하는 질문을 다시 던지게 되는 이유다.

가장 무서운 건 단골들의 평가다

신발원의 만두는 하나의 전형성을 가지고 있다. 바오쯔이지 샤오룽바오(小籠包)가 아니라는 얘기다. 이건 무슨 말인가.

"바오쯔는 한국으로 치면 만두예요. 밀가루 피와 소로 이루어져 있어요. 샤오룽바오도 만두지만 뜨거운 즙이 안에 있어요. 각기 다른

종류지요. 한데 중국요리를 잘 모르는 분들이 만두는 모두 육즙이 뜨겁게 터져 나와야 한다, 이런 얘기를 인터넷에 하곤 했거든요. 이게 정설이 되어버렸어요. 육즙이라는 게 실은 채소의 즙과 지방 또는 젤라틴 성분입니다. 육즙이 아니에요. 우리가 그런 만두를 할 줄 몰라서 안 하는 게 아니에요. 이런 오해는 참 불편한 일이지요."

마치 중국요리는 '불맛'이나 '불향'이 나지 않으면 제대로 된 요리가 아니라는 엉터리 주장처럼 말이다. 참고로, 불맛이란 중국어로 '훠치(火氣)'라고 부른다. 일종의 기름 그을음이다. 불맛이 많이 나는 요리는 제대로 된 요리가 아니라는 중국요리 고수들의 설명도 있다.

수 사장이 제일 무서워하는 건 손님이다. 오늘 만두가 이상하다, 내 마음에 안 든다, 콩국이 묽다, 진하다…… 이런 잔소리를 한다. 수 사장은 그럴 때마다 고개를 주억거리며 챙겨 듣는다고 한다.

"단골의 권리라고 생각해요. '내가 너보다 신발원 음식을 더 잘 알아' 이러시는 거죠. 제가 어린 사람이니까. 당황스러울 때도 있지만 인정합니다. 그분들은 제가 태어나기도 전에 이 집을 다녔으니까요."

취재를 마치고 초량의 차이나타운을 거닐었다. 중화요릿집, 만둣집이 더러 보인다. 나는 애써 눈앞의 풍경을 1950년대 버전으로 바꿔보려고 했다. 하지만 쉬운 일이 아니었다.*

● 이 취재를 마친 후, 얼마 지나지 않아 〈수요미식회〉라는 TV 프로그램에 가게가 소개되었다. 이 집 만두 사 먹기가 훨씬 어려워졌다.

기사식당의 성패,
업무 사이클에 맞는 밥을 낸다

전쟁 같은 삶을 치른 택시운전사들의 50년 단골집
성북동돼지갈비집

1969년 창업

···

　요즘처럼 인터넷이 없던 과거에는 택시 잡아타고 "아저씨, 맛있는
집 좀 데려다주세요" 그랬다. 언론인, 정치인, 대기업 홍보실 직원,
공무원, 택시 기사들이 요즘 말로 하면 '맛집 파워 블로거'였다. 이
들이 맛집을 전파했다. 그때는 기사식당도 맛집에 들어갔다. 뭐랄까,
남의 세계에 몰래 들어가는 느낌이랄까. 택시가 아닌 일반 승용차를
타고 들어가면서 이렇게 물어봤다. "밥 돼요?" 진짜다. 기사가 아닌
데도 밥을 파느냐는 질문이었다.

　신기하고 묘한 세계였다. 노랗고 파랗고 회색인 기사복(영화 〈택시
운전사〉의 송강호도 노란색 기사복을 입고 나온다)을 입은 아저씨들이 각
자 혼자 앉아서 밥을 먹는 광경. 정말 세계에서 유일한 장면이었다.
서울이 메트로폴리탄이 되었다는 신호였고, 밥이 신성한 장소이자,
노동의 고귀함이 드러나는, 목울대가 메는 현장이었다. 최소한 기사
식당에 가면 밥맛은 보증한다는 요즘의 인식도 그때 생긴 것이다.
기름밥 먹는 사람은 입이 짧아서 어지간히 맛있게 해서는 장사가 안
된다는 속설이 이를 뒷받침했다. 하루 4백~5백 킬로미터를 주행하
며 한때는 불친절과 과도한 합승으로 손님에게 욕도 많이 먹었던,
삶을 전쟁처럼 치렀던 그들의 사연이 있는 집에 들렀다.

연탄으로 구운 옛 갈비의 냄새가 난다

성북동의 유명한 돼지갈빗집. 갈비 굽는 냄새가 멀리서도 나는 듯하다. 명색이 기사식당인데 택시는 별로 안 보인다. 주로 자가용이 줄을 이어 주차해 있다. 여기 갈비는 우리가 생각하는 전형적인 방식이 아니다. 즉석구이가 아니라 부엌에서 구워온다. 한 연세 지긋한 택시 기사 손님에게 묻는다. 여기 왜 오는지.

"옛날 갈비 맛이 나는 집이에요. 일부러 이거 먹으러 배가 고픈데도 참고 운행하다가 왔어."

과연 옛날 맛이란 뭘까. 냄새가 다르다. 연탄구이라던데, 그것 때문일까.

"여긴 옛날부터 연탄으로 궈서 내. 그 냄새가 좋은 거야. 그게 진짜 돼지갈비 맛이지."

오후 4시. 주차장에 자가용 사이로 듬성듬성 택시가 섞여 있어 기사식당이라는 걸 말해준다. 기사식당이란 본디 택시 기사식당을 뜻한다.

그 손님의 말처럼, 이 집 갈비는 아직도 19공탄을 때는 옛날 화덕에서 굽는다. 초벌로 구운 뒤 재벌로 한 번 더 구워 나간다. 다른 건 현대화되고 있지만, 연탄 화덕은 포기하지 않는다. 돼지고기는 도축된 걸 마리째로 들여온다. 갈비, 다리 등을 고루 섞어 굽는다. 단골만의 주문법이 있는데, '기름 빼기', '기름 많이'다. 비계 부위 없는 걸 싫어하는 이나 좋아하는 이의 기호에 맞춰 낸다. 연탄값은 요즘 6백원. 20원 할 때부터 땠으니 이 집에서 소모하고 버린 연탄재만 해도

산을 이루었을 것이다.

기사는 '혼밥'의 원조, 맞춤형 고객 서비스의 시작

　1977년도의 서울 인구는 750만 명이었다. 지금과 그다지 큰 차이가 없다(2017년 현재 1천만 명 미만). 게다가 당시에는 서울의 면적도 지금보다 좁았으므로 서울의 포화도가 꽤 심했다. 1974년 8월 15일 1호선 서울역-청량리 구간을 시작으로 1983년 2호선이 완전 개통하기까지는 지하철도 부족했다. 자가용을 가진 사람은 거의 없었다. 버스 노선도 부실했다. 택시도 고작 2만 4천 대였다. 2016년 현재 개인·법인 택시 합쳐서 7만 2천 대이니 당시 얼마나 택시가 부족했는지 짐작이 간다. 종로, 을지로, 서울역, 영등포 등 서울 전역에서 귀가 전쟁이 벌어졌다. 택시 수입은 쏠쏠했다. 하루 4백~5백 킬로미터를 뛰는 택시가 흔했다(요즘은 2백 킬로미터를 뛰는 경우도 드물다). '죽음의 핸들'이라고도 불렀다. '타이밍' 같은 각성제를 먹는 기사들도 있었고, 마약 복용 기사 얘기도 나오던 시절이었다. 잠을 잊으려고 약을 먹었다. 뛰는 게 곧 돈이었으니까.

　이즈음 기사식당이 하나둘 등장했다. 기사식당이란 택시 기사들이 빨리 밥을 먹을 수 있는 집을 의미했다. 하루 종일 강행군에 잠시라도 느긋하게 밥 먹을 수 있는 식당이 필요했다. 지금도 그렇지만 혼자 가서 밥 먹을 수 있는 집은 흔치 않다. 눈총을 받기 때문이다. 기사식당은 그 틈을 뚫었다. 99퍼센트의 손님이 홀로 밥을 먹었고,

'혼밥'의 원조가 됐다. 세차 서비스와 동전 교환, 커피 제공, 장갑(운전용 흰 장갑)과 피로회복제로 카페인이 든 박카스도 팔았다. '종합기사복지센터'라고 불렀다.

"한숨 돌릴 데가 딱 기사식당밖에 없는 거라. 게다가 친절 경쟁이 붙어서 너도나도 서비스가 많이 생겼어. 잔돈 교환 같은 것도 그전에는 기사가 알아서 했는데, 어느 집에선가 먼저 해주면서 다 따라 하기 시작했지. 그것만 해도 얼마나 고마워. 신용카드가 생기기 전이고, 택시 요금이 기본 5백~6백 원 하던 때라 백 원짜리가 아주 중요하다고. 50원짜리와 10원짜리도 필요했어. 할증이 붙으면 요금 끝자리가 10원짜리로 끝나니까."

식당에서 만난 한 개인택시 기사의 증언이다.

서울 동부 쪽으로는 자양동 송림식당이 유명했고, 시내에서는 성북동돼지갈비집이 인기를 얻었다. 기사식당이란 서울의 어떤 전설이다. 교통대란과 택시 황금시대가 가져다준 세계에 유례가 없는 유물이다. 이제 택시 기사는 인기 없는 직업이 되었고, 기사식당에는 기사가 없다는 우스갯소리도 돈다. 일반인들이 더 많이 온다는 얘기다. 누구나 자기 차를 끌고 다니게 된 지금 시절의 삽화다.

일 자체가 삶의 목적인 것처럼 쉬지 않고

"1970년의 일이야, 문을 연 게. 처음에는 백반을 팔았지. 기사들 상대로. 여긴 한적하고 조용한 동네라 기사들이 차 대놓고 밥 먹기

좋았지. 서울 시내에는 주차 공간이 없었고 아침부터 밤늦게까지 밥 파는 집이 없었으니까."

이 집의 창업자 강부자 씨의 증언이다. 원래 이 식당은 지금 자리가 아니다. 근처에 비슷한 업종의 식당이 지금 영업하고 있는데, 그 자리가 원래 이 집이 창업한 장소다. 현재의 위치는 창업 8년 후에 전세로 이사 왔다가 아예 집을 사면서 눌러앉은 곳이다. 처음 전세 3천2백만 원에 들어온 적산(敵産) 가옥이었다. 일제강점기에 일본 사람이 지은 집이라는 말이다. 하여튼 이런 사정으로 돼지갈비를 파는 기사식당이 두 집이 되었다. 처음 가는 사람은 어디가 원조인지 헷갈릴 것이다.

"처음부터 돼지갈비를 판 건 아니고 백반이 메뉴였어요. 소문이 나면서 기사 손님이 엄청 쏟아져서 마당에 평상 깔고 받았지. 어떤 기사는 자리가 없는데 밥은 먹어야 하니까 오봉(쟁반)에 밥 받아다가 자기 차에 가서 먹기도 했어요. 기사식당이 없을 때니까, 우리 집이 미어터졌어."

그이가 서울로 온 것도 다 운명적이다. 힘겹게 먹고살아야 했던 그 시절의 운명이다.

"아버지는 광양 사람이었고, 나는 김해에서 자랐어요. 아버지가 일제강점기 때 요리사였다고 해요. 그래서 고기를 잘 먹었어요. 결혼해서 서울로 왔어요. 친정어머니가 서울 살았거든."

친정어머니는 현 위치에서 가까운 곳에서 목로주점 같은 걸 운영했다. 돼지주물럭이 주메뉴였다. 거기서 눈썰미로 배웠다.

"그냥 막 안주에 막걸리를 파는 집이었어. 어머니는 나중에 이 동

네가 헐리면서 성남으로 딱지 받아서 이주를 하셨고, 나는 그냥 남았지."

정확한 기억은 없으신데, 아마도 광주대단지*로 이주하셨다는 이야기 같다. 하여튼 이야기를 더 들어보자.

"어머니한테 배운 대로 돼지주물럭을 했어요, 가오리무침하고. 테이블이 고작 네 개였고, 간판에 그냥 '기사집'이라 써놓고 장사했어요. 소문이 나서 금세 손님이 몰려왔지. 연탄을 때서 돼지갈비를 구운 건 좀 더 지난 후예요."

그 가게가 보증금 20만 원에 월세 2만 원이었다. 시내에 차 대놓고 먹을 수 있는 기사식당이 별로 없으니 손님들이 밀어닥쳤다. 세차 서비스도 시작했다. 처음에는 무료였고, 나중에 5백 원인가 받았다. 그 후에는 불법이 되면서 중단되었다.

"세차도 처음에는 우리 남편하고 내가 다 했어요. 나중엔 워낙 차가 밀려오면서 사람을 사서 했지요."

아침 7시에 문을 열고 밤 10시쯤 닫았다. 1남 2녀를 기르면서 밥하고 장사했다. 아들(윤영호)을 업고, 또 어린 딸아이들은 옆에서 건사하며 밥을 지었다. 꾸벅꾸벅 졸면서 일했다. 그 시절 우리 부모님들이 다 그랬듯이 생존하기 위해 일했고, 일 자체가 인생의 목적 같았다. 명절에도 문을 열었다.

갈비를 시작하니까 이게 제대로 먹혔다. 항상 먼지를 먹고 사는 기사들이니까 목을 씻어내야 했고, 돼지고기가 효과 있다는 속설이

---

* 1970년대에 서울의 무허가 주택이 헐리면서 경기도 광주로 대규모 이주 사업을 벌였다. 일종의 강제 이주였다. 이곳이 나중에 성남시의 모태가 된다.

99퍼센트의 손님이 홀로 밥을 먹었고, '혼밥'의 원조를 만들어냈다.
세차 서비스와 동전 교환, 커피 제공,
장갑과 피로회복제로 카페인이 든 박카스도 팔았다.

통했다. 삼겹살구이가 강원도 광부들의 음식에서 시작됐다는 설도 이런 배경과 비슷하다. 요즘은 기사식당에 돼지갈비 파는 집은 별로 없고, 대신 돼지불백이라는 메뉴가 있다. 주로 값싼 엉덩잇살을 양념으로 부드럽게 해서 1인분씩 상에서 구워 먹는 방식이다. 부탄가스와 테이블용 가스레인지, 값싼 돼지 부위의 처분, 택시 영업의 활황 같은 요소가 맞물려 기사식당 문화가 생긴 셈이다. 역사는 다 불쏘시개가 있어야 이루어지는 법이다.

"1년 365일이 영업일이었지. 휴무가 어딨어요. 기사들은 명절에도 일하니까. 한번은 아들이 기사 차 밑에서 노는데 차가 시동이 걸리는 거라. 다른 기사가 '저 밑에 아(아기) 있다!' 외쳐서 살아난 적도 있고, 아들이 라면땅(과자 이름)을 사러 길 건너다가 차에 치여 붕 떠서 날아간 적도 있어요. 다섯 시간 만에 깨어났지. 그렇게 살았어요."

이 동네는 고지대라 낮에는 물이 잘 안 나왔다. 제한 급수도 있었다. 온갖 일을 물이 나오는 밤에 해야 했다. 늘 잠이 부족했다. 지금의 가게 건너 하나은행 자리에 샘이 있어서 물지게를 지기도 했다. 처음 백반값이 4백 원인가 했다. 연탄을 때서 갈비를 굽는 건 친정아버지의 솜씨다. 아버지가 집에서 종종 갈비를 떠서 만들어 먹였던 것이다. 그렇게 본 것을 떠올려 그이가 직접 갈비를 뜨고 연탄가스 마셔가며 구웠다. 옛날식으로 뼈 양쪽으로 펼치는 방식(나비뜨기)이었다. 요즘은 이 집도 한쪽으로만 고기를 벌려 포를 뜨는 방식을 쓴다.

"주방장을 13년 전에 고용했어요. 가게가 커지고 손님이 많아져서 내 혼자 할 수가 없었고, 허리가 아파 이제는 일을 거의 못해요."

기사들의 시대는 가도 돼지갈비는 계속된다

돼지갈비 백반을 한 상 시켜본다.

"돼지갈비는 양념 먹여서 냉장고에 열 시간 이상 숙성합니다. 무엇보다 밥 짓는 게 힘들었지요. 요즘처럼 업소용 전기밥솥 같은 게 없으니까. 양은솥 하나에 밥을 지으면 40인분이야. 금세 떨어져. 늘 밥을 지어야 해요."

연탄불에 그슬린 갈비와 기타 부위 고기가 자그마한 '스뎅' 접시에 담겨 나온다. 폼 나는 커다란 접시가 아니라, 손으로 잡을 틈도 없이 고기가 수북이 담긴 작은 접시다. 이 접시에 가게 역사가 있다. 멋보다 실용 중심의 상차림이다. 조갯국이 특이하다.

"원래 김해는 재치국(재첩국)이 유명하잖아요. 그걸 생각해서 조개로 국 끓여 내니 기사들이 좋아하더라고. 그래서 지금도 여전히 우리 집 국은 조갯국이지."

이 집은 별칭으로 기사들 사이에서 '돼지저금통집'이라고도 불렸다. 기사 개인별로 저금통을 주고, 거기에 동전을 모으게 했다. 꽉 차면, 그걸 내주고 축하 선물로 기사용 선글라스도 하나 줬다. 일종의 서비스였다.

"동전 바꿔드리는 게 일이었어요. 한 번에 3백~4백만 원어치씩 바꿔봤으니까. 커피 서비스도 중요했고. 참 그때는 신나게 일했어요. 기사들도 좋아했고. 안타까운 것도 많이 봤지. 그때는 기사들이 밥 먹고 위장약을 그렇게 많이 먹어요. 길은 밀리지, 차는 달려야 하니까 신경을 곤두세우고 밥때 놓치고 하니까 속이 좋을 리가 있나. 요

새? 위장약 먹는 기사들 별로 없어요. 낮에 차가 다 노는데 뭐. 느긋하게 식사하고 가실 수 있으니까."

차를 타고 이 근처를 지나면 돼지갈비 굽는 냄새가 난다. 그 냄새를 따라 옛 기사들의 시절도 흘러간다. 지금은 2018년. 지하철과 전철이 동맥처럼 지나가고, 온갖 지선이 수도권에 촘촘히 깔려 있으며, 거의 대부분의 가정에 차가 있다. 기사들의 시대는 간 것이다.

주인은 주방의 최고 기술자가
되어야 한다

업력 60년의 대전역 앞 전설의 칼국수집

신도칼국수

1961년 창업

· · ·

조용필의 노래 한 곡조가 생각난다.

"자알 있거라, 나아는 간다아…… 대저언발 영시 오오십 분~."

원래는 1959년에 발표되었고, 조용필이 리바이벌해서 불러 다시 인기를 얻었다. 연세가 든 분이라면 대전에서 이 기차를 타보지 않았어도 기억나는 노래일 것이다.

'영시 오십분'의 기억을 남긴 도시, 대전. 대전은 노래 가사처럼 머무는 곳이 아니라 떠나는 역이기도 했다. 근대 이후로 물류 이동의 교통 중심지였기 때문이다. 서울이나 용산에서 달려온 기차는 대개 대전역에서 오래 쉬었다. 완행은 20분도 넘게 쉬어가는 게 다반사였다. 목포나 부산까지 달리는 기차는 여덟, 아홉 시간은 좋이 걸리니, 중간에 출출한 배를 달래기에 딱 좋은 타이밍이었다.

그래서 대전은 지금도 중장년 이상에게는 가락국수(우동) 먹던 추억을 가진 역이다. 사람들은 기차가 서자마자 전력 질주하여 가락국수 판매 부스에 줄을 섰다. 미리 삶아놓은 면이라 퉁퉁 불었지만 맛은 좋았다. 기차 시간에 쫓겨 뜨거운 국물을 급히 마시다가 입 안을 홀랑 데기도 했다. 국수를 먹고 있으면 역무원의 호각 소리가 들리고 기차가 천천히 움직이기 시작했다. 급히 남은 국수를 입 안에 밀어 넣고 달리는 기차에 올라타는 건 청년들의 멋진 '액션'이었다.

멸치와 다시마로 뽑은 국물의 맛, 목구멍이 미어지게 먹던 국숫발은 여전히 그 세대의 미각에 남아 있다. 완행열차도 없어지고, 오래 정차하는 열차도 없으니 플랫폼에서 파는 국수도 시들하다. 지금은

수리 중인데, 코레일은 기어이 플랫폼에 다시 국수 파는 부스를 열 것이다. 이미 그것은 국수를 넘어선 어떤 상징이자 역사가 되었기 때문이다.

대전역의 상징이 된 가락국수와 칼국수

대전에는 지금도 2만 개가 넘는 식당 중에 칼국수 전문집만 5백 개가 넘는다. 남다른 칼국수 도시다. 왜 그렇게 되었는지는 잘 모른다. 몇 가지 설이 있다. 대전 인근에 넓은 밀 들판이 있었다, 한국전쟁 시기에 미군의 밀 저장고가 있었다(유출이 되었다), 대전 사람들이 성질이 급해서 빨리 먹을 수 있는 국수를 좋아했다 등등이다. 아마도 외지인이 많은 대전 특성이 영향을 미친 듯하다. 대전은 원래 아주 작은 마을이었다고 한다. 일제가 철도를 적극 활용하고 부설하면서 대전역은 영호남으로 갈라지는 교통의 요지가 되었다. 그건 지금도 마찬가지다. 이것이 칼국수 메카설(?)의 근거가 될지는 모르겠지만. 어쨌든 그리하여 대전역의 가락국수도 명물이 되었고 칼국수 명가도 많다.

대전역 원도심에서 슬슬 걸어서 조금만 가면 허름한 국수 가게가 하나 보인다. 전혀 개발이 안 된, 마치 1960년대 같은 분위기의 골목길 안쪽이다. 한여름, 골목에는 듬성듬성 노인들이 앉아서 소일한다. 시간 여행을 떠난 것 같다. 정작 그 무심한 시간 여행은 한 국숫집에서 정취를 더한다. 국수 한 그릇에 4천 원. 그릇을 받아 들면 더 놀란다. 엄청난 양이다. 후룩후룩, 국수를 감아올려 목으로 넘기면서 우

가난하고 배고픈 사람들을 보고 그냥 넘기질 못하셨어요.
안 남는 것 아니냐, 주위에서 말하면 '밀가루값이 싸다'고만 하셨어요.

리의 기억은 다시 오래전 과거로 달려간다.

가게 안에 떡하니 걸려 있는 사진 한 장에 눈길이 간다. 김상분 할머니의 사진이다. 생 1926, 몰 1998. 칼국수를 시킨다. 묵묵히, 다른 이들처럼 먹는다. 칼국수처럼 단 한 그릇의 음식에 우리 현대사가 밀도 있게 녹아 있는 경우도 드물 것 같다. 신도칼국수의 이름은 그렇게 역사에 남아 있다.

중요한 일은 사람을 배불리 먹이는 것

"어머니께선 원래 역전에서 냉면집 같은 걸 하셨답니다. 나중에 이곳으로 옮겨와서 칼국수를 본격적으로 팔게 되었지요."

며느리 이명주 씨의 설명이다. 김 할머니는 외아들을 두었다. 이 씨의 남편 박종배 씨다. 현재 대전역 앞의 본점은 박 씨가 담당하고, 며느리 이 씨는 월평동에서 분점을 열어 이끌고 있다. 분점을 낸 것은 15년 전의 일이다.

"지금 본점은 옆집을 사서 튼 겁니다. 원래 40석 정도 되는 작은 가게였어요. 처음엔 국수 한 그릇에 30원이었어요. 양도 많았고. 남편이 나중에 물려받고 가게를 조금 확장했어요. 오랫동안 쓰던 연탄불도 가스로 바꾸었지요."

신도칼국수가 유명해진 것은 여러 이유가 있을 것이다. 김 할머니를 기억하는 오랜 단골들에게 단 하나를 꼽으라면 그의 너른 마음이라고 한다.

"냉면집을 하시는데, 아무래도 값이 좀 나갔대요. 당시 역 앞에는 가난한 사람들이 많았습니다. 짐꾼과 마차꾼 같은 이들이 배불리 먹을 게 뭐가 있을까 하다 칼국수로 업종을 바꾸신 겁니다. 기차에서 내린 승객도 엄청나게 많았고, 하여튼 손님은 많았다고 해요. 그러니 그들이 배불리 먹을 음식을 하는 게 중요했던 것이지요."

가게 한쪽에는 아주 특이한 조형물이 있다. 개업 이후 바뀌어온 칼국수 그릇이 본래 모양 그대로 쭉 붙어 있다. 신도칼국수의 명물이다. 과연, 그릇의 크기를 보니 개업 초기 1960년대에는 지금보다 서너 배나 되는 양이었다.

"지금도 양이 많은 편입니다. 그러니 당시엔 얼마나 많았겠어요. 그래도 남기는 사람은 없었다고 해요."

이 씨가 시집와서 시어머니를 뵀는데, 허리가 많이 굽어 있었다고 했다. 재래식 부엌에서 하루 수백 그릇의 국수를 직접 삶고 상을 차리느라 문자 그대로 허리가 휘게 일했던 것이다. 우리의 모든 할머니 모습이기도 하겠고, 그래서 이 집에서 받는 칼국수 한 그릇의 농도가 만만치 않은 것이겠다.

"인심이 정말 좋으셨어요. 양은 바께쓰를 가지고 와서 칼국수를 받아가는 사람들도 있었는데, 2인분짜리 주문에 바께쓰 가득 퍼주시는 것도 봤어요. 가난하고 배고픈 사람들을 보고 그냥 넘기질 못하셨어요. 안 남는 것 아니냐, 주위에서 말하면 '밀가루값이 싸다'고만 하셨어요. 당신이 일일이 끓이고 담으니 이른바 인건비 생각은 안 하셨던 거죠. 힘들게 끓이는 육수며 당신 수고는 생각도 않고 그냥 퍼서 드렸어요. 그런 분이었어요."

직원의 존경을 이끌어낸 정공의 손길

월평동 분점의 주인이자 며느리 이 씨는 염색미술을 전공했던 미술학도였고, 운동도 좋아해서 볼링 종목으로 코치까지 지냈다. 170센티미터가 넘는 키에 도회적 느낌이다. 잘나가는 식당 물려받아 운영하는, 부잣집 며느리라고 생각하기 쉽다. 허나 그이가 '2세대 신도칼국수의 안주인'이 된 건 녹록지 않은 세월이 있었다.

"제가 시집와서는 국수 한 그릇에 천3백 원 했어요. 40석 남짓한 가게에 하루 8백 그릇을 했으니 생각해보세요, 요즘은 술도 팔고 안주도 조금 있지만 그때는 그냥 칼국수 하나였어요."

40석에 8백 그릇이면 단순 계산으로 20회전을 했다는 얘기다. 이제는 다시 나오기 힘든, 매출의 신화다. 얼마나 장사가 잘되었는지 '파생상품'을 파는 상인이 가게 밖에 있었다. 달걀을 팔았다는 거다. 손님이 그걸 사들고 들어와서 그릇에 깨어두고 뜨거운 국수를 받아 함께 익혀 먹었다고 한다. 밥 안 파는 신촌 '서서갈비' 입구 쪽에 즉석밥 파는 가게가 성업하는 것과 비슷한 사례다.

시집와서 보니 시어머니인 김 할머니는 이미 인생 말년이었고, 이윽고 대소변을 받아내야 하는 병수발이 이 씨를 기다리고 있었다. 4년이 넘는 세월이었다. 그래도 아기를 들쳐 업고 국수를 삶았다. 시어머니가 갑자기 쓰러지면서 새댁이 주방을 책임져야 했다. '손에 물 한 번 안 묻혀본' 고이 자란 여자의 일로서는 막막한 것이었으리라.

"주방에서 일하는 아줌마들 텃세가 심했어요. 어머니가 거두어 오래 일하던 분들이 많았는데, 갑자기 안주인이 바뀌니 영(令)이 설 리

가 없었죠."

단체로 태업을 하거나 결근을 하기도 했다. 육수 배합을 안 가르쳐줘서 어깨 너머로 배워야 했다. 이 씨가 주방을 장악한 건 결국 정공법이었다. 오래 일한 직원들의 인정을 받는 일, 바로 궂은일부터 찾아서 하는 것이었다.

"우리 육수는 지금이나 그때나 사골과 멸치를 오래 끓여서 씁니다. 19공탄을 넣는 3구짜리 화덕이었어요. 이 연탄을 갈고 가스 마셔 가면서 육수를 끓여야 합니다. 엄청난 양의 소뼈를 끓이고 건져내고 걸러내야 해요. 애기 업고 할 일이 아니지요. 그래도 어쩌겠어요. 이를 악물었어요."

신도칼국수가 만들어지는 과정은 이렇다. 먼저 육수를 낸다. 사골과 멸치가 넉넉히 들어간다. 가마솥을 보니, 걸쭉해서 거의 수프 같다. 그렇게 끓인 '원탕'을 베이스로 삼아 적당히 농도를 낸 육수를 다시 은색 알루미늄으로 만든 솥에 담아서 설설 끓이는데, 이것이 우리가 먹는 그 육수다. 여기에 영업 시간이 되면 한꺼번에 40인분씩 국수사리를 넣어 삶는다. 솥 크기가 딱 40인분을 담을 수 있는 까닭이다. 워낙 손님이 몰려들기 때문에 2, 3인분씩 끓여서는 속도를 맞출 수 없다.

"그런데 문제는 국수 담은 솥의 무게가 30킬로그램이나 나간다는 거예요. 여자가 할 일이 아니지요. 그걸 번쩍 들어서(옮기는 시늉을 하며) 함지에 부어놓고 그릇 받쳐 국수를 퍼내야 합니다. 말은 쉬워 보이는데 어찌나 힘이 들던지."

펄펄 끓는 국수를 들어서 붓는 일만도 힘이 많이 든다. 거기까지

노포의 장사법

는 좋다. 40그릇을 일정한 양대로 착착 그릇으로 재빨리 옮겨 담아야 한다. 그이가 직접 취재팀을 위해 시범을 보인다. 기다란 젓가락으로 번개처럼 국수를 훑쳐내어 그릇으로 옮겨간다. 손이 보이지 않는다.

"아주 예민하고 정확하게 해야 돼요. 주문하고 앉아 있는 단골손님은 보통 예리한 게 아니거든요. 양이 적거나 국수가 불면 금세 알아챕니다. 그러니 빠르게, 정확하게 담아야 해요."

많은 양의 국수를 한꺼번에 함지에 부으니 수증기가 피어올라 잘 보이지도 않는다. 그때 그이가 번개처럼 국숫발을 훑치기하듯 젓가락에 감아 그릇으로 옮긴다. 그러고는, 솥에 남아 있는 육수를 정확한 계량으로 붓는다. 한 그릇에 4천 원짜리 국수의 요리 공정으로는 너무도 힘겹다.

"생활의 달인이지요?(웃음) 이걸 잘하려고 집에서 따로 연습을 했어요. 아줌마들에게 밀리지 않으려고요. 자고로 가게가 되려면 주인이 그 일을 정확하게 잘해야 합니다. 이렇게 하니까 비로소 인정들을 하는 거예요."

변화하고 진화하는 맛, 변하지 않는 진심

국숫발이, 너무도 부드럽고 순해 보이는 밀가루 국수가 함지에서 그릇으로 넘어간다. 그 과정에는 구렁이가 담을 타넘듯 유연하고 일정한 질서가 있다. 여인의 머리채처럼 미끈한 국숫발의 이동이 아름

답기까지 하다.

그이는 스스로 "하루가 서른여섯 시간인 줄 알고 살았다"고 말한다. 새벽 5시면 일어나 불 피우고 육수 끓여내면서 아이들 기르고 시어머니 수발들던 시간들이다. 그이의 눈에서 왈칵 눈물이 솟는다. 시간들, 시간들. 노동하는 사람의 시간 기억은 이처럼 슬프다.

앞서 말했듯이 그이는 월평동 분점을 지킨다. 오랜 신도칼국수 단골 중에는 고개를 갸웃거리는 이들도 있다. 본점과 맛이 다르기 때문이다. 보통 노포의 장수 비결 중에는 '바뀌지 않는 맛'이 있다. 이이의 생각은 조금 다른데, 어어 하며 사람을 끄는 매력이 있다.

"옛날과 재료가 달라지니 맛이 같을 수가 없는 거지요. 저는 맛도 여러 갈래로 봐요. 지킬 것은 지키고 진화시킬 것은 바꾸자, 이런 생각이에요. 단골은 변화를 싫어합니다. 맛이 변했다는 말을 들으면 사실 무섭고 엄숙한 것인데, 저는 수용하려고 합니다."

사골도 예전처럼 한우 사골을 쓸 수 없으니 맛이 바뀌는 것이고, 밀가루라고 해서 달라지지 않을 수 없다. 원맥과 배합이 바뀐다. 그런 변화에 당당해야 한다는 게 이이의 생각이다. 대전역 본점은 원 맛을 지키려 투쟁하고, 이 분점은 진화하려고 노력한다고 보면 될 것 같다. 기실, 요리사만 바뀌어도 맛은 변한다. 요리사의 컨디션과 계절도 영향을 준다. 요리사의 움직이는 동작 사이에서 간파하기 힘든 질량과 에너지의 차이가 발생한다. 그걸 우리는 보통 규명하기 어려워서 '손맛'이라고 부른다. 그 손맛이 변할 수 있다는 것, 어쩌면 옛 맛에 대해 왈가왈부하기 이전에 알아두어야 할 세상의 물리적 원칙이 아닌가 싶다.

　　　　　　　　　　　　　　　　　　　　노포의 장사법

"제가 맛을 바꾸겠다고 하니까 어떤 이들은 '그러면 망한다'고 하셨어요. 월평점이 생긴 지 15년입니다. 잘되고 있으니 제 실험이 틀린 것 같지는 않아요."

그이는 지금도 요리 실험을 한다. 신도칼국수의 진보는 멈추지 않아야 한다고 믿는다. 그럴 때마다 길이 막힌다.

"그때는 어머님의 방법을 다시 찾게 돼요. 아쉬워요. 돌아가셨으니. 어머님처럼 다시 연탄불에 끓여볼까, 마늘도 다시 손으로 찧어볼까, 별생각을 다 하는 거예요."

베풀 줄 알았던 '거인' 여장부 김상분의 마음이 지금도 며느리는 그립다. 신도칼국수에 가서, 그 많은 국수 양이 그저 마케팅이나 옛날식으로만 아는 이들에게 내가 해주고 싶은 말이 있다. 그것은 김상분의 마음이었다고, 그리고 그 후손들에 의해 60년째 이어지고 있는 내림이라고.

공복을 구원한 밀가루 전문 회사
대선제분

오랫동안 밀은 귀한 존재였다

밀가루가 뜨겁다. 요즘 우리는 1인당 엄청난 양의 밀가루를 연간 먹어 치운다. 30킬로그램이 넘는다는 통계도 있다. 장차 쌀보다 더 먹을 가능성도 있다. 그렇다면 한국의 밀가루 자급률은 얼마일까. 1퍼센트 조금 넘는 수준이다. 우리는 한때 밀가루 자급률이 20퍼센트를 넘었던 적도 있다. 꽤 많이 생산했다. 개마고원, 황해도 같은 건조하고 추운 곳이 밀가루 주생산지였다고 한다. 밀은 이모작이 가능하다. 벼를 추수한 후 이듬해 모내기 전에 수확할 수 있는 겨울밀을 심으면 된다. 그러나 밀 가격이 낮고 지력, 인력과 도정 시설 등 여러 문제로 외면받고 있다. 그래서 수입된 밀을 쓸 수밖에 없다. 국내 굴지의 밀가루 전문 회사인 대선제분 박선정 상무의 말을 들어보자.

"국산 밀은 괜찮지만, 수입 밀에 대한 오해가 많아요. 방부제를 뿌려서 온다거나 농약 쳐서 수입한다는 소문 같은 거죠. 전혀 사실이 아닙니다. 밀가루에 표백한다는 말도 거짓이지요. 밀은 대개 알곡째 수입됩니다. 그래서 표백할 수도 없고요. 그것을 국내 제분사에서 직접 가공합니다. 밀가루가 하얀 것은 고급 밀이라는 뜻이기도 합니다. 맛있는 속만 곱게 갈아야 가능한 색깔입니다. 표백제 때문이 아니지요."

수입 밀의 점유량은 당연히 99퍼센트이고, 가공된 형태(과자 등)로 들어오는 것도 많다. 박 상무 말대로 수입 밀 자체는 죄가 없다. 현실은 인정해야 한다.

우리에게 밀은 오랫동안 귀한 존재였다. 오죽하면 진말(眞末)이라고 했을까. 진짜 가루라는 뜻이다. 재배가 용이하지 않았고, 제분 기술이 떨어져서 고급 밀을 생산할 수 없었다. 그래도 밀은 인기가 높았다. 지금은 메밀과 몸값이 역전되었지만, 실은 천 년 넘게 밀은 메밀보다 훨씬 높은 자리에 있었다. 값싼 수입 밀이 들어오면서 오히려 메밀이 귀해졌다. 단위 면적당 밀은 메밀보다 몇 배의 수확량을 보인다. 메밀은 생산성이 아주 낮은 작물이다 보니 귀해져버린 것이다. 원래 희귀성이 가치가 된다. 다이아몬드도 귀해서 보물이 되었다.

행정 조치로 이루어진 밀 소비 증가

우리에게 친숙한 밀의 풍부한 소비는 실은 그리 오래되지 않았다. 1954년 미국 의회를 통과한 미 공법 480항에 의해 1956년부터 국내에 무상 또는 낮은 유상으로 밀가루가 다량 들어오면서 가능해졌다. 이후 밀가루 떡볶이, 잔치국수, 빵 같은 가공품을 많이 먹게 됐다. 쌀이 자급률을 달성한 건 통일벼 보급이 잘 이루어졌던 1970년대 후반인데, 그것도 밀가루에 힘입은 바 크다. 정책적으로 분식을 밀어붙이면서 쌀 소비를 줄여 가능해진 것이다. 이를테면, 식당에서 낮에는 밥을 팔지 못하게 하고, 심지어 중국집에서 밥을 못 팔게 하는 행정 조치를 내리기도 했다(그 덕분에 중국집의 짜장면과 우동, 짬뽕의 인기가 더 올랐다). 또 곰탕과 설렁탕을 팔기는 하되, 밀가루 국수를 25퍼센트 이상 추가해서 팔도록 강제 조치했다. 이런 탕을 먹을 때 요즘도 국수를 넣어주는 집이 꽤 많은데, 이는 역

사적으로 오래된 관습이 아니라 1970년대의 행정 조치로 말미암은 것이다.

굶주리던 시절 공복을 구원한 밀가루

우리나라의 밀은 역사에서 두 가지 분기점이 있다. 하나는 앞서 말한 미 공법 480항이 불러온 엄청난 폭풍이고, 다른 하나는 일제강점기의 밀 도입 역사다. 후자는 거의 알려져 있지 않다. 일제강점기는 1920년대 다이쇼 시대와 이후 쇼와 시대를 거치면서 정치·경제적 성숙기에 들어섰고, 밀가루 음식과 제품의 소비가 크게 늘었다. 이것이 가능했던 것은 황해도 밀을 재발견하면서부터다. 황해도의 밀이 품질이 아주 괜찮다는 것을 알아낸 것. 도쿄 제국대학 출신의 농학자 다카하시 노부루가 황해도 밀의 가치를 발견했고, 일본에서 자본이 들어와 1918~1919년에 걸쳐 진남포에 미국 수입 제분기로 공장을 만들었다.

그 후 대선제분의 효시가 되는 일청제분(지금도 일본에 회사가 있다)이 영등포에 공장을 지으면서 '조선제분'이라는 회사를 설립했다. 그러면서 생산량이 크게 늘었다. 흥미로운 건 당시에 이미 조선반도의 밀가루는 상당량이 지금처럼 미국과 캐나다의 수입밀로 만들었다는 사실이다.

"밀은 물론이고, 미국으로부터 제분기도 수입했습니다. 제분기의 성능이 곧 밀가루의 품질에 직결됩니다. 일청제분이 해방되면서 물러갔고, 그 시설을 물

노포의 장사법

려받아 가동한 것이 바로 대선제분의 효시가 됩니다. 우리나라 역사적 제분업은 이른바 모두 적산 시설을 불하받아 시작한 것이지요."

박 상무의 말이다. 제분 공장은 모두 아주 높게 지어져 있다. 제분은 고운 밀가루를 얻는 것이 핵심 기술이다. 그래서 껍질 붙은 원맥이 층층이 내려오고 다시 올라가면서 몇 번이고 '체를 치는' 과정을 거듭해야 한다. 제분 공장에 들어가면, 거대한 '체'가 자동으로 계속 흔들리면서 밀을 곱게 만드는 과정을 볼 수 있다. 이 시설은 매우 고가이며, 기계 자체를 만들 수 있는 회사도 별로 없다. 당시에도 그랬다.

해방 후 현재에 이르기까지 국내 밀가루 가공 회사들은 미국, 독일 등지의 고급 제분기를 직접 도입하는 등 비약적으로 발전했다. 특히 원료가 되는 밀을 회사마다 고유의 방식으로 블렌딩하는 게 중요한데, 이런 기술도 크게 발전해서 국내 생산 밀가루는 국내 시장에서도 고급으로 인정받는다.

일제강점기 당시 조선제분은 해방 후 창업자 고 박세정 회장 등 5인에 의해 대선제분이 되어 현재 박관회 회장(196쪽 오른쪽 사진)에 이른다. 박 회장의 손자가 바로 박선정이다. 대선제분은 이른바 B2C, 즉 소비자와 직접 거래하는 사업의 비중이 적어서 인지도가 낮은 편인데, 업계에서는 손꼽아주는 고급 밀가루 회사다.

국내 밀가루 회사들은 해방 후 그리고 한국전쟁, 5·16 군사정변 이후 정치적 격변기 등을 거치며 엄청난 변화의 소용돌이에서 살아남았다. 밀가루는 우리의 공복(空腹)을 구원했고, 그 배경에 제분 회사들이 있었다.

현재 대선제분의 주요 거점이었던 영등포 공장은 헐리지 않고 살아남았다. 일종의 역사 건축물이다. 땅값이 크게 올랐는데도 팔거나 헐어서 재개발하지 않고 남겨둔 것은 대선제분 측의 안목이었다. 창업의 역사이자, 국내 밀가루 산업의 상징으로 존재하게 된 셈이다.

일관된 하루의 연속은
얼마나 위대한가

인천 밴댕이골목의 원조 대폿집
수원집

1985년 창업

인천이 왕성했을 때, 노동자들의 술집들이 있었다. 그중 유명한 곳이 밴댕이골목의 역사를 시작한, 바로 이 수원집이다. 인천은 한국 경제를 책임진 굴뚝이었다. 항구가 있었고, 노동자들이 많았다. 그들의 컬컬한 목을 씻어 내리는 안주가 필요했다. 대폿집의 옛 역사가 이 집에 서려 있다. 오직 두 양주(兩主)의 헌신으로 일궈낸 세월, 눈이 오나 비가 오나 생선을 떼어다가 파는 일관된 하루의 연속이 이제 세월 속으로 지고 있다. 아직 못 가봤다면 얼른 서둘러야 한다.

인천 차이나타운 밴댕이골목의 터줏대감

하인천. 보통 '차이나타운'이라고들 하는 인천시 중구 북성동과 선린동 일대를 이른다. 차이나타운이면서 동시에 인천 노동자들의 선술집이 있던 골목이다. 이 골목의 터줏대감은 수원집이다. 밴댕이 전문이다. 내장이 아주 적어서 '밴댕이 소갈딱지'라는 말이 생겨난 생선을 판다. 원래는 구워서도 팔았으나 지금은 회로만 판다.

하인천역 앞
옛 청관으로 오르는 북성동 언덕길
수원집에서
밴댕이를 먹으며

나는 무심히 중얼거린다

— 이가림, 〈밴댕이를 먹으며〉 중에서

인천의 문인 이가림 시인의 시 한 구절이다. 수원집은 인천의 항만과 공장 노동자, 시인 묵객들의 단골집이었다. 이가림 시인도 그중 한 명이다. 인천의 유명 문인 김윤식 시인이 이 집을 소개하는 글을 《황해문화》에 실을 정도였다.

나는 아주 우연히 수원집을 알게 됐다. 본디 오래된 노포는 소개를 받거나 명망으로 알게 되는데, 인천을 잘 모르는 나는 그저 한잔 마시러 들렀다가 범상치 않은 가게의 기운을 느끼고 알게 됐다. 사장 서점분 씨가 밴댕이와 병어를 써는데, 그 솜씨가 워낙 귀신같았기 때문이었다. 게다가 스테인리스로 둘러친 독특한 작업대 겸 술상도 눈에 들었다. 그러고선 이 집을 드나든 것이 대여섯 번. 소주나 막걸리에 밴댕이를 썹었다. 술을 마시다가 이 집에서 쓰는 오래된 스테인리스 젓가락을 한 벌 얻은 적도 있다.

"원래 남편이 저 위에 있던 밴댕이집에서 오래 일했어요. 결혼하면서 독립해 수원집을 차린 거죠. 세무서에 신고하러 갔는데 생각나는 상호가 있어야지, 우리가 둘 다 수원 출신이라 그냥 수원집이 된 거예요."

수원 사투리로 서 씨가 설명한다.

수원집이 정식으로 문을 연 건 1985년. 남편 신태희 선생이 밴댕이를 팔아온 햇수를 합치면 50년이 넘는다. 인천 밴댕이골목의 역사는 신 씨에게서 시작된다. 바로 인천의 술꾼들 사이에서 전설로 불

리는 '인민군집'이 그 모태다. 물론 그 인민군집은 없어졌다.

나는 사진작가와 술을 마셨다. 옆에 자작 중이던 단골손님이 취재를 거들어주신다.

"이 골목의 첫 밴댕이집이 바로 인민군집이에요. 왜 그런 이름이냐고? 이기택 씨라는 분이 주인이었는데, 그이 용모 때문에 그렇게 불렀지. 머리를 박박 깎고 다녔던, 좀 괴팍한 양반이었어요. 신태희 (수원집 창업자) 씨는 그 집의 직원이었고요. 나중에 독립해서 수원집을 차렸지."

선생에 의하면, 지금 수원집 자리는 이발소였다고 한다.

"원래 서울이발관이라고, 오래 했던 이발관 자리입니다. 저쪽, 생선 보관하는 타이루(타일) 냉장실 자리가 물통, 오른쪽이 머리 감는 곳이었다고. 의자는 세 개가 있었고."

수원집의 풍경을 독보적으로 만드는 것 중 하나가 생선을 보관하는 타일 냉장고다.

"1970년대에는 여기가 차이나타운이랄 게 없었다고. 몰락했었지. 내가 중국인들 취직도 시켜주곤 했어요. 중국인들은 취직이 잘 안되었으니까. 이미 1970년대에 장사가 위축되고 많이들 대만으로 떠나서 몇 집 안 남아 있었어."

당시 차이나타운은 명맥을 이어가는 수준이었다. 앞서 언급했듯이 한국 화교는 심한 차별 상태에 있었다. 취직이 안 되었고, 그래서 대개는 요리사를 하거나 잡화점, 더러 대만과의 무역업에 종사하는 정도였다. 현재의 차이나타운은 알다시피 인위적인 붐업으로 조성된 것이다. 선생의 증언이 이어진다.

"이 동네는 변한 게 없어요. 배의 출항허가서를 내주던 정보기관이 근처에 있었고, 배들이 나가려면 여기서 허가를 받아야 했어요. 출항허가서를 기다리면서 어부들이 인민군집에서 술을 마셨지. 인민군집 위치는 지금 북성동 주민센터 맞은편이 바로 그 자리일 거요."

새벽마다 어시장으로, 청춘을 다 보냈다

인민군집이라는 건 정식 상호가 아니었다. 1960년대는 무허가 시절이었으니까. 주인 이름을 따서 '기택이네', '기택이 바'라고도 불렸다. 자유공원(맥아더 동상으로 유명한 공원) 가는 길 오른쪽에 이기택 씨가 약주와 막걸리를 담는 항아리 두 개를 파묻고 술집을 한 게 시초다. 바로 인천역 옆이 부두였고 항구였으니 안주는 그곳에서 조달했다. 밴댕이, 병어를 굽고 회로 썰었다.

"그때 어시장에 일하는 노동자들이 오포산(자유공원이 있는 산) 너머 많이 살았어. 새벽에 보면 그들이 떼 지어 이 앞을 지나 어시장으로 출근했다고. 그들이 일 끝나면 이기택 씨의 인민군집에 와서 술을 마셨지."

인민군집 주인 이기택 씨도 역시 수원 사람이었다. 그리하여 고향에서 신태희 씨를 직원으로 소개받아 일을 같이했다. 얼마나 제 몸 돌보지 않고 무섭게 일을 했던지, 사람들은 젊은 신태희 씨가 이기택 씨의 아들인 줄 알았다고 한다. 아내 서 씨도 거든다.

"그래서 다들 내가 이기택 씨 며느리인 줄 알았어요. 신태희 씨랑

"외상도 참 많았어요. 시계 같은 담보는 안 받고 그냥 외상술을 줬지.
한 20~30퍼센트는 못 받았죠.
청춘을 이 집에서 다 보냈어요. 예전에는 기자랑 문인들도 많이 왔어요."

결혼하니까."

신태희 씨는 현재 몸이 별로 좋지 않다. 12년 전에 풍이 왔는데 기적적인 노력으로 거의 회복했다. 그러나 거동과 말이 자유롭진 않은 상태다. 그런데도 새벽이면 어김없이 연안부두 어시장에 가서 생선을 떼어온다. 오랫동안 해오던 일이다. 아내 서 씨는 가슴이 아프다.

"애들 아버지가 연안부두에서 장을 봐서 짐자전거에 밴댕이 열두 상자를 싣고 끌고 왔어. 진짜 힘들었지. 길이 미끄러우니까 신발에 새끼를 쫌매고(두르고). 이 골목이 고바우잖아, 여기가."

아내 서 씨의 증언이 이어진다.

"외상도 참 많았어요. 시계 같은 담보는 안 받고 그냥 외상술을 줬지. 한 20~30퍼센트는 못 받았죠. 유리창이 사흘이 멀다 하고 깨졌어요. 술에 취해서들. 내가 얼마나 울었는지 몰라. 청춘을 이 집에서 다 보냈어요. 예전에는 기자랑 문인들도 많이 왔어요."

연탄불에 구운 밴댕이도 잘 팔렸다. 나중에 구이는 빼고 회만 팔게 된 건 남편 신 씨가 쓰러지면서부터다. 일손이 없어서다.

"술은 잔에 5백 원, 밴댕이는 3천 원. 그때부터 나 혼자 했어요. 1990년대에 비슷한 집들이 하나둘 생겼어요. 그거 보고 시민들이나 인천시에서 밴댕이골목이라 이름을 붙인 거지. 이 집은 대포 장사라고 잔술 5백 원 받는 집이었어요. 소주는 안 팔고."

서 씨가 쓰는 칼을 유심히 보니, 칼날이 닳았다.

"옛날에는 조선식칼을 썼는데 1년에 몇 개씩 닳아 없어졌어요. 일이 워낙 많아서. 옛날에는 무쇠칼이었고요. 도마도 나무를 썼지요. 요즘도 저는 나무 도마만 써요. 칼 먹는 느낌이 좋으니까."

근대로의 첫발을 디딘 인천 노동자들의 음식

오랜 기억을 더듬어본다. 서울의 노동자들은 무얼 먹었을까. 무엇으로 회포를 풀었을까. 팔도 노동자들이 다 모여드는 서울은 안주도 다채로웠다. 육 것, 비린 것, 삶은 것, 구운 것. 포장마차와 선술집이 그들의 자리였다. 육 것이라면 돼지고기였고 비린 것이라면 고등어와 꽁치구이였다. 더러 부산에서 껍질 벗겨 지갑 만들고 남은 곰장어의 살점을 받아다가 맵게 연탄불에 구워서 냈다. 그것을 씹으면서 한 세월 버텨냈던 서울의 노동자가 있었다.

인천은 어땠는가. 인천은 역사적으로 아주 독특한 도시다. 한적한 어촌이었다가 조선 최초의 개항(1883)으로 역사를 연 도시다. 전설적인 코미디언 서영춘 선생이 "인천 앞바다에 사이다가 떴어도 곱뿌가 없으면 못 마십니다"고 너스레를 떨었던 공업 도시 인천. 실제로 인천에는 일본인이 세운 사이다 공장이 있었다. 이 항구로 '색목인'과 중국인 '쿨리(苦力, 인도어로 무자본 육체노동자를 뜻함)'와 '비단이장사 왕서방'과 '쪽발이'들이 들어왔다. 인천은 졸지에 국제도시가 되었다.

인천은 그렇게 근대를 열었다. 우리는 종종 인천에 가서 멀고 먼 근대의 흔적을 확인할 수 있다. 그것도 최초의 철도인 경인선을 타고 말이다. 1899년에 노량진-인천역까지 기차가 개통되면서 걸어서 열두 시간, 뱃길로 여덟 시간 걸리던 길이 두 시간 이내로 짧아졌다.

인천은 서울과 함께 근대의 한 상징이었다. 그 근대의 내용은 노동자들이 채웠다. 거친 속요로 불리던 〈인천의 성냥 공장 아가씨〉는

수원집은 특이하게 아침 9시 반이면 문을 연다.
옛 단골 중에 노인이 많아서 일찍들 오기 때문이다.
낮술이 더 많이 팔리는 희한한 집이다.

당시 첨단 산업이던 성냥 공장이 많은 인천에서 만들어진 노래였을 것이다. 인천은 성냥을 만들어 조선과 대한민국을 밝혔다. 부두로 온 갖 산물이 들어와 재건과 경제 발전을 이뤄냈다. 그 현장에 부두 노동자들이 있었다.

낮술이 더 잘 팔리는 희한한 집

낮 3시쯤. 한 손님이 들어서더니 여주인 서 씨를 보고 묻는다.

"나 아시겠소? 나 여기 2층서 월미사진관 하던 아무개요."

목소리가 추억에 잠겨 살짝 떨린다. 서 씨가 알아본다.

"아, 그러면 50년 단골이시네."

"아주머니 건강하시죠? 오래 하시네?"

그렇게 대화가 오간다. 내게도 그의 기억이 이어진다.

"이 집은 앉아 있으면 역사예요. 이 집 아저씨 참 부지런하셨지. 새벽에만 다니시고. 밴댕이 떼어오느라고 말이지. 여기는 사방팔방 다 알아, 수원집 밴댕이라고. 밴댕이가 팔딱팔딱 뛰는 것만 사왔지."

인천은 이른바 '○○골목'이라고 하는 음식 골목이 유달리 많은 도시다. 물텀벙이(아귀), 꽃게, 주꾸미가 다 골목이 있다. 근처에서 어구와 그물 가게를 운영하는 사장님들이 들어선다. 그들도 회고에 참여한다.

"이기택 영감이 아주 강직한 사람입니다. 무뚝뚝하긴 했어요. 예비군복을 입고 장사를 하는데, 물텀벙이 작은 거를 된장국에 삶아서

안주로 팔았어요. 첨부터 밴댕이를 한 게 아녜요. 나중에 인민군집이 1969년도인가 가게를 두 칸짜리로 옮겼는데, 그때 이 집의 신 사장이 직원으로 오면서 밴댕이 안주가 시작됐지. 술은 양재기에 잔술로 팔았어요. 나중에 이기택 씨도 돈을 벌어서 4층 건물을 짓고, 신 씨는 독립하고 그랬지. 이기택 씨 아드님이 잠시 가게를 이어받았던가 했는데 나중에 닫았어요. 그렇게 기억해요."

수원집은 특이하게 아침 9시 반이면 문을 연다. 예전에는 새벽 4시부터 '알코올 중독자'들이 줄을 서기도 했다고 한다. 옛 단골 중에 노인이 많아서 일찍부터 찾아오기 시작한 것이다. 낮술이 더 많이 팔리는 희한한 집이다.

서 씨의 옛 기억을 듣자니 침이 고인다. 참 맛있는 안주가 많았던 것이다. 자, 들어보자. 부러운(?) 시절이다.

"꽃게가 아주 싸서 잔뜩 삶아놓고 팔았지. 그때는 주꾸미도 아주 쌌으니까 삶아서 팔고. 오징어는 겨울에 생물로 팔고요. 아나고(붕장어)구이도 하고. 그걸 양념 발라 구워서 한 다라이(함지)씩 팔았어. 광어구이도 많았고, 제철은 뭐든. 정어리, 조기, 아지(전갱이) 뭐든 구웠어. 3백 원어치 안주도 팔았고. 30년 전에는 병어가 제일 쌌어. 짝으로 샀지. 막걸리 소성주(인천 고유 막걸리)로 하루에 백 병은 팔았을 거야. 요새는 뭐 막걸리 소주 합쳐서 한 스무 병이나 할려나."

서 씨는 그러면서도 주문을 받아 연신 새로운 생선을 썬다. 이 집을 마지막으로 들렀을 때가 작년 단오 무렵이었다. 단오 준치를 썰었다. 단오 무렵에 나오는 준치라고 그렇게 부른다.

"옛날 우리 준치는 썰면 오뚝오뚝 일어났어요. 정말 고소하고 맛

있었지요. 요새는 수입 준치가 많아요. 안 잡히니까."

준치 맛이 달았다. 우리는 낮술에 달아서 거리로 나왔다. 취기에 휘청거린다. 가까이, 아주 가까이 인천역이 보인다.*

• 2018년 8월, 아쉽게도 수원집의 폐업 소식을 전해 들었다. 이렇게 역사 속으로 또 한 곳의 노포가 사라졌다.

시대의 표준이 된 집,
칠순의 직원이 지킨다

종로 피맛골 시대의 독보적인 서울식 불고깃집

한일관

1939년 창업

···

불고기는 전국에 있지만, 권력과 돈이 몰려 있던 서울식이 제일 유명했다. 노란 불판에 구멍을 뚫고 국물받이까지 해서 촉촉하게 구워 먹는 서울식 불고기. 그러나 이 불고기도 실은 나중에 개발된 것이고, 그전까지는 석쇠 불고기였다. 언양식이니 광양식이니 하는 불고기와 유사했다. 그러니 노란 불판은 어쩌면 서울식 불고기라는 정체성을 확립하는 새로운 방식이었던 것이다.

한국에서 일등 가는 식당이 되겠다

기억하시는지. 구멍 숭숭 뚫린 노란 불판에 넉넉한 국물이 끓는 불고기. 고기가 익으면 먼저 먹고, 달콤한 국물을 떠먹거나 밥을 비벼 먹던 음식. 서울에 살면서 이 음식을 안 먹어본 이는 드물 것이다. 서울 음식이라고 딱히 남아 있는 것이 별로 없는 현대에 불고기는 그래서 더욱 가치가 돋보인다.

압구정동의 한일관 본점. 주차장이 널찍한 현대식 건물이다. 내게는 각별한 기억이 있는 곳이다. 물론 지금은 사라진 종로 본점의 추억이고 새로 지은 이 건물은 초행이다. 이 나이에 이런 말을 써도 될지 모르겠지만, 감회가 새로웠다. 나는 40여 년의 시공을 건너 다시 한일관에 왔다.

"하이고. 반찬 참 많네. 한일관 불고기나 한번 배터지게 묵고 죽으면 내사 마 소원이 없겄다." 박보금이 쓴 입맛을 다시면서도 숟가락을 들었다. 다른 세 사람은 아무 말 없이 상으로 다가앉으며 숟가락을 들었다.

— 조정래, 《한강》 중에서

한일관 음식은 서울에 살면서 누구나 먹고 싶어 했지만 아무나 먹을 수는 없었다. 불고기는 1980년대 이후에 흔해졌지만, 한일관 것이라야 진짜로 취급하던 시절이 있었다. 한일관은 1939년에 문을 열었다. 한자로 '韓一館'이다. 창업자가 '한국에서 일등 가는 식당이 되겠다'는 포부를 이름에 담았다. 1939년도 창업 당시에는 당연히 '한국'이라는 의미가 들어갈 리 없었다. 한일관의 첫 번째 이름은 화선옥이었다.

종로 시대의 중심이 된 한일관

현재 한일관의 본점은 압구정동*에 있지만 시작은 종로였다. 서울 하면 당연히 사대문 안이 중심이었다. 그중에서도 핵은 종로였다. 일제강점기에 명동이 본정통, 충무로가 황금정으로 명명되면서 권세

• 내가 아주 어렸을 때 강남의 상당 부분은 서울 땅이 아니었다. 지금도 논현동에 가보면 돌로 만든 기념비가 하나 서 있는데, 그곳이 경기도 양주군에 속한 땅이었음을 설명하고 있다. 조선시대에는 경기도 광주군에 속했다.

있고 돈 많은 일본인들이 드나들며 뜨기는 했지만 종로는 조선인이 가장 강력한 힘을 가진 지역이었다. 온갖 일본 음식이 득세하는 가운데에서도 한식이 명맥을 잇는 곳이기도 했다. 종로 중에서도 1가부터 3가까지가 핵심이었다. 한일관이 처음 문을 연 곳은 종로3가다. 이후 종로 피맛골로 옮겨가면서 화려한 한일관 시대를 연다.

"피맛골에 3층짜리 건물이었어요. 원래 2층짜리였는데 늘려 지은 걸로 알아요. 내가 스무 살에 입사해서 지금 일흔이 넘었어요. 50년이 넘었네. 가만있자, 1965년도 입사인가보다.(웃음)"

김동월 고문의 말이다. 그이는 관리 업무를 하면서 홀 업무도 챙겼다. 50년 넘은 직원이 근무하는 식당이라……

"그때 할머니가 계셨죠. 그래요, 창업주를 할머니라고 불렀어요. 그분이 이 가게를 만드셨어요. 나는 카운터를 봤어요. 주산도 놓고, 돈 입출금 되는 거 도장도 찍고. 그때 워낙 장사가 잘되어서 돈이 컸어요. 그걸 관리하는 회계를 본 거죠."

한일관의 창업주는 고 신우경 할머니다. 지금 자세한 이야기는 전하지 않지만 대단한 여걸이었던 것 같다. 1950년에 한국전쟁이 터져 부산으로 피란 가서도 한일관 영업을 했다. 그 장면이 낡은 흑백사진으로 전해진다. 서울 수복 후 종로 피맛골에서 건물을 짓고 역사를 이어간다. 옛 뉴스를 검색해보면, 1953년도에 신문에 광고를 싣는다. 명동 본점 신축개업 광고였다. 신문 광고는 아무나 하던 시절이 아니었다. 일개 식당의 광고 게재는 당시 화제를 모았다.

"워낙 식당이 컸어요. 옆에 변변한 건물도 없었다고 해요. 내가 입사했을 때 화신, 신신백화점 정도가 있었나."

직원이 아주 많았다. 주방은 요
리, 탕, 냉면, 고기, 반찬 등 상세
하게 임무가 나뉘어 있었고 지원
부서도 많았다. 밥상 하나, 의자
하나도 다 만들어 써야 했던 시
절이다. 그 유명한 불판도 한일관
고유 제작품이다. 뒤에 더 자세히
쓰겠다.

1953년 신문에 실린
한일관 본점 신축개업 광고

"분점도 이미 두 개나 있었어요. 화신 옆에 있는 신신백화점에 분
점이 나가 있었으니까. 지금의 제일은행 자리예요. 본점과 가까우니
까 육개장 같은 것도 가져다 팔았고, 냉면 사리도 챙겨가곤 했어요."

1층에 80석 정도가 있었던 걸로 기억한다. 주방은 1층 한쪽에 있
었고 2층은 모두 홀이라 백 석이 넘었다. 지금으로 치면 꽤 큰 뷔페
식당 정도의 크기라고 생각하면 맞겠다. 그만큼 한일관은 독보적이
었고, 불고기의 인기가 대단했다.

"불고기가 유명했지만, 원래 이 식당이 조선요릿집이에요. 불고깃
집으로 생긴 게 아니라. 그래서 한정식을 팔았어요. 6인상, 8인상, 이
런 식으로. 2층은 다다미방이었고 연탄난로가 있었지. 석쇠 불고기
는 한정식에만 포함되는 메뉴였고. 상 하나에 여섯 명 앉는데, 통닭
도 나오고 매운탕도 나오고 그랬어요. 나중에 핵가족이 되니까 4인
상으로 단출하게 바뀌었고. 전과 신선로도 있었어요."

김동월, 곽명훈 고문의 공동 증언이다. 곽명훈 요리 고문은 1979년
도에 경력직으로 입사했다. 박정희 전 대통령이 김재규 중정부장에

게 피격되고, 신우경 할머니도 별세한 해다. 그래서 곽 고문은 입사 연도가 '파란만장한 해'였다고 말한다.

한일관은 1957년도에 종로3가에서 이전 확장해 피맛골에 세워졌다. 그러다가 2008년도에 헐렸다. 아시는 대로 피맛골 재개발에 따른 부득이한 폐업이었다. 이후 압구정동 현 위치로 옮겨오면서 다시 한일관 시대를 이어가고 있다.

한일관식 불고기판은 어떻게 만들어졌나

한일관은 역시 불고기가 유명하다. 요즘도 한우 불고기는 상당히 비싼데, 당시도 아무나 먹을 수 없는 고가의 음식이었다.

"불고깃값은 계속 올라갔죠. 제가 1946년생인데 1965년 입사 무렵에 초봉으로 1만 2천 원 받았어요. 1968년도에는 한 4만 원 받았어요. 흥국생명에 2만 7천3백 원씩 보험을 부었으니까. 그 보험 지금도 타 먹고 있어요.(웃음) 그때는 불고기백반이 1천 2백 원이었어요."

김동월 고문의 회고다. 그러자 곽 고문이 농담을 건다.

"월급 타서 보험료 내고 나면 불고기백반을 열 번밖에 못 사 먹었겠네?"

노란색 불판에 숯을 땠고, 양념한 고기를 척척 얹어주면 금세 지글거리며 익었다. 불판에 뚫린 구멍은 두 가지 역할을 했다. 숯불이 직접 고기에 닿도록 함으로써 '직화 효과'를 내는 것이 하나, 다른 하나는 올려둔 물기 많은 고기가 미끄러져 떨어지지 않도록 붙드는 역

할이었다. 고기가 익으면서 육즙이 흐르고, 그것은 받침대에 고이게 되고, 그것을 국물처럼 떠먹거나 밥을 비볐다. 국수사리를 넣을 수도 있었다. 물론 이 불고기판은 여전히 비슷한 모양으로 서울의 여러 불고깃집에서 쓰이고 있다.

"불판은 놋쇠로 금형 가다(型)를 떠서 한일관이라고 글자를 찍어서 들어왔지. 초기에는 우리 직원이 직접 만들기도 했던 걸로 알아요. 나중에는 공장에서 주문 제작을 한 거예요. 한일관 금형을 따로 만들었어요."

불고기용 불판의 등장은 흥미롭다. 1962년도에는 박영찬이란 분이 최초로 특허 출원하기도 했다. 그 후에도 여러 사람이 특허를 출원했다. 불고기 불판의 유래설도 아주 다양하다.*

"불판은 자주 바뀌었어요. 초기에는 가운데만 뚫리기도 했고, 여러 개가 뚫린 것도 나왔고. 연료도 많이 바뀌었지. 처음에는 테이블에서도 즉석으로 구울 때 숯을 쓰다가 점차 가스 등으로 바뀌었어. 연탄은 안 쓴 것으로 알아요."

한일관 불고기의 변천사

한일관은 전형적인 서울 음식점이다. 처음엔 장국밥이 주력 메뉴

• 서울 출신 언론인이자 음식평론가였던 조풍연 선생과 아동문학가이자 미식가였던 마해송 선생은 '미군 드럼통 원조'론을 제기한다. 즉 그전에는 불고기용 석쇠를 주로 쓰다가 한국전쟁 이후 미군 드럼통이 시중에 돌면서 현재와 같은 불고기판이 나왔다는 것이다.

였다는 것만 봐도 그렇다. 장국밥은 해장국, 설렁탕과 함께 전형적인 서울의 매식(買食)이자 요식(料食, 돈 내고 사 먹는 음식)이었다. 여기에 창업주 신우경 할머니는 불고기를 곁들였는데, 처음에는 아마 너비아니식이었을 것 같다. 김동월 고문, 주방장 곽명훈 고문 두 분의 기억도 대충 그렇다. 조금 두툼한 고기를 석쇠에 구워 냈고, 지금과 같은 식탁에서 즉석으로 만들어 먹는 음식은 아니었다고 한다. 주방에서 구워 나왔다는 것이다. 지금과 같은 불판에 국물을 부어 테이블에 앉아 즉석에서 먹는 방식은 1967년도부터라고 본다.

한일관이 1950년대 신문에 광고를 냈는데, '스키야키'를 판다고 되어 있다. 이것이 일본식 스키야키(얇게 썬 고기를 졸인 냄비 요리)인지, 아니면 너비아니가 일제강점기를 거치면서 일본화된 것을 의미하는지도 알 수 없다. 아마도 스키야키와 함께 너비아니를 함께 팔았던 것 같다. 어쩌면 아직 불고기라는 말이 대중화되기 전, 너비아니란 말도 반가나 궁중 음식 용어이니 당시 대중에게 익숙한 스키야키라는 말을 썼을 가능성도 있다. 당시는 일본식 문화가 여전히 득세하던 시기였다. 명동과 종로에 '오뎅을 파는 정종'집이 즐비했을 정도니까.

한일관의 불고기판은 이런 메뉴의 변화에 의해 태어났다. 종로 한일관 시절을 기억하는 김동월 고문은 한동안 석쇠구이와 지금 같은 불고기판 구이가 병존하다가 나중에 석쇠구이는 없어졌다고 말한다.

"아마 육절기가 나오고, 고기를 얇게 썰 수 있으니까 국물 불고기, 즉 지금 같은 불고기판 구이가 생긴 것 같아요. 그전에는 앞사라(개인 접시) 챙겨서 이미 구운 고기를 쟁반에 차려 내드리는 식이었어

요. 지금처럼 테이블에서 각자 굽는 방식이 아니었으니까. 주방에서 구울 때 숯불을 피워놓으면 부뚜막이 환하게 타는 모습이 보였어요. 거기서 구워 양재기에 놓고 뚜껑 닫아서 손님께 가져다 드렸어요. 숯불 향 나는 너비아니였지."

육절기. 영어를 써서 '햄슬라이서'라고 불리기도 하는 이 장비는 불고기의 혁명을 불러왔다. 그전에 너비아니는 좋은 부위를 썼다. 등심, 안심을 주로 사용했다. 칼로는 고기를 아주 얇게 썰 수 없으니까 부위가 어느 정도 부드러워야 먹기 좋았다. 부드러운 부위는 당연히 값이 제일 비싼 부위다. 그런데 육절기는 기존에 구워 먹을 수 없는 부위(예를 들어 앞다리나 엉덩잇살)도 구이용으로 가공이 가능하게 만들었다. 불고기가 대중화되고 가격이 떨어진 이유다. 1960년대 후반에서 1970년대에 걸쳐 전기로 작동하는 기계식 육절기가 많이 보급되었다. 고기를 살짝 얼려서 얇게 저밀 수 있는 육절기 덕분에 야들야들한 불고기를 만들 수 있었다. 저민 고기를 양념을 발라 숙성하면 충분히 부드러워졌다. 이는 가게나 손님 모두를 만족시킬 수 있는 혁명이었다(우리는 그 효과를 누리고 있지만 그다지 놀라워하지 않는 것 같다). 가게로서는 고기가 빨리 익고, 양념을 오래 해두지 않아도 맛이 깊게 배어 유리했다. 손님 입장에서는 등심보다 싼 앞다릿살 같은 부위로도 만들 수 있으므로 값이 싸져서 좋았다. 얇으니까 육질이 좀 떨어져도 맛있는 불고기를 만들 수 있었다. 물론 한일관은 지금도 오직 등심만을 불고기용으로 쓰고 있다.

오래된 가게이다 보니 전설적인 주방장도 전한다. '코주부 김 씨'라는 주방장이 있었는데 요리 솜씨가 뛰어났다고 한다. 특히 일본

에서 음식을 배웠던 이력이 있어 마요네즈 같은 것도 시중에 나오기 전에 직접 만들어 썼다. 한일관에서 냈던 '사라다'는 그렇게 유명해졌다고 한다. 당시 한일관은 한정식 매출이 많아서 반찬 가짓수가 꽤 다양했다. 불고깃집이 아니라 한정식집, 옛날 말로는 조선요릿집이었다. 김동월 고문의 말이다.

"6인 한 상을 기준으로 값을 매겨서 받았어요. 지금과 같은 국물불고기는 없었고, 석쇠 불고기가 메인 요리로 나왔지요. 즉 지금 같은 불고기 전문집이 아니었으니까 석쇠 불고기 같은 너비아니를 상에 올려 낸 거지. 생선회나 여러 가지 반찬이 많이 상에 올라갔어요."

회가 올라갔다는 것도 흥미로운 대목이다.

당시 직원들은 가게에서 먹고 자는 경우가 많았다. 여직원만 해도 스무 명 넘게 가게에서 숙식했다. 처음엔 휴일이 거의 없었고, 나중에 월 1회, 월 2회 하는 식으로 늘어났다. 현재와 같은 '교대 휴무제'는 상당히 오랜 시간이 흐른 후 정착되었다.

지금의 불고기는 우리 역사의 어떤 맥에 닿아 있을까. 조선시대에 몰래 소고기를 먹던 습관이 이어져온 것일까. 답부터 말하자면, 그런 것 같다. 우리는 정말 소고기를 좋아했다. 고려시대에 설하먹이라는 소고기 요리가 성행했다. 이것이 조선시대의 너비아니로 이어진 듯하다. 벙거지를 엎어놓은 것 같은 불판에 소고기를 구워 먹는 장면이 생생하게 그림(324쪽 그림 참조)으로 남아 있기도 하다. 지금과 같은 국물불고기가 유래된 것은 서울 한일관의 성업과 깊은 관련이 있다. 불고기는 시대에 따라 다른 방식으로 변해왔다. 다음 불고기는 어떤 모습일까. 그것이 궁금해진다.

노포를 지키는 칠십의 두 고문

두 고문은 칠십이 넘은 나이에도 한일관을 지킨다. 정년은 없는 집일까. 신우경 할머니의 덕성이 손녀딸들에게도 이어진 것일까. 알려진 대로 신우경은 딸에게 가게를 물렸고, 다시 손녀딸들이 경영을 맡고 있다. 여성 CEO로 3대를 잇는 것도 독특하다.

"여기는 정년이 있어요. 그런데 뭐, 정년이 있는 것도 없는 것도 아닌 살짝 애매하기도 해요. 일할 능력이 있고 잘하는 분들은 정년 이후에도 다녀요."

오래 근속한 직원의 능력을 최대한 존중하고, 실제 업무에도 도움을 주고 있는 셈이다.

주방의 화력도 많이 바뀌었다. 초기에는 아궁이를 설치해서 갈탄, 조개탄, 숯을 땠다. 숯은 주로 고기 굽는 데 쓰고, 탕을 끓이려면 화력이 강해야 하므로 석탄이 제격이었다. 삽으로 가루 갈탄을 퍼서 아궁이에 넣었다. 조개탄도 때다가 나중에 석유와 가스가 설치됐다고 곽명훈 고문은 말한다.

"내가 들어왔을 때는(1979년도) 큰 국 끓이는 건 석유버너고, 가스버너 좀 쓰고 고기는 여전히 숯을 썼지. 19공탄도 있었고. 하여튼 모든 연료를 한꺼번에 다 쓰던 때가 있었던 거지. 연료 교체기에."

한때 직원이 백 명을 넘었다. 지방에서 상경, 먹고 자는 것을 가게에서 해결했다. 손님들이 쓰는 방이 밤에는 숙소가 되었다고 김동월 고문은 회고한다.

"기숙사는 없고, 손님방에서 잤죠. 아침에 기상하면 이불장에 이

불을 개켜서 넣고. 우리는 각자 이불을 갰어요. 졸병이 개는 거 아니고. 6시부터 일했어요. 출근자들도 6시에는 오고. 밥만 먹으면 일했어요. 밤 10시까지도 손님을 받았으니까. 영업 시간이 아주 길었어요. 장사는 정말 치열하게 했지. 요즘은 편한 거예요."

종로 한일관은 피로연으로도 유명했다. 장안에서 유명한 이들의 피로연을 맡았다. 하객 1천 명도 받아봤다. 왕회장(고 정주영 현대 회장)은 단골이었는데 손자 장가갈 때 피로연 장소로 한일관을 찍었다.

"그날 냉면과 불고기를 2천 몇백 개를 했던 것 같아요. 그게 아마 한일관 판매 기록일 거예요."

서울식 불고기의 표준이 되다

한일관 불고기 맛은 식당에서 파는 서울식 불고기의 표준이 되었다.

"이만한 다라이에다가 고기랑 양념을 버무려서 준비해요. 그때 레시피나 지금이나 비슷해. 지금 불고기는 좀 얇아지고 부드러워서 아침에 무치면 점심에 낼 수 있지. 양념은 옛날과 다르지 않을 겁니다. 옛날엔 설탕을 넣었고, 지금은 과일로 대체한 게 다른 정도고."

옛날에는 미원도 많이 썼다. 지금은 음식이 많이 순해졌다고 한다. 미원도 아주 적게 쓰고 자극이 줄어들었다. 한일관 옛 단골들이 연세가 들어가기 때문일지도 모른다.

워낙 유명한 가게라 권력자들이 많이 왔다. 그 에피소드가 없을 수 없다.

"그때 레시피나 지금이나 비슷해.
지금 불고기는 좀 얇아지고 부드러워서 아침에 무치면 점심에 낼 수 있지.
옛날엔 설탕을 넣었고, 지금은 과일로 대체한 게 다른 정도고."

"할머니 계실 때 박정희 시절에 한 도라꾸(트럭)씩 음식을 해서 청와대 들어갔지. 케이터링 같은 거였을 겝니다. 전두환 때는 여기에 와서 음식을 들곤 하니까 경호원이 주방에 들어와 검식을 하더라고. 그때는 권위주의 시대니까 전두환이 오면 홀에 손님을 안 받고 비우곤 그랬지. 노무현 때는 주방 검식 같은 것도 없이 그냥 오셔서 식사하시고 가시곤 했어요."

나중에는 대기업 회장이 대통령보다 더 복잡한 의전이 있었다고 한다. 청와대도 안 하는데 비서실 직원이 열댓 명씩 들어와 홀에서 진을 치고는 했다. 권력의 중추가 재벌로 옮겨가는 시대를 상징하는 그림이 아닐까 싶다.

예전 직원들의 입성도 궁금했다.

"예전에는 장화 신고 일하니까 습진도 많이 걸려요. 피엠 사다 바르고 그랬지. 주방복도 다 만들어서 입는데, 바느질하고 다림질해주는 직원도 있었어. 요새는 다 밖에서 사고, 세탁도 맡기는 경우가 많잖아. 그때는 가게에서 해결해야 해. 주방복은 광목 사다가 재단해서 만들어줬어. 에리(칼라) 있는 거 입었지. 큰 단추가 세 개 달렸고, 호주머니도 있는 거(아마도 이발사 위생복과 흡사한 모양이었을 것 같다). 바지는 검은 바지에 하얀 앞치마 했지. 모자는 안 썼는데, 나중에 쓰기 시작했지. 처음에 홀에 있는 여자들은 한복을 입고 앞치마 했어요. 나중에 스커트에 위생복을 입었지요. 웨이터를 뽀이라고 불렀는데 상고머리에 와이셔츠 입고 까만 바지를 입었지."

눈앞에 생생하게 그 복장이 그려진다.

인터뷰를 마칠 시간, 그 유명한 한일관 불고기를 한 상 받았다. 냉

면도 나왔다. 나는 억지로라도 유년 시절의 기억으로 돌아가려 했다. 아버지가 흐뭇한 표정으로 고기를 사주시던 몇 안 되는 기억을 끄집어내는 일이었다. 다시 기억 속 종로의 그 건물로 돌아가야 했다. 한일관의 역사 속으로.*

* 취재를 하고 원고를 손질하던 어느 날, 비보가 들려왔다. 한일관을 이끌고 있는 자매 중 한 분이 이웃 개에 물린 후 별세했다는 소식이었다. 충격적인 소식이었다. 삼가 고인의 명복을 빈다.

냉면 사리에
운명을 거는 법

평양 모란봉냉면집을 이은 대전을 대표하는 평양냉면집
숯골원냉면

1954년 창업

· · ·

최고의 냉면집은 서울에 몰려 있다. 실향민 수와 비례한다. 대전도 중요한 실향민의 거주지다. 당연히 뛰어난 냉면집이 있다. 바로 숯골원냉면이다. 정통성도 있다. 평양의 모란봉냉면집 아들이 월남해서 차렸다. 서울의 몇 대 냉면집에 절대 뒤지지 않는 맛이다. 오히려 서울내기들의 변죽을 맞추지 않고 제 고집대로 이어온 냉면이라 더 평양의 맛에 가깝다는 말도 있다.

평양 모란봉냉면의 역사, 숯골원냉면

1950년 초겨울. 한국전쟁이 발발한 후 연합군은 압록강까지 진출하여 승리를 자신하고 있었다. 그때 '항미원조(抗米援朝, 미국에 대항하고 북조선을 돕는다)'를 표방한 중공군의 대공세가 있었다. 연합군은 밀리기 시작했다. 전황이 나빠지면서 이북 지역 국민의 탈출도 시작되었다. 바로 1951년 1·4후퇴다. 영화 〈국제시장〉은 바로 이 시기를 모티브로 삼고 있다.

그즈음 한 소년도 휴전선을 넘고 있었다. 박근성. 평양고보 3학년 학생. 평양 모란봉냉면집의 아들. 그는 "잠시 피했다가 오겠다"는 말을 남기고 남쪽으로 향했다. 그대로 있으면 인민군에 징집될 위험에 처해 있었다. 어머니는 급히 손에 끼고 있던 금반지 두 개를 빼 주었다. 그것이 영영 이별이 될 줄 몰랐다.

박근성 옹은 올해 나이 아흔하나다. 그는 아직도 고향에 가지 못했다. 그가 일구어온 것이 바로 숯골원냉면이고, 평양 모란봉냉면의 역사다.

"아버님은 지금도 부모님과 고향을 그리며 우십니다. 혈혈단신, 남쪽의 삶을 일궜지만 고향을 잊을 수 없으신 거죠."

며느리 윤선 씨의 말이다. 그는 숯골원냉면의 안주인이면서 모란봉냉면부터 이어진 냉면가의 4대다. 1대 박내섭―2대 박재록―3대 박근성―4대 박영흥으로 이어지고 있다. 박영흥이 바로 윤선 씨의 남편이다.

전설적인 식객인 백파 홍성유(소설가이자 기자) 선생이 숯골원냉면을 신문에 소개한 적이 있다. 그 기사에 이 집의 이력이 나온다. 숯골은 숯 굽던 이들이 있다고 하여 붙은 옛 지명이다. 당연히 산간오지였다. 대전 시내에서도 한참 들어가야 이 집이 나온다. 박근성 옹이 냉면집을 차릴 때, 왜 시내가 아니라 이 산간으로 들어온 걸까. 바로 이 지역에 평양 피란민들이 모여 살았기 때문이다. 일가붙이가 없는 이북 사람들은 고향 사람들을 혈육처럼 생각했다. 땅값 싼 곳에 모여 산 건 자연스러웠다. 박근성 옹도 거기에 냉면 분틀을 설치하면서 마음을 의탁했던 것이다.

새로운 평양식 냉면의 발견

냉면 한 그릇을 주문한다. 물냉면이 8천 원이다. 메밀 함량이 높다.

국수가 꿋꿋하게 씹힌다. 너무 가늘지 않고 적당한 두께. 씹히는 맛이 있다. 목 넘김도 좋다. 무엇보다 새콤한 맛이 돈다. 어, 하는 사이에 한 그릇을 다 비워버렸다. 사리 양도 많은 편인데.

"새콤한 건 동치미 때문이에요. 아버님(박근성)이 본디 평양에서부터 만들던 방법을 고수하시는 거죠. 아버님은 이것이 진짜 평양냉면이라고 말씀하십니다."

육수는 닭이 기본이다. 닭고기 고명에 지단이 곱게 썰려 올라갔다. 국물은 묵직하고 기운차다. 아, 뭐랄까 이건 처음 맛보는 냉면이다. 서울의 대세인 맑은 국물도, 우래옥의 육향 가득한 묵직함도 아닌 또 다른 맛이다. 이것이 박 옹의 말씀대로 평양식이라면 하나의 발견인 셈이다.

"아버님이 애착을 갖는 건 꿩 냉면입니다. 북에서 먹던 방식이라고 해서요. 원래는 겨울에만 했어요. 꿩은 겨울에 잡을 수 있는 것이니까요."

박 옹이 1954년, 숯골에 냉면집을 차리고 나서 처음엔 손님이 없었다. 그저 한동안 알음알음으로 실향민이 찾아줄 뿐이었다. 혹시나 고향 사람을 만날까, 냉면을 먹을 수 있는 곳으로 이곳이 유명하다니 대전-충청 지역의 실향민들이 찾아들었다. 대전이 실향민의 충청 지역 거점이 된 건 자연스러웠다. 서울-천안-대전 축의 피란민 이동 라인에 놓여 있었기 때문이었다.

실향민들은 어차피 타향이니, 가급적 북쪽 고향이 가깝거나 교통이 좋고 인구가 많은 곳에 살림을 살았다. 대도시라 먹고살기에 좋았고, 대전은 여차하면 기차 타고 평양에 갈 수 있지 않을까 희망을

"새콤한 건 동치미 때문이에요.
아버님이 본디 평양에서부터 만들던 방법을 고수하시는 거죠.
아버님은 이것이 진짜 평양냉면이라고 말씀하십니다."

주는 도시였다.

개업하고 얼마 되지 않은 초기, 실향민 손님이 대부분일 때는 겨울에 오히려 손님이 많았다. 평양에서는 원래 냉면은 겨울 시식(時食)이었기 때문이다. 절절 끓는 아랫목, 코가 빨개지도록 외풍 센 방에 앉아 동치미에 만 냉면을 먹었다. 게다가 메밀은 겨울이 제철이다. 늦가을에 수확해 대개 겨울에 소비했다. 여름냉면이 나중에 유행하면서 냉면에 동치미와 김치가 빠지기 시작했다. 여름에 동치미를 유지하기가 어려웠기 때문이다.

"그런데도 냉장고 없이 동치미를 담가두었어요. 겨울에 많을 때는 2만 개 이상 동치미 무를 담급니다. 그걸 여름에도 쓰는 거예요. 땅에 묻어서요."

놀라운 일이다. 깊게 묻어서 한여름 냉면의 소비량을 댔다는 것이다. 박근성 옹의 진짜 평양냉면에 대한 집념을 읽을 수 있는 대목이다. 그는 어려서부터 가업을 도우며 명문 평양고보를 다녔다. 그때 흥미로운 일이 많았다.

"김일성이 모란봉냉면에 단골로 왔다고 아버님이 증언하십니다. 어린 김정일의 손을 잡고 오기도 했다고요."

대를 잇는 냉면 장인의 업

원래 숯골은 현 자운대 쪽의 지명이다. 그 동네에서 냉면집을 열었고, 현재는 신성동으로 옮겨왔다. 숯골원냉면(비슷한 이름의 냉면집

이 여럿 생기는 바람에 원조라는 뜻으로 숯골원냉면이라고 부른다)의 주방은 4대 박영흥 씨가 맡는다. 그는 대학을 다니면서도 학업보다 냉면 뽑는 일을 더 좋아했다고 한다.

"남편이 냉면발 뽑다가 학점이 모자라서 겨우 졸업했을 정도예요."

윤선 씨는 현재 27년 차 냉면집 안주인이다. 일도 직접 한다. 면 빼고 육수 끓이기도 오랫동안 했다. 남편 박 씨는 일에 치여 관절에 무리가 올 정도로 고생이 많았다. 오직 근육을 움직여 일하는 냉면 장인의 업을 사랑하는 사람이다.

이 집은 노포의 어떤 경향을 그대로 가지고 있다. 거래처를 바꾸지 않는 것도 그런 스타일이다. 메밀은 공주 방앗간에서 필요한 만큼 제분해서 가져온다. 수십 년째 거래처다. 닭집, 두붓집도 마찬가지다. 어린 일꾼이었던 배달원이 이제 희끗한 머리가 되어 물건을 가지고 오기도 한다. 이런 것이 바로 노포의 역사를 이룬다.

박근성 옹은 서울에서 가장 오래된 냉면집인 우래옥과도 연관이 있다. 맨주먹으로 서울에 있을 때, 먼 고향 사람이라는 얘길 듣고 무작정 찾아갔고 거기서 잠시 거처할 수 있었다. 평양 사람들끼리의 정이었던 셈이다.

이 가게 입구에는 몇 개의 분틀이 있다. 나무로 된 것이 두 개, 쇠로 된 것이 한 개다. 이 집의 역사를 말한다. 홀로 이남으로 탈출한 청년 박근성이 결혼하여 이 분틀로 메밀면을 뽑았다. 그이의 인생이 완전히 달라졌다. 이것을 뭐라고 해야 할까. 다복한 가정에서 자라 평양고보라는 명문고를 다녔으니 명문 대학을 나와 엘리트로 성장

하리라 기대했을 것이다. 그런 그가 남루한 옷을 입고 냉면 분틀을 누를 때 어떤 마음이었을까. 나는 그 속을 다 헤아릴 수 없다. 다만, 분명한 것은 그가 아직 생존해 있는 이 순간이 모두 하나의 잊지 말아야 할 역사라는 사실이다. 우리는 그 심정으로 숯골원냉면을 먹게 된다.

아무것도 변하지 않는다,
가격만 움직일 뿐

공인할 수 있는 가장 오래된 원조 감자탕집

태조감자국

1958년 창업

．．．

좋은 직원을 고용해서 가게를 잘 운영하는 것은 장사의 성공 비결이다. 하지만 그보다 더 좋은 비책이 있다. 바로 가족이 모두 화목하게 같이 일하는 거다. 가족은 직원보다 두 몫, 세 몫을 한다는 이 바닥의 오랜 금언이 있다. 틀린 말이 아니다. 태조감자국. 이 집에서 그 평범하지만 꿋꿋한 비결을 다시 확인한다.

서민과 민중의 음식이라는 타이틀을 한 번도 내려놓은 적이 없는 감자탕. 서울에서 1960년대와 1970년대를 거치면서 지방 이주민의 애호 음식으로 시작해, 이제는 전국적인 명성을 가진 음식이 되었다. 대를 잇고, 가족의 비법을 끝까지 지켜내는 신념이 태조감자국의 명성을 만들었다. 아직도 남의 건물에서 장사하는 이 독특하고도 멋진 음식의 전파자들을 만났다. 시원하고 달큰한 감자국, 아니 감자탕을 맛본다.

'범죄와의 전쟁'과 감자탕 전성시대

서울 살던 우리 같은 베이비붐 언저리의 아저씨들(1950년대 후반에서 1960년대까지의 세대들)이 제일 만만하게 먹은 몇 가지 안주를 들자면 삼겹살과 감자탕이었다. 특히 이들의 청춘시대는 아마 감자탕과 함께 보냈다고 해도 틀리지 않을 것 같다. 그만큼 흔했고, 싸고 푸짐했다. 돼지 등뼈가 워낙 쌌던 것 같다. 요즘은 어지간히 비싸다. 감자

탕집이 엄청나게 많아져서 수요가 몰려서 그렇다고 한다.

보글보글 끓는 전골냄비에 구수한 돼지 뼈, 푸짐하게 들어간 감자와 얼큰한 양념장 국물. 깻잎 좀 넣고 다시다니 미원 같은 것도 넉넉히(?) 넣어서 감칠맛이 폭발하던 음식. 국자로 푹푹 퍼서 나누던 전형적인 음식. 바로 감자탕이다. 이 음식을 거래처 접대나 소개팅, 아니면 상견례 자리에 쓴다는 말은 별로 들어본 적이 없다. 그저 수수하고 넉넉한 서민 음식의 상징이다.

'범죄와의 전쟁'부터 얘기해야겠다. 감자탕의 전성시대는 그 '어둠'에서 비롯하니까. 1988년 출범한 노태우 정부는 그 빈약한 정통성을 호도하기 위해 몇 가지 정책을 폈다. 그중 하나가 범죄와의 전쟁이었다. 참, 명명 하나 기가 막히다. 원래 역사란 그런 것이다. 정통성이 약할수록 민심을 움직일 수 있는 쇼를 하게 마련이다. 박정희 역시 5·16 군사정변 이후 제일 먼저 한 일 중 하나가 깡패들 잡아넣는 일이었다. 민심 수습에 그만한 게 없었다.

배우 최민식이 나오는 영화 〈범죄와의 전쟁: 나쁜놈들 전성시대〉(2011)는 노태우 시대의 이야기다. 영화는 그 시대와 부산을 배경으로 한 실록 같은 이야기로 인기를 끌었다. 노태우 정부의 '쇼 드라이브'의 아이템 중 하나가 '심야 영업 금지'였다. 밤의 세계를 폐쇄함으로써 범죄를 막겠다는 논리였다. 가장들의 이른 귀가를 유도해 '가정주부'들의 호응을 얻어내겠다는 심사도 숨어 있었다. 실제 어용언론은 그런 바람몰이 기사를 써댔고, 자정 넘어 술 파는 일은 졸지에 범죄가 됐다. 노태우의 동지이자 전임 대통령이었던 전두환이 자정 통금 폐지로 환심을 사려 했던 것과는 정반대의 정책이었다. 민

심을 사려는 의도는 같았지만.

참 아이러니한 일이었다. 하지만 그때도 여전히 사람들은 몰래, 재량껏 심야 술집을 다녔다. 1, 2차 정도 술잔을 기울이고 나면 해장이 필요한 법. 헛헛한 속을 달랠 국물이 필요했다. 감자탕집이 그중 최고의 선택이었다. 싸고 양이 많았으니까.

원조 논쟁이 낳은 이름, 원조 위에 '태조'

성신여대역. 시장이 하나 붙어 있다. 돈암시장이다. 안쪽에 아케이드가 제대로 된 시장이 서 있고, 과거 시장 외곽에 상가들이 붙으면서 형성된 '바깥시장' 자리에 감자탕집이 하나 있다. 놀랍게도 저녁 6시도 되지 않았는데 줄이 서 있다. 얼마 전 텔레비전에 나왔기 때문일까.

"아녜요. 원래 이래요, 이 가게. 유명하잖아, 아주 오래됐어."

한 시장 상인의 말이다. 천막으로 둘러친 허름한 가게다. 탁자가 스무 개 남짓. 펄펄 끓는 구수하고 매콤한 감자탕 냄새가 큰길가까지 번져간다. 태조감자국. 개업 날짜도 딱 부러지게 1958년 1월 24일로 적혀 있다. 공인할 수 있는 가장 오래된 감자탕집이다. 이 집은 3대 내림 식당으로도 유명하다. 자식 셋이 함께 일하고 있고, 어머니 박 씨가 건재하다.

"원래 감잣국만 파는 집이 아니었어요. 그때는 그랬어요. 돼지 뼈 전문이긴 했어요. 돼지 뼈 넣은 콩비지와 동태찜 같은 걸 같이 팔았

~12,000원
~15,000원
20,000원
25,000원

명물 감자국
오래 잊지마세유
'08)

쌀:국내산 사용〉

포장 됩니다.

5개: 9,000
· 사리면 : 1,000
· 수제비 : 1,500
· 떡 : 1,500
· 감 자 : 1,500
· 당 면 : 1,500
· 야 채 : 1,500
· 공기밥 : 1,000
· 볶음밥 : 1,500
· 음 료 수 : 1,500
*고추가루혼합

루 러 위
처음처럼 3
쿨
대 포 4
청 하 4
매 화수 4
백 세주 6
산 사춘 6
· 카스
· 서울 막걸리 3

어요.”

우리 외식사에서 1980년대는 하나의 뚜렷한 흐름을 보인다. 외식
업체와 인구의 팽창, 세부적으로는 이른바 '전문점'의 득세다. 그 이
전만 해도 식당들은 여러 가지 메뉴를 같이 팔았다. 냉면집도 대개
는 육개장, 갈비탕, 설렁탕 같은 한식을 팔았을 정도였다. 그러던 것
이 경제 규모가 커지면서 한 가지 품목만 다뤄도 손님을 끌 수 있게
됐다. 자연스레 전문점이 늘어갔다.

“우리도 1971년부터 감자탕만 하기 시작했지.”

이 집은 충북 진천 출신의 고 이두환(1913년생) 옹이 열었다. 처음
에는 부암집이라는 상호를 썼다. 아들 고 이규회(1945년생) 씨에게
내려가면서 감자탕 전문으로 널리 알려지게 됐다. 돈암동에는 노동
자가 많이 살았고, 시장이 흥성했다. 당시 이 시장에 지게꾼 같은 막
벌이꾼이 많았다고 한다. 뚝배기에 감자국을 담아 뚝딱 먹고 일하러
가는 식당이었다. 덕성 있는 주인 이 옹은 늘 푸짐하게 뚝배기를 담
았다. 새벽에 마장동에서 검정 짐자전거로 실어오는 돼지 뼈를 잔뜩
넣었다. 손님들은 뼈를 발라 먹고, 감자로 배를 채웠다.

“지금도 그렇지만 그때도 할아버지는 돼지 뼈를 통째로 사왔다고
해요. 도끼로 잘라서 썼던 거죠.”

3대이자 이규회, 박이순 부부의 차남인 이호광 씨의 말이다. 돼지
는 도축장에서 잡게 되면, 등뼈를 기준으로 좌우로 분할된다. 고기를
다 발라내면 경추(목뼈)부터 엉덩이까지 반 마리분의 뼈가 남는다.
이것을 싸게 사서 국을 끓여 먹던 것이 바로 감자국, 아니 감자탕이
다. 오래 끓여서 뼈의 골수를 충분히 우려내고 여기에 돼지의 누린

맛을 잡기 위해 들깨와 깻잎, 고춧가루를 풀어 맛을 냈다.

　태조감자국이라는 이름에는 사연이 있다. 서울 서부 지역의 몇몇 집에서 원조를 자처하고 나서자 2대 이규회 선생이 원조 위의 태조라고 이름 붙인 것이다. 이 원조, 태조 논쟁은 대한민국 외식사의 기념비적(?) 언어다. 수많은 외식 업종에서 일어나고 있는 일이기 때문이다.

돼지 뼈 해장국의 인기와 감자탕

　뼈다귀 해장국은 본디 서울에서는 소뼈를 기본으로 했다. 청진동 해장국이 그 현존하는 증거다. 그러다 1970년대 돼지 뼈 해장국이 인기를 끌기 시작한다. 양돈을 정책적으로 장려하면서 부산물 생산도 늘었다. 지방에서 먹고살 길을 찾아 서울로, 서울로 올라온 이들은 원래 서울 음식인 소뼈 해장국 대신 감자국을 골랐다. 지방 출신 이주민들이 많이 살던 서울 변두리에 감자국집들이 속속 문을 열었다.

　잠깐, 감자탕이 아니라 감자국이라고? 맞다. 1980년대 들어 '~국'이라는 여린 이미지 대신 '~탕'이라고 이름을 갈아붙이게 되었지, 원래는 감자국이라고 불렀다.* 내 기억도 마찬가지다. 실비집이나 대중식당에서 '감자국 개시'라고 붓글씨로 가게 밖에 써 붙여놓았던

---

* 1970년대 엄청난 베스트셀러를 꼽으면 세 손가락에 들어가는 책이 《어둠의 자식들》이다. 이철용이 구술하고 황석영이 써낸 이 책은 도둑놈, 강도, 창녀, 사기꾼 같은 부랑자들의 세계를 리얼하게 그려내 큰 충격을 던져주었다. 이 책의 구술자이자 주인공인 이철용 씨는 뒷골목 인생에서 평민당 공천으로 13대 국회의원이 될 만큼 파란만장한 삶을 살았다. 이 책 속에 감자국을 다룬 대목이 있다. 금은방을 턴 주인공이 도피하기 전 공범과 함께 먹는 음식이 바로 감자국이다. 1970년대에 나온 이 책도 분명히 감자국이라 쓰고 있다.

장면이 선명하게 생각난다. 탕이라고 부르면 더 진하고 보양의 냄새를 풍겼다. 감자국의 시대만 해도, 전문점 음식이라기보다는 실비집에서 파는 안주 겸 식사의 한 메뉴였다. 2대 주인 박이순 씨의 증언이 여기 있다.

"원래 뚝배기에 담아서 감자국이라고 팔았어요. 나중에 전골냄비가 나오고, 여럿이 둘러앉아 먹는 지금 같은 음식이 되었지."

태조감자국이 자리 잡은 돈암동*은 전형적인 인구 밀집 지역이었다. 종로와 중구, 동대문 같은 도심이 가까워서 일하러 가기 좋았고, 산동네를 중심으로 값싼 집들이 즐비했다. 이 동네서 오래 산 내 친구는 "산꼭대기까지 집이 꽉 들어찼고, 동네 주위로 혜화동, 미아리 등이 쫙 내려다보였지. 수도가 산 위쪽으로는 올라오지 않아서 물지게가 다녔고, 리어카 연탄 장수는 길이 미끄러워서 웃돈을 받아야 배달했어"라고 증언한다.

이 지역은 서울 토박이보다 지방 이주민이 많이 살았다. 그들은 서울의 하층 노동을 떠받쳤다. 그들에게 감자국은 아주 적격인 음식이었다. 값싸고 열량 높고 맛있고 양도 많았다. 부족한 단백질 공급원이기도 했다. 그런데 감자국의 발생은 기록이 없어서 온갖 설이 난무한다. 태조감자국의 주인은 가게에 이렇게 써놓았다.

"감자국은 먼 옛날 만주 조선족이 처음 개발하였으며 남쪽으로 전래되어 서울에서는 한국전쟁 후 실향민이 종로5가에서 처음 시작했

---

* 돈암동이라는 이름은 원래 미아리고개를 예전에 되너미고개라 부른 데서 유래했다. 되너미고개란 병자호란에 청나라 군사(되놈)들이 이 고개를 넘어 침입했다고 해서 붙은 이름이라고 한다. 되너미를 한자로 '돈암(敦岩)'이라 썼던 것이다.

다……."

감자국(감자탕)은 소뼈 해장국과 달리 별다른 역사적 기록도 없다. 옛 신문을 뒤져도 일제강점기까지 감자탕이란 감자로 만든 설탕〔감저당(甘藷糖): 전분에서 당을 추출해낸 것〕을 뜻했다. 1970년대 초반에야 감자탕이라는 기록이 보인다.

서울 변두리 가난한 노동자의 음식

주문을 했다. 한 그릇의 감자탕 전골이 등장한다. 이 집은 크기별로 이름이 다르다. 대중소가 아니라 '좋~타, 최고다, 무진장, 혹시나'로 정해놓았다. 대략 2인분, 3~4인분, 5인분이다. 값도 싸다. 1만 2천 원부터 2만 5천 원까지다. 서너 명이 소주 두세 병을 곁들여 밥까지 볶아 먹어도 5만 원에 못 미친다. 후한 인심이다.

감자탕은 그 태생의 특징처럼, 변두리와 가난한 노동자의 음식으로 번져갔다. 신촌, 영등포, 용산, 부천 같은 부도심과 노동자 밀집 지역에서 감자탕이 끓었다. 사람의 골수까지 빨리던 험한 노동의 시기, 그들은 감자탕 뼈의 골수라도 빨면서 허기를 채웠으리라.

이 집은 반드시 탕에 감자가 들어간다. 감자값이 오르면서 언젠가부터 감자 없는 감자탕이 생겼다. 감자가 우리가 아는 그 감자가 아니라 돼지 뼈를 감자뼈라고 부르기 때문이라는 그럴듯한 말도 퍼졌다. 답부터 이야기한다면, 그런 뼈는 없다. 마장동, 독산동 같은 도축 시장에서 편의상 '감자탕용 돼지 뼈'를 줄여 '감자뼈'라고 부르면서

그런 오해가 생겼던 것 같다.

"감자는 원래 통으로 넣었어요. 간이 배려면 오래 걸려요. 요새는 성질이 급해서 빨리들 먹어야 하니까, 감자를 어느 정도 으깨듯 잘라서 넣습니다."

이 집의 고명에는 푸짐한 깻잎이 보이는데, 겨울 3개월 동안은 유채를 넣는 것으로 유명하다. 일본어로 '하루나'라고 부르는 이 채소는 단맛을 주고 씹는 맛이 독특해서 여전히 쓰고 있다.

"돼지 뼈를 쓸 때 척추 전체를 다 쓰는 이유가 있어요. 보통 수입 뼈를 많이 쓰면서들 등뼈 중심으로 넣는 경우가 많은데, 사실 각 부위별로 감자탕 맛을 내는 데 필요한 요소가 있어요."

전문가라야 알 수 있는 깊은 얘기다. 목뼈는 시원하며 '살밥'(살)이 많고 쫄깃해서 좋고, 그 아래 등뼈는 울퉁불퉁한 모양이 좋고 살점이 넉넉하며, 꼬리뼈도 쫄깃한 맛이 좋다고 한다. 이 집 뼈는 고기가 넉넉하게 붙어 있는 걸로도 유명하다. 워낙 주문량이 많은 노포이니 거래처에서 살을 넉넉히 남겨 발라낸 뼈를 공급하기 때문이다. 흔히 국내산과 수입을 가르는 기준으로 국내산은 살점이 적다고 하는 게 정설이다. 한국은 고깃값이 비싸고 새김꾼(정육 전문가)의 기술이 좋아 더 알뜰하게 발라낸다는 것이다. 좋은 뼈를 예전에는 '군납 뼈'라고 불렀다. 군대로 들어가는 고기 많은 뼈라는 뜻이었다. 품질 좋고 인심 후한 뼈였다.

"요즘은 대개 외상 거래들을 하지요. 한 달 쓴 걸 모아서 다음 달에 돈을 주는데, 옛날에는 보증금을 내고 고기 뼈를 받았어요. 한번은 업자가 사라져서 보증금을 떼인 적도 있어요.(웃음) 그게 분해서

아직도 그 장부를 가지고 있어요."

어머니 박 씨의 말이다. 그의 옛날 추억은 고생한 것밖에 없다. 아이들 기르면서 하루 종일 일했다. 신혼여행을 갔다 오니, 시부모가 다락방에 신방을 꾸며주셨다. 새벽부터 찬물에 손을 넣었다.

"하루에 뼈 1백 벌은 기본이고, 2백 벌까지 온 날도 많아요. 그걸 다 도끼로 쳐서 자르고 손질을 해야지요."

박 씨는 덤덤하게 이야기하지만, 그이 손은 아직도 마디가 굵고 거칠다.

'양은 많고, 싸게' 선대의 장사 비결

국물을 한 숟갈 들어본다. 충분히 끓어서 걸쭉해졌을 때 탕 맛이 좋다고 하는데, 이 집은 일찌감치 맛이 올라온다. 두툼하지 않고 시원한 맛이 좋다. 어머니가 만들어내는 '다대기'(매운 양념장)가 맛을 조절한다. 이 집은 양념에 뭐가 들어갔는지 왕년에 부친이 글로 써서 벽에 붙여놓았었다. 양념 배합에 조미료를 넣었다는 말도 있다. 다 보여주겠다는 뜻이었다. 양심적으로, 양은 많고 싸게. 그것이 선대의 장사 비결이었다. 창업주의 가훈은 "글자대로 살아라"이고, 2대 선친은 "남에게 피해주지 말라"였다. 글자대로란 딴생각 말고 원칙대로 살라는 뜻일 게다. 2대 주인이 피해 주지 말라고 한 뜻은, 뒤집으면 좋은 음식으로 행복을 손님에게 주라는 뜻이었을 테고.

태조감자국은 여전히 셋집에 산다. 이 동네를 떠나지 않고 예전

태조감자국.
개업 날짜도 딱 부러지게 1958년 1월 24일로 적혀 있다.
공인할 수 있는 가장 오래된 감자탕집이다.
이 집은 3대 내림 식당으로도 유명하다.

자리를 지키기 위해서다. 아침 7시면 뼈가 도축장에서 도착한다. 핏물을 빼야 한다. 너무 오래 담가두지는 않는다. 맛도 빠지기 때문이다. 그러고는 아무것도 넣지 않고 맹물에 푹 삶는다. 이 집 감자탕 맛이 시원한 것은 아마도 이것이 비책이 아닌가 싶다. 맑은 육수가 나온다. 이것이 하루에 수백 냄비를 파는 감자탕 맛의 바탕이다.

"어려서부터 일을 했어요. 감자 깎고 뭐 이런 거요. 제 인생은 어릴 때부터 감자탕이었고, 지금도 감자탕입니다. 하루에 한 끼도 무조건 감자탕이고.(웃음)"

아들 이 씨의 말이다. 이 집 반찬으로는 깍두기가 유일한데 꽤 맛이 좋다. 식구들이 다 직접 만든다. 얼마나 무를 많이, 빨리 썰었는지 이 씨는 〈생활의 달인〉이라는 프로그램에서 깍두기 달인으로 뽑히기도 했다.

태조감자국이 제일 호황이던 시대가 있었다. 지금도 줄을 서는데, 최고 호황이 아니라고? 그렇다. 1990년대에서 2000년대 초까지가 돈을 많이 벌던 때였다. 특히 IMF 경제위기 때 국가가 망했다고 했을 무렵에 더 잘됐다. 다들 돈줄이 말랐을 때 싸고 푸짐한 감자탕만한 안줏거리가 흔하지 않았으니까. 그렇게 고단한 몸으로 술잔을 기울이고 돼지 뼈의 살점을 발라내며 자욱하게 막막한 시절을 건너냈다. 그들이 바로 우리들이고, 우리의 선배들, 아버지, 어머니였다.

처음에 뚝배기 한 그릇에 20~30원 하던 감자탕이 10여 년 전에는 전골 제일 작은 게 5천~6천 원대로 올랐다. 이제 물가가 오르고 화폐 가치가 떨어져 1만 원을 넘는다.

"원래는 장작을 땠겠지요. 제가 시집오니까 연탄을 썼어요. 업소

용 연탄을 하루에 쉰 장을 넘게 땠으니까 장사가 잘된 거지요. 애기 업고 졸면서 새벽부터 일했어요. 장남 호관이가 보자, 소띠(1973년생)니까 제가 46년간 이걸 했네요."

어머니 박 씨의 기억이다.

오후 6시. 다시 가족들이 바빠지기 시작했다. 얼마나 빨리 움직이는지 가족들의 발이 보이지 않는다. 오직 가족 경영으로 긴 세월을 버티고, 명소가 되었다. 감자탕은 참 노곤하고 피 어린 음식이 아닌가, 생각이 들었다.

일제강점기가 가져온 뜻밖의 맛의 역사
오사카 오모니

일본에도 우리 노포가 있다. 이미 일제강점기인 1920, 1930년대에 오사카와 도쿄에 한국 식당이 있었다. 본격적인 재일동포의 식당 역사는 해방 후에 시작된다. 그중에서 오사카 지역은 가장 많은 동포가 살아왔다. 당연히 노포가 많다. 오코노미야키로 유명한 '오모니(オモニ)'를 방문 취재했다. 오사카 동포 사회의 굴곡 많은 내력을 슬쩍 들여다볼 수 있는 기회였다.

재일동포 최대 거주지 쓰루하시

일본 여행 가는 이들이 많다. 특히 오사카는 비교적 가깝고 구경거리가 많아 인기가 높은 지역이다. 특히 '일본의 부엌'이라고 불릴 정도로 음식 문화가 발달해 '먹자 여행'에서 빼놓을 수 없는 곳이기도 하다. 동시에 우리 재일동포의 최대 거주지로도 유명하다. 제이알(JR) 쓰루하시(鶴橋)역에 내리면, 일본 최대의 조선(한국) 시장이 있을 정도다. 김치를 만들고, 참기름 짜는 집이 있고, 너무나도 익숙한 고춧가루 냄새가 나는 곳이기도 하다. 색동저고리와 한복을 파는 가게가 그대로 있어서 살짝 마음에 습기를 머금게 하기도 한다. 이제 우리 시장에서 사라져가는 포목점 풍경, 그러니까 가게에 딸린 방에 앉아서 아낙들이 이불이며 포목거리를 꿰매고 다듬는 모습도 그대로다. 아니, 우리 시장에서는 이제 사라져가는 모습이기도 하다. 이 시장 근처에만 5만여 명의 우리 동포가 산다.

오모니까지 택시를 타고 가는데, 기사가 "아하, 안녕하세요, 감사합니다. 한

국말 몰라요. 코리아타운. 알아요.” 이런다. 골목길로 꼬불꼬불한 길을 갔다. 오사카시 이쿠노구 모모타니 3초메가 이 집의 주소다.

쓰루하시에는 우리 동포들의 음식점이 성하다. 유명한 야키니쿠(燒肉)집들이 주다. 불고기와 호루몬야키(내장구이)다. 잠깐 덧붙이자면, 이곳의 불고기는 한국식의 간장 불고기를 의미하지 않는다. 그냥 고기구이 자체를 불고기라고 한다. 가볍게 간장을 먹이는 경우도 있지만 한국식 불고기판을 쓰는 것이 아니라 직화나 철판에 고기를 굽는다. 게다가 한국 불고기처럼 얇게 저미는 것이 아니고, 비교적 두툼하게 썬다. 우리가 찾아갈 오모니는 이 지역의 주력인 야키니쿠가 아니라 오코노미야키다. 쓰루하시의 세 가지 명물이 있다고들 한다. 하나는 김치, 둘은 야키니쿠, 셋은 오코노미야키다. 오코노미야키가 들어간 건 오모니의 이 음식 때문에 붙은 명성이다.

재일동포의 삶을 투영하고 있는 가게 ‘오모니’

오모니는 오래된 일본식 가옥의 1층에 있다. 대개 일본은 1층은 가게이고 위층에 살림집이 있는 형식이 많다. 오모니도 그런 식이다. 가게 한쪽에 이 집의 주인 격이라 할 오코노미야키 불판이 떡하니 자리하고 있다. 한국의 유명 연예인 사진과 사인들도 많이 걸려 있다. 오사카에 오는 유명인들은 거개 이 집에서 오코노미야키 맛을 본다고 한다. 한류가 대단할 때는 정말 북적거렸다. 벽을 보니 동방신기, 보아 같은 유명 연예인과 부부가 같이 찍은 사진이 걸려 있다.

"어서 오세요. 조국에서 우리를 찾아오면 늘 부담스럽습니다. 드릴 말도 없고, 보다시피 누추한 곳이라."

양행도 선생이 우리를 맞는다. 제주 출신인 그는 전후 혼란기에 이곳에 정착, 오랜 세월의 삶을 타국에서 이어왔다. 자식들도 다 출가시키고 현재는 아내 고희순 씨와 아들과 함께 오모니 본점을 지키고 있다. 이 부부는 1955년에 결혼하여 이제 60년을 넘겼다. 오모니는 명성이 있어서 오사카 시내에 두 개의 분점을 낼 정도로 성업하고 있다. 분점도 똑같은 레시피로 만들고 있지만, 여전히 사람들은 쓰루하시 시장 근처 소박한 이 집을 '성지'처럼 찾는다. 가게는 5년 전에 리뉴얼을 했다고 하는데도, 수수하고 낡은 느낌을 준다. 나그네의 마음은 과거의 모습을 그대로 갖추고 있었더라면 얼마나 좋았을까도 싶다.

"고생을 많이 했어요. 이제는 좀 쉬어야지요. 아내가 오모니가 생긴 내력을 잘 말해줄 겁니다."

오모니. 일본에서는 한국어가 당연히 외래어니까 가타가나로 'オモニ(오모니)'라고 쓴다. 어머니라는 발음을 정확히 옮길 문자가 없어서 오모니가 되었다. 이 가게의 역사는 어쩌면 재일동포의 삶을 압축적으로 보여준다. 일본인의 멸시와 냉대, 조국의 분단에 따른 동포 사회의 혼란, 여전히 큰 문제로 남아 있는 재일동포의 법적 지위에 관한 여러 가지 이슈 들이 이 부부의 인생에 뒤섞여 있다.

일본에 있는 우리 민족은 혈통은 단순하지만 내일(來日)한 사연은 복잡하다. 정치적 문제가 얽혀 있다. 일제강점기 이후 해방이 되었는데도 일본이 제대로 그 뒷수습을 안 해서 생긴 일이기도 하다. 물론 남북 분단도 그 혼란을 가중시켰다. 〈아사히신문〉에서는 일본에 사는 우리 민족을 통칭하여 '재일코리안'이라고 부른다. '자이니치'라는 말도 있다. 재일(在日)을 일본어로 읽으면 자이니치다.

일제강점기에 징용 끌려가서 돌아오지 않은 사람들, 또는 일제강점기와 해

방 이후 자발적으로 건너간 사람들과 그 후손이 대개 재일동포를 이룬다. 그런데 국적은 한국, 북한, 일본, 아니면 그냥 조선이다. 조선은 뭔가. 옛 조선시대 이후 남과 북 어느 나라의 국적도 가지지 않은 사람들을 이른다. 나라는 없어졌는데, 그것을 국적으로 하는 이들은 남아 있다! 이런 아이러니라니. 늘 변방이었고, 차별의 대상이었다. 여전히 '조선학교'는 정식 학교 인가를 받지 못해서 어려움을 겪고 있다.

오사카 쓰루하시, 오코노미야키의 성지

오코노미야키와 야키소바, 이 집의 인기 음식을 앞에 두고 이 부부가 옛날을 회고한다. 오코노미야키는 일본에서도 언제 생긴 것인지 알 수 없다고 한다. 일종의 철판 빈대떡 같은 것인데, 밀가루 반죽에 고기와 해산물, 양배추와 여러 가지 고명을 넣고 부친다. 소스를 뿌려 먹는 것이 특징이다. 한국에도 이 요리를 하는 유명한 집이 홍대 앞 상업지구에 있는데, 그 이름에 '츠루하시'가 들어간다. 그만큼 이 동네는 오코노미야키의 어떤 상징과도 같은 곳이다.

어머니 고 씨는 이 오코노미야키를 그냥 독학으로 배웠다. 먹고살기 위해 불판을 피웠고, 거기에 요리를 시작했다.

"원래 이 집 이름은 고라쿠(幸樂)라고 했어. 들르는 우리 동포들이 우리말로 그냥 나를 '오모니, 오모니' 하니까 나중에 가게 이름이 그냥 오모니로 바뀌었어요. 한번은 작은딸이 학교 갔다 오더니 울어요. 가게 이름이 오모니라는 이상한 글자여서 놀림을 받았다는 겁니다. 학교에서 조선인 차별을 한 거예요."

고 씨는 생계를 위해 과일 행상, 호루몬(오사카 특유의 소 내장 요리) 포장마차도 했다. 그러다가 지금 가게 건물을 일본인에게서 30만 엔에 샀다. 먹고살기 위해 야키소바와 오코노미야키를 팔기 시작했다. 이것은 빈대떡이나 지짐으로 볼 수 있다. 좀 두툼하고 서양에서 비롯된 가공된 소스를 많이 뿌리는 게 독특하다. 일본인이 좋아하는 양배추를 듬뿍 넣고 달걀, 밀가루로 반죽하여 위에는

삼겹살을 썰어 넣어 지져낸다. 한 번 철판에서 뒤집고 가다랑어포와 새콤달콤한 우스터소스에서 분화된 갈색의 소스, 마요네즈, 파래 가루, 후추, 시치미(맵고 고소한 일본식 양념) 등을 뿌려 먹을 수 있다. 처음 이것을 굽기 시작했을 때는 밀가루와 달걀, 돼지비계 등을 쓰는 훨씬 단출한 조리법이었는데, 점차 다양해졌다고 한다.

그렇게 팔기 시작한 것이 '오모니'의 시작이었다. 가게 안에 다다미방이 하나 있었고(지금은 손님을 받는 방이 되었다) 거기서 2남 2녀를 낳고 길렀다. 이 집의 오코노미야키를 오사카식이 아니라 히로시마식이라고들 하는데, 정작 이 음식을 '개발'한 고 씨는 빙긋 웃는다. 먹고살기 위해 그저 부쳤던 음식이라 어디 식인지 알고 싶지도 알 도리도 없었다는 대답 같다.

이 동네에는 야쿠자가 많았다. 그들이 마작을 하다가 배가 고프면 들러서 오코노미야키를 먹었다. 이 음식을 먹어본 사람은 알겠지만, 고소하게 불에 지진 기름 맛이 우선 식욕을 당긴다. 거기에다 뭔가 좀 뻑뻑한 느낌의 식감이 있어서 계속 자신도 모르게 많이 먹게 되는 음식이다. 중독성이 있다랄까. 어쨌든 야쿠자들이 단골이 되었다.

"우리 집 상호가 오모니가 된 건, 조선 사람이 드나들며 나를 그리 불렀어요. 동네 아이들도 따라 부르고. 야쿠자들도 나를 그리 불렀어요. 그렇게 상호가 바뀌어버린 거예요."

야쿠자는 그 시절 아주 거칠었다.

"총이나 칼을 갖고 다니던 놈들이었어요. 무서웠어요. 툭하면 사람 패고, 비명 소리가 들리고 했지요. 무법천지 비슷한 거지. 그런 놈들이 우리 집에서 음식을 사 먹어요. 무서워도 팔아야지. 아이들 먹여 살려야 하니 내가 다른 선택이 뭐 있었겠어요."

무서웠지만 먹고살려면 방법이 없었다. 조선인은 취직을 할 수 없었다. 1945년 해방(일본 처지에서는 패전)이 되자 재일조선인에게도 시민의 권리가 남

아 있었지만 나중에 일본 당국은 그것을 박탈하고 외국인으로 만들어버렸다. 1965년 한일협정이 되기 전까지는 일본 내에서 대한민국 국적을 가지고 살 수도 없었다. 일종의 난민에 가까웠다. 국적도 없는 사람들을 취직시켜줄 리 만무했다. 우리 동포들은 파친코, 야키니쿠, 재활용품 수거업, 심지어 밀주 제조 유통 같은 합법과 불법을 가리지 않고 먹고살기 위한 투쟁을 이어갈 수밖에 없었다.

고 씨가 자그마한 식당을 차리면서 오늘날의 오모니가 시작되었다. 당시 연료는 석탄과 숯이었다. 그이가 불판 앞에 있는 기름통을 가리키며, "처음에는 저런 아부라(기름) 통에 장작을 넣어서 요리했어요"라고 한다. 석유풍로로 변한 것은 훨씬 나중인 1960년대의 일이었다. 나중에 가스가 그것을 대체했다. 한국의 연료 변천사와 거의 비슷하다. 다만 한국보다 빨랐다.

고 씨의 고생은 말도 못했다. 남편 양 선생이 조선학교 교원으로 일했는데, 월급이 거의 없었다고 한다. 그런 살림을 혼자 치르다시피 하며, 아이들을 가르쳤다. 아기를 업고 일하는 게 기본이었고, 아기 업은 채 꾸벅꾸벅 졸다가 깬 적도 많았다. 가게가 자리 잡기 전에는 삯바느질이 주업이기도 했다. 우리네 어려운 어머니들이 다 그랬듯이.

"잠을 못 잤지. 아기 업고 옆에 좀 큰 애는 손으로 잡고 꾸벅 졸았지. 애들 학교 가면 벤또(도시락) 싸줘야지 세탁해야지, 사는 게 그랬어요. 그런데 큰딸이 벌써 환갑이라오. 원숭이띠. 아휴, 그때 사는 거 참 지독했어요. 시라미(이)도 많았어요. 디디티 뿌리고, 큰딸이 울고 난리 났지.(웃음) 아, 지금 있는 2층은 새로 올려서 살림집이 된 거예요. 한참 나중의 일이고, 원래는 1층, 이 가게에서 먹고 자고 살림하고, 손님 오면 오코노미야키도 팔고 그랬어요."

내가 좋아하는 대로 먹는 오코노미야키

당시 이 일대에 오코노미야키집이 많이 생겼는데 자연히 기술이 서로 흘러가고 모이고 했다고 한다. 오코노미야키란 사실 일본 현대사의 상징 같은 음식

이다. 미국의 밀가루 원조, 식용유 원조, 사료 원조에 따른 돼지 생산의 급증 등이 만들어낸 음식이라고도 할 수 있다. 한국의 외식 성장사와 비슷한 '음식의 이력'을 갖고 있다. 오코노미야키가 폭발적인 성장을 한 것은 일본 외식산업의 성장과도 궤를 같이한다. 1950, 1960년대 일본의 무서운 경제 성장이 외식을 늘렸다. 값이 싸서 만만하게 선택할 수 있고, 불판에 지져서 기름지고 고소한 맛을 제공하며, 마요네즈 같은 서양의 풍성한 소스가 도입된 것이 바로 그런 맥락이다.

생맥주 한 잔에 야키소바(볶음국수)를 한 그릇 청한다. 오코노미야키도 개인 불판에서 익어간다. 재일동포가 보냈던, 그리고 지금도 보내고 있는 힘든 시간들이 이 공간에 있다. 나는 조금 숙연해진다.

오코노미야키는 'お好み焼き'라고 쓴다. 문자 그대로 '내가 좋아하는 대로 구운 것'이라는 뜻이다. 고명을 선택할 수 있다는 뜻이다. 고정된 레시피가 아니고, 먹는 이가 얼마든지 넣는 것을 고를 수 있다. 그것이 오코노미야키의 장점이자 특징이다. 그래서 이 집 메뉴판은 비슷비슷한 요리인데도 실제 가짓수는 엄청나다. 그런데 요리 이름이 좀 이상하다. 유명한 연예인, 명사의 이름을 따서 지은 이름이 수십 개다. 유명인이 각자의 버전으로 요리를 부탁했고 그것을 메뉴로 만들어 올려놓은 것이다. 오코노미야키의 원칙에 충실한 것이라고 할 수 있다. 여러분도 이 오코노미야키집에 가면 당신만의 메뉴를 선택해보기 바란다. 내게 추천해달라고 하면 '오모니야키'다. 이 집 특유의 배합이다. 그래서 이름이 그렇다.

노포의 장사법

차별과 편견을 넘어서 오사카의 명물이 되다

이 가게는 벌써 50년의 역사를 넘겼다. 오사카 최대의 번화가인 우메다와 난바에 분점도 있다. 오사카의 명물 맛집이다. 분점은 큰딸이 운영하고 있다. 혹시 오사카에 여행 갈 일이 있다면, 꼭 들러볼 만하다. 오모니는 본점이나 분점 모두 일본식으로 부르면 이른바 '인기점(人氣店)'이다.

남편 양행도 선생의 개인사는 민족의 현대사와 겹친다.

"일제 침략과 고통, 천대 같은 걸 어려서 많이 경험했어요. 나는 제주도에서 나서 서울로 유학을 갔지, 보인중학교를 다녔어요. 그러다가 일본에 오게 됐어요. 제주도 사람들이 여기 쓰루하시에 많이 삽니다. 그 시절이 어땠느냐면 아버지에게 징용이 나와서 자식이 대신 가기도 했고, 참 말도 안 되는 세상이었습니다."

양행도 선생은 일본에 온 후 교토와 고베의 조선학교에서 교사를 하던 중 아내를 만났다. 아내의 아버지는 전쟁 중에 징용되었다가 행방불명되었다. 그래서 아내는 방일해서 이쿠노의 쇠장식 공장에서 일하며 어머니에게 생활비를 보내던 시절이었다. 그렇게 만나 결혼했고, 자이니치의 삶을 이어갔다.

양 선생은 2000년이 되어서야 고국, 제주도에 갈 수 있었다. 그리고 아버지 묘소에 눈물로 참배했다. 나는 이 앞 문장에서 제주도에 '갈'이라고 썼지만, '올'과 '갈' 사이에서 한동안 낱말을 정하지 못했다. 재일코리안의 어떤 상징적 상황을 이 '왕래'를 뜻하는 글자로 잘 설명하고 있는 것 같았다.*

---

* 책이 출간되기 몇 달 전, 오사카의 지인(이 가게를 섭외해주신 분)으로부터 문자가 왔다. 양행도 선생이 한 많은 이승의 삶을 정리하셨다는 전갈이었다. 숙연해졌다. 뵐 당시만 해도 기력이 괜찮아 보이셨는데. 다시 한 번 명복을 빈다. 선생이 지고 살았던 우리 민족의 고통, 분단의 괴로움도 다 잊고 영면하시라.

| 3부 |

지속
持續

세월을 이기고 전설이 되는 사명감을 배우다

변모하는 1960, 1970년대를 살아오면서 음식문화사, 사회사도 새로 쓰게 된다. 전혀 먹지 않던 떡볶이가 학생 간식 1위에 오르고 대학가 골목에는 학사주점이 생겨나 해물잡탕을 먹었다. 잔치음식에서 시작하여 마침내는 '사 먹는' 음식이 된 희한한 홍어삼합의 운명, 그리고 거기 얽힌 정치사도 놓칠 수 없다. 한국 도시에서 포장마차는 한 인간의 삶에 굵은 기억을 남기는 독자적 장소였고, 시대는 변했지만 여전한 명물로 자리한다. 변두리 도시 성장사에서 돼지갈비의 효용은 대단했다. 서민 곁에서 존재한다는 의리도 있었다.

이처럼 시대를 관통하며 성장해온 노포들은 세월을 이기고 전설이 된 존재들이다. 결코 쉽지 않은 지속이란 과제를 사명감을 가지고 달성해낸 이들이다. 이 노포들은 지금 '생존'의 차원을 넘어, 우리의 음식문화사와 사회사에 주요한 '의미'가 되었다. 그것이 다시 이 노포의 존재 가치를 드높이는 역할을 하고 있는 셈이다.

사 먹지 않는 음식을
사 먹게 하는 힘

미식가를 사로잡은 흑산도 홍어 요리 명가

덕인집

1980년대 초로 창업 추정

・・・

　서울에서 미식을 한 가락 하는 자리에 홍어삼합이니 홍어 얘기를 못하면 위신이 깎인다고도 한다. 서울 음식도 아닌 저것이 왜 미식의 한 정점에 있을까. 삭힌 홍어를 처음 먹고 토를 하고 말았던 내 친구는 끝내 그 맛에 빠져 광(狂)이 됐다. 그는 홍어 먹는 날에는 윗도리 한 벌을 더 가지고 간다. 냄새 밸 걱정 없이 마음껏 먹고는 옷 갈아입고 전철을 탄다. 입천장을 홀렁 벗기는 홍어 한 입 먹고 녀석은 좋아서 죽는다. 도대체 홍어가 뭐길래 이런 광들을 만들어내는가.

　홍어 하면 흑산도요, 그다음으로는 목포다. 목포는 흑산도에서 잡은 홍어가 내륙으로 들어가는 초입이다. 그 자리에서 진짜 홍어를 파는 명가, 덕인집을 찾아갔다. 홍어삼합은 원래 파는 음식이 아니었다는 말씀도 이 자리에서 처음 들었다. 아마도 언론 지상에 없던 얘기일 것이다. 아아, 코가 뻥 뚫리는 홍어가 대령했다.

목포에서 만난 진짜 흑산도산 참홍어

　내가 일하는 식당에는 디제이가 있다. 자리가 마흔 개도 안 되는 자그마한 술집 겸 밥집에 웬 디제이냐 하시겠지만, 사실이다. 그가 음악을 틀면 술맛이 두 배다. 주로 옛 노래다. 어느 밤은 이난영의 목소리가 들렸다. 〈목포의 눈물〉이다. 노래를 듣다가 말했다.

　"목포 가자!"

"조오치!"

그는 목포 사람이다. 이제 목포는 케이티엑스가 개통되어 두 시간 반이면 닿는다. 하루 시간을 내어 달렸다. 그는 입맛을 다셨다. 초원 식당의 꽃게무침(2인분을 시키면 큰 게 열 마리분은 좋이 될 살점을 준다), 병어찜과 비장의 갓김치를 말했다. 무엇보다 그를 흔드는 것은 덕인 집의 홍어였다.

"으흑, 한 점 씹으면 좌악, 입천장이 버서지고(벗겨지고) 쫙 오제. 그게 홍어제."

그는 덕인집으로 우리를 안내했다. 홍어삼합과 찜이 8만 원. 만만 치 않은 가격이다. 그런데 다 흑산도산이다. 그쪽 출신 홍어는 '명찰' 을 달고 있다.

"이것이 홍어 명찰이오. 흑산도 치가 아니면 붙일 수 없제."

사장 손춘석 씨가 홍어에 붙은 플라스틱 이름표를 보여준다. '흑 산도산 참홍어'. 무슨 숫자도 적혀 있다. 경매 일련번호다. 원래 홍어 의 공식 이름은 참홍어다. 간재미, 가오리의 공식 이름이 홍어다. 그 러나 시중에선 홍어라고 하면 당연히 참홍어를 말한다. 거뭇거뭇하 고 붉으며 넙데데한 몸피에 묵직하게 생긴 녀석. 이것이 호남, 아니 이제는 전 국민이 환장하는 홍어다. 불행하게도 홍어는 썩 잘 잡히 지 않는다.

"중국 배들이 싹 쓸어갔제. 우리가 너무 많이 먹었고. 이제 홍어 물량이 없어요. 그래도 과거보단 나서(나아)."

그 과거란 대략 20여 년 전이다. 하필이면 홍어를 끔찍하게 좋아 한 김대중 대통령 시절에 홍어 씨가 말랐던가 어디로 도망을 갔던가

260

도통 잡히질 않았다. 당시 여러 척이 폐업하고 딱 한 척만 남아 홍어를 잡았다. 돈이 안 되니 열 몇 척 있던 배들이 조기 같은 다른 어종으로 싹 돌아선 것이다. 호남을 상징하는 전통의 생선을 잡는 마지막 배가 전업하려 하자, 해당 관청에서는 난리가 났다. 결국 흑산도를 관할하는 신안군청에서 수천만 원씩 보조금을 주어 겨우 배를 살렸다고 한다. 이제는 어획고가 좀 늘어서 10여 척 정도가 자진해서 조업한다. 물론 잘 잡히지는 않아서 값이 높다.

"우리는 암치(암컷)만 쓰는디 마리당 50만 원 넘제. 흑산에서 바로 보내주제. 8만 원 받아도 별로 안 남어. 옛날에는 선창에서 그냥 받았제. 값도 쌌고."

홍어는 극과 극을 달린다. 아예 냄새만 맡아도 고개를 젓는 사람이 있는가 하면, 오매불망 비싸도 먹겠다고 목을 매는 사람들도 많다. 이제는 전라도 사람이나 그 출향 인사들 외에 다른 지방 출신사람들도 마니아가 많다. 서울에서 홍어 좀 한다는 집은 늘 문전성시이고, 주 고객은 전라도와 아무 상관없는 사람이 많다. 칠레산 홍어가 수입되어 인기를 끌기 시작한, 그러니까 1990년대 들어 홍어는 전국 음식이 됐다. 수입으로 값이 싸진 데다 인터넷 전파, 미식가의 증가, 호남 출신 출향 인사의 이동(특히 부산과 거제, 울산 등 거대 산업단지) 등으로 거의 전국적으로 사랑받는 음식이 된 것이다.

"예전에는 삭힌 홍어라면 여기 목포랑 흑산, 전라도 일부에서나 먹었소. 아마 김영삼 정부 때 많이 퍼진갑소. 칠레에서 괜찮은 홍어가 많이 들어오믄서."

손춘석 씨의 기억이다.

손맛, 메뉴의 유혹, 숙성의 묘미

일단 이 집의 메뉴를 본다. 철마다 달라지기 때문에 손으로 써서 붙였다. 홍어를 빼면 계절 메뉴가 차지한다. 민어찜, 강달이찜, 꼴뚜기찜, 꽃게무침, 병어회, 병어조림. 아, 이런 메뉴라니! 이건 거의 술꾼에 대한 폭력(?)이지 않은가. 고래 고기도 판다고 써놨다.

"옛날엔 메뉴가 많았지. 한 열다섯 가지는 했소. 병어, 전어, 꼴뚜기, 민어, 준치, 꽃게, 짱어(붕장어), 딱돔, 파전, 대갱이 말린 거(희한하게 생긴 고기인데 맥주 안주로 그만이다) 같은 거 했소. 영산포 하구언 생기면서 안 잡혀서 못하고 있제."

"꽃게무침을 잘헌다고들 허요. 다른 음식도 다 제철에 내는 것잉게 맛이 좋을 수밖에 없고. 우리 내자가 음식 솜씨가 나쁘질 안 허요, 허허."

김말심 씨가 부엌에서 요리를 하다가 비죽 웃는다. 처음 이 집에 와서 나는 두 분 연세를 예순 남짓으로 봤다. 잔주름도 거의 없는 팽팽한 피부에(필러나 보톡스는 물론 아니고), 눈이 빛나며, 낯빛이 불그스름하신 게 광채가 돈다. 아주 건강한 낯빛이었던 것이다. 인터뷰하며 여쭈니 손 씨는 해방둥이, 1945년생이다. 일흔이 훌쩍 넘었다. 아내는 세 살이 적다.

덕인집에서는 홍어를 김치냉장고에서 숙성한다. 예전에는 항아리에 소나무 깔고 짚 넣고 그 위에 홍어를 얹어 숙성시켰다.

"숙성이 더뎌서 연탄불을 때서 한 적도 있소. 다 망했제.(웃음) 흐물흐물 삭아버리고. 그렇게 배우면서 했소. 김치냉장고가 제일이오.

덕 덕[德], 어질 인[仁].
"덕과 인을 안주로 하는 덕인주점."
노인 둘만 있는 가게인데도 얼마나 깨끗하고 반들반들한지
두 분의 성정을 알 것 같다.

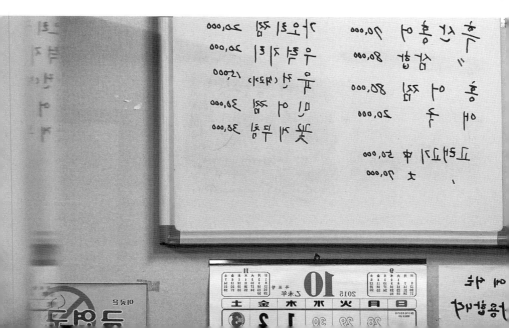

수내수내(천천히) 저온으로 숙성되니까 맛이 더 좋은 거지."

원래 발효란 저온으로 온도 변화가 적게 장기간 하는 것이 맛이 더 좋다. 김장김치가 그렇다. 겨울 땅속이니 더디 익는다. 땅속에 파묻는 것은 그런 원리를 이용하는 것이다. 홍어도 비슷한 이론을 적용한 것인데, 그래서 요새 홍어는 숙성의 묘미가 더 살아 있다고도 할 수 있다.

안색 좋으신 것이 혹시 홍어를 많이 잡숴서 그런 것이냐고 물었더니 정색을 한다.

"홍어는 비싸서 나도 못 묵어요."

이 집의 매력은 정작 홍어도 홍어지만, 곁들이는 양념에 있다. 홍어 애(외라고 발음한다. 홍어 간과 지라)를 찍어 먹는 기름장, 홍어를 찍어 먹는 초장이 정말 기막히다. 여기에 최고의 압권은 삼합을 시키면 나오는 묵은 김치다. 이 김치 맛을 잊지 못해 목포 사람들이 귀향하면 덕인집을 찾는다. 푹 삭았는데, 아삭하고 진하다. 잔뜩 청해 먹고 물을 한 바가지 들이켰을 정도다. 원래 홍탁은 목포의 풍습이다. 홍어에 탁주, 즉 막걸리를 마셨다. 그러다가 돼지고기에 묵은지를 쌌는데, 이것이 그리 오래된 관습은 아니라고 한다. 특히 요리로 팔기 시작한 건 아주 역사가 짧다. 정확한 기원을 모르는데, 아마도 잔칫집에는 돼지고기 수육이 나오니까 자연스레 김치랑 싸서 먹다가 그리 된 것이 아닌가 싶다. 삼합도 목포에서 유행하기 시작했고, 이제는 무슨 수백 년 전통처럼 생각하고 있다. 이를 흉내 낸 다른 지역의 음식이 나올 정도다. 무슨 삼합, 무슨 삼합 하면서. 정작 목포에서는 별로 대수롭지 않게 생각하는 취식법이다.

"홍어를 왜 삭혀?" 지역마다 다르다

목포는 예향(藝鄉)이다. 소리 잘하는 사람, 그림 잘하는 사람이 많았다.

"소리 허는 사람들, 차범석 씨처럼 글 쓰는 양반들, 그런 분들이 단골이었제. 이젠 외지인이 거의 다여."

홍어는 흔히 푹 삭혀서 톡 쏘는 맛으로 먹는다고들 한다. 그러나 이 지역에서는 일종의 '마이크로 테루아', 즉 지역마다 세분화된 취식법이 있다. 홍어를 잡아들이는 흑산도에서는 웬만하면 싱싱한 회로 먹는다. "홍어를 왜 삭혀?"라고들 한다. 요즘에는 흑산도를 찾는 사람들이 홍어는 삭히는 것이라는 선입견을 가지고 있어 흑산도의 식당에서도 홍어를 삭혀서도 내지만 원래는 싱싱한 회로 먹었다. 나는 개인적으로 흑산도식으로 삭히지 않은 날회를 좋아한다. 그다음으로는 목포다. 이 지역은 깊지 않게 슬쩍 삭힌 것을 즐긴다. 목포 사람들이 푹 삭힌 것을 먹는다는 건 오해다. 내륙인 나주와 광주 등이 삭힌 걸 좋아한다. 왜 그렇게 되었을까.

홍어의 역사가 그 해답을 준다. 예전에는 당연히 냉장 설비가 없었다. 흑산도에서 홍어를 내륙으로 옮기는데, 다른 생선은 다 상해서 먹을 수 없었지만, 홍어는 오히려 맛이 좋아졌다. 숙성의 비밀을 자연스레 알게 된 것이라고들 한다.

삭힌 홍어를 설명하자면 영산포가 등장한다. 영산포는 영산강의 끝이요, 이 뱃길을 따라 나주 등의 내지로 들어갈 수 있다. 홍어를 실은 배가 그 길을 따라 올라갔던 것이다. 흑산도에서 출발한 풍선(바

람으로 가는 무동력선)이 나주에 도착하려면 보름 정도 걸린다. 그사이 홍어가 아주 진하게 삭혀졌던 것이다.

"빠른 배가 생기고도 나주에서는 삭힌 걸 좋아했어요. 입맛이 길든 거제. 그러니 삭히는 기술자가 필요했고, 나주에서는 잘들 삭힌다고 해요."

목포는 흑산도에서 그리 오래 걸리지 않으니 살짝 삭힌 것이 들어왔고, 기호도 그 정도였다.

그런데 목포 출신의 학자 황현산 선생은 이런 홍어의 자연 숙성설에 다른 견해를 갖고 있다. 〈경향신문〉(2013년 11월 8일자)에 실린 그의 글을 조금 길지만 음미해봐야 한다.

…… 삭힌 홍어의 유래를 설명하는 글을 읽었다. 옛날 우리 선조들이 흑산 앞바다에서 홍어를 잡아 열흘 넘게 배에 실어 목포나 영산포로 운송하는 동안 신선도를 잃고 부패한 홍어에, 암모니아성의 역한 냄새에도 불구하고, 그 나름대로 독특한 맛이 있다는 것을 발견하였다는 내용이다. 그럴듯한 말이지만, 나 같은 홍어의 본고장 사람이 듣기에는 가당치도 않은 설명이다. 냉동시설이 없는 옛날에도 어부들은 끊임없이 바닷물을 길어 생선에 붓는 방식 등으로 상당한 기간 그 선도를 유지할 줄 알았다. 그래서 연평도에서 잡은 조기나 신안에서 잡은 민어가 신선한 상태로 서울 사람의 밥상에 오를 수 있었다. 더구나 홍어는 겨울에 잡는 물고기여서 열흘이나 보름 안에 부패할 수는 없었다. 내가 중학생이던 1950년대 말만 해도 연안 어선은 거의 모두 옛날과 다름없는 돛

단배들이었지만 어시장에 부려진 홍어는 싱싱했다. 삭히느냐 마
느냐는 먹는 사람의 일이었다.

　선생이 일갈한 것은 "운송 중 부패 운운하는 식의 설명에 내가 늘
흥분하는 것은 거기서 천박한 과학주의나 일종의 식민지주의 같은
것을 보기 때문이다"였다. 자세한 것은 검색해서 꼭 읽어보시기 바
란다. 우리가 안다고 하는 상식이 때로는 뜻밖의 장면을 만들어내기
도 한다.

　손 사장이 홍어 접시를 내온다. 색깔이 다르다. 붉고 차진 것이 있
고, 거의 무채색의 회색빛이 섞여 있다. "들어보소"라는 말에 우리는
각기 시식한다. 붉은 것은 차지고 덜 톡 쏜다. 회색빛의 것은 심하게
쏜다. 어이쿠, 입천장이 벗겨졌다.

　"그라지잉. 회색은 지난 4월부터 숙성한 것이오. 6개월이 넘었네.
홍어는 금어기가 있소. 정부에서 5, 6월을 정했고, 흑산에서 자체적
으로 여름에는 출어를 안 허요. 그러니 여름에는 그전에 잡은 걸 숙
성시켰다가 폴아요(팔아요). 지금 낸 건 오래된 치와 새것이 섞인 것
이제."

　접시 가운데 홍어 코가 있다. 이건, 거의 젤라틴이나 젤리 같다. 삭
힌 맛과 향도 더 진하다. 왜들 홍어 코를 찾는지 알겠다. 희한한 식감
이다.

　"홍어 코가 양이 적응게 많이 못 드리요. 보통 남자들 정력에 좋다
고들 하고."

　홍어는 암치(암컷)가 숫치의 두세 배 값이다. 암치가 훨씬 크고 차

"홍어를 사 먹는다는 생각을 안 혔어요.
동네에 잔치가 있으면 홍어가 나옹게.
그걸 먹는 거지 사서 먹는다고는 생각들을 안 했제.
그래서 홍어 전문집 역사가 짧아요."

지고 맛있다. 암치 1번(8킬로그램 이상)을 최고로 친다. 쭉 내려가다가 숫치는 바닥 가격을 형성한다.

"맛이 별로여. 짠득짠득하지 않고 뼈도 씹히질 않고 그라요. 그란 게 싸제."

홍어 수컷의 생식기는 두 개다. 암컷도 두 개의 공(孔, 구멍)으로 교미한다고 한다. 흑산 홍어는 암수가 평생 사랑한다고 한다. 암컷이 주낙에 걸리면, 수컷이 옆을 지키다가 함께 주낙에 걸려 올라온다는 슬픈 얘기가 있다.

이 집의 역사가 생각보다 짧은 까닭

덕인집은 1980년 초에 열었다. 이 집이 현재 가장 오래된 홍어 전문집 축에 든다. 아니, 목포는 홍어의 도시이고 당연히 오래전부터 먹어왔다. 그런데 전문집의 역사가 왜 이리 짧을까.

"홍어를 사 먹는다는 생각을 안 했어요. 동네에 잔치가 있으면 홍어가 나옹게. 그걸 먹는 거지 사서 먹는다고는 생각들을 안 했제. 그래서 홍어 전문집 역사가 짧아요. 우리 집도 홍어를 전문으로 한 게 아니라 이것저것 안주를 팔면서 같이 취급했제. 그러다가 유명해져서 홍엇집으로들 알고 있는 것이고."

그렇다. 전라도에서는 잔치에 홍어가 빠지면 잔치가 아니다, 이런 말을 들어봤을 것이다. 홍어가 잘 잡히던 1960, 1970년대에는 아주 광범위하게 호남에서 홍어를 즐겼다. 그러니 홍어를 뭐 가게까지 가

서 사 먹었겠는가. 그리고 여러 증언에 의하면, 그 시절에는 홍어가 그리 중요한 어종도 아니었고, 지금처럼 엄청난 귀물 대접도 받지 않았다.

손 씨 부부는 원래 진도 사람이다. 목포에 친척이 있어 넘어와서 작은 슈퍼를 했다.

"슈퍼를 하는데 그 자리에 건물주가 새 건물 지슬란다고(짓는다고) 비워달라고 하더라고. 나중에 완공되면 그 자리에서 내가 장사를 하겠다 했소. 그래서 슈퍼 관두고 술집을 열었지, 무허가로. 덕인집이니 주점이니 하는 말도 없었고."

허가를 내고 등록을 해야 하는데 이름을 뭐로 지을까 고민했다. 그의 고향이 진도 덕병리였다. 거기서 덕을 따가지고 왔다. 어질 인을 붙여서 덕인집으로 하자고 했다. 덕 덕(德), 어질 인(仁). 술집치고는 너무도 고상한 이름이다. 목포 출신의 한 시인은 이 집을 두고 이렇게 노래했다.

"덕과 인을 안주로 하는 덕인주점."

그는 원래 장사를 하던 자리에서 목포 원도심의 현재 자리 앞으로 나와 주점을 열었다. 전형적인 목로주점이었다. 공식 이름은 덕인집이지만, 사람들은 덕인주점이라고 불렀다. 2002년에 현 가게를 사들여 한 번 더 이사했다. 노인 둘만 있는 가게인데도 얼마나 깨끗하고 반들반들한지 모른다. 두 분의 성정을 알 것 같다.

정치적 격변기에 그 자리에서

덕인집은 목포의 원도심에 있다. 목포는 인근에 하당과 남악이라는 신도시 지역을 개발했다. 원도심은 사실상 몰락하고 있다. 도시개발이 왜 이런 식이어야 하는지 모르겠다. 1897년 개항 후 만들어진 역사적인 도시. 일제강점기와 근현대사가 생생히 살아 있는 목포가 힘을 다 잃어버리고 있는 것이다.

개업 초, 덕인집이 있는 동네는 목포의 핵심이었다. 정치적으로 술렁거리던 시기였다. 사람들이 모여 시국을 토론하고 데모대도 몰려들었다. 덕인집에 형사들이 앉아 창밖을 내다보면서 심각한 얼굴로 무전을 치던 때도 있었다. 최루탄 가스가 자욱해서 장사를 못했다. 1987년 6월항쟁의 시기다.

"여그가 목포 아니오? 광주 말고는 정치 1번지. 김대중 선생의 역사가 있는 곳이고. 그란게 다들 우리 집에 모여서 술 마시고 변하는 세상을 얘기하고 그랬제."

밤이 깊어 덕인집을 나왔다. 원도심은 사람 흔적이 없다. 휑하니 불만 켜놓은 가게에 '남악 아무개 복합 쇼핑몰 결사반대!' 하는 구호가 붙어 있다. 하당 신도시 말고도 남악이라는 곳이 개발되고, 거기에 대기업 쇼핑몰이 들어선다는 것이다. 안 그래도 사람 없는 원도심의 고민과 그늘이 더 깊어 보였다.

되는 중국집,
안 되는 중국집

전설적 면장이 지켜온 60년 전통의 중화요릿집

신일반점

1952년 창업

...

    기억하는 장면이 있다. 동네 골목 어귀에 등받이 없는 의자를 놓고 앉아 있던, '차이나칼라'의 중국 옷 입은 할머니들. 전족을 해서 힘겹게 걷던, 얼굴 하얀 그녀들이 무서워 나는 일부러 빙 둘러 지나가곤 했다. 찰랑거리는 주렴을 들추고 들어가 나무 탁자에 앉아 짜장면을 기다리던 어린 시절. 소독저(일회용 나무젓가락)를 딱 하고 갈라서 삭삭 비벼 부스러기를 털어내고는 단무지와 파가 놓여 있는 탁자 옆에 가지런히 내려놓곤 했지. 지금은 찾을 수 없는 양은이나 알루미늄 젓가락도 기억난다.

    "장멘 양거(짜장면 두 그릇)!"

    주방에 큰 소리로 중국어 주문을 넣던 중국인 주인이 우리에겐 유창한 한국어를 쓴다는 게 못내 신기했었지. 주문을 하고, 가지런한 젓가락을 내려다보는 중간에 천국의 소리처럼 탕탕, 나무판에 밀가루 반죽을 내리치던 소리. 이미 나는 파블로프의 개처럼 그 소리에 침을 흘렸더랬다.

    인천 중구 신흥동. 한 중국집에서 나는 다시 40여 년 전 유년의 기억을 떠올렸다. 주인네가 주방에 중국어로 주문을 외치고, 나는 다시 어린 소년처럼 다소곳이 앉아 짜장면을 기다린다. 신일반점. 인천의, 아니 한국의 화교 역사에서 빠뜨리면 안 되는 노포다.

시절의 변화에도 무심히 빚는다

"이 일대가 공장도 많고 제법 흥청거렸어요. 동네 장사를 했죠. 지금은 보시다시피……."

재래시장이 하나 있고 빌라가 많은, 흔한 인천의 옛 동네 모습인 신흥동은 젊은이들이 별로 안 보인다. 인천 같은 오래된 도시의 원도심 일대가 거개 그렇듯, 새로운 도심이 개발되면서 소외되는 중이다. 위치는 나름 도심인데 살림이나 분위기는 마치 먼 변방의 마을 같다. 개업 65년을 헤아리는 신일반점 역시 그런 조용한 변화 속에서 오히려 옛 '중국집'의 정취를 보존하고 있는 셈이다.

"모르죠, 동네 땅값이 비싸지고 사람들이 바글거렸다면 신일반점이 지금까지 남아 있을 수 없었을지도 모르죠."

이 집을 지키는 며느리 왕윤청 씨의 말이다. 시아버지 임서약 옹을 흘끗 본다. 중국 대인처럼 빙그레 웃는다. 키가 훤칠하고 인물이 좋으시다.

"우리 시아버지가 젊었을 때 잘생겨서 인기가 많았어요.(웃음)"

임 옹은 아직 현역이다. 손에서 불은 놓았지만, 늘 가게에 출근해 일손을 보탠다. 워낙 정정해서, 아직도 불판에 서서 기름솥을 놀려도 될 것처럼 보인다. 처음 이 가게를 방문했을 때, 그는 마침 만두를 빚고 있었다. 만두가 서비스로 주는 요리가 되는 바람에 요즘 만두를 직접 만드는 중국집은 전국에서 손으로 셀 정도로 줄었다. 임 옹은 여전히, 신일반점이 그의 사후에도 살아남을지 모르는 시절의 변화에도 무심하게 만두를 빚는다.

"일주일에 두 번 정도 빚는데, 여전히 제일 손 빠르고 잘 빚으세요. 이 만두, 정말 몇 번 그만두려고 했어요. '무슨 만두를 돈 받고 파느냐, 서비스 아니냐' 하는 손님들 인식 때문이지요. 그때마다 아버님은 웃으면서 아무 대꾸를 안 하십니다. 딱 한 번 말씀하셨는데, '그냥 해(계속 만들어 팔아)' 그게 전부였어요."

임 옹은 한국말이 서툴다. 한국전쟁 전 한국 땅에 건너왔으니, 굳이 따지자면 화교 2세대쯤에 속한다. 1세대가 임오군란 이후, 2세대는 1920년대 이후부터 대한민국 정부수립 시기, 3세대는 1990년대 이후에 건너온 화교(조선족이 중심이 된)로 나누었을 때 말이다.

성업의 비결, 옛 짬뽕과 짜장면은 어떻게 변했나

과거 신흥동은 도립병원이 있었고, 더 멀리는 일제강점기에 이미 발전한 지역이었다. 일제는 조선의 쌀을 수탈했는데, 수인선 열차를 놓아 경기도 곡창 지대의 쌀을 수집해서 인천항을 통해 반출했다. 이 수인선의 인천 종점이 바로 신흥동이다. 신흥동은 광복 후에 붙은 이름으로 새롭게 부흥한다는 민족의 염원을 담은 이름이다. 일제강점기에는 정미소가 많아 흥청거리는 지역이었다. 쌀이 곧 돈이었던 시절, 이 근처에 미두취인소, 즉 쌀 선물시장이 있었다. 전국의 돈이 몰려들었다. 이 동네에 해장국으로 유명한 평양옥이 있는 것도 이런 역사의 증거물이다. 해장국집은 돈과 남자들이 몰리는 곳에 있게 마련이다. 일꾼과 술꾼, 더러 도박꾼들의 해장을 돕는 음식이기

때문이다.

원래 신일반점은 지금 자리보다 살짝 한길 쪽으로 붙은 주유소 쪽에 있었다. 그러다가 1978년에 지금의 번듯한 3층 건물을 지어 이사했다. 중국요릿집 장사가 워낙 잘되어서 벌어둔 돈으로 지은 건물이었다. 한때 화교들은 요리 외에는 생업을 이을 것이 별로 없었다. 취업은 되지 않고, 부동산과 금융 투자에도 제한을 받았다. 일례로 1961년에는 외국인 토지 소유를 금지하는 법률이 생겼다. 외국인은 사실상 화교가 대부분이었으므로, 화교가 타격을 받는 법률이었다. 1970년에는 중국집에서 쌀밥을 팔지 못하게 하는 조치도 있었다. 이처럼 큰 불리와 견제 속에서도 중국집은 번성했다. 1970, 1980년대 신일반점도 그렇게 성장했다.

"처음에는 가루 연탄을 때서 요리했지. 물에 개어서 때는 거야. 코가 새카매져. 아침 7시부터 불을 때. 연기 많이 나고 힘들어. 그전에 호떡집 할 때는 누우면 하늘에 별이 보였어. 이 건물 짓고 나서 아주 좋았어."

임 옹의 설명이다. 장사가 잘됐다. 해삼 요리가 특히 인기 있었다. 산둥 출신 요리사들은 해산물을 잘 다루고, 해삼 요리를 특히 잘한다. 일제강점기에는 해삼을 주로 중국으로 수출했다. 수출 길이 막히자 국내 중국집에서 재료로 많이 썼다. 무엇보다 나는 너무도 궁금한 옛 짜장면과 짬뽕의 모습을 그에게 물었다.

"첨면장(춘장. 짜장의 재료로 산둥 지방의 된장이다. 한국에서도 중국식품점 등에서 수입품을 살 수 있다)은 다 직접 만들어서 했어. 콩이랑 밀가루 섞어 만들어서 항아리에 두고 썼어. 그런데 나라에서 못하게 해.

비위생적이라고. 법률에 없다는 거야. 그래서 좋은 장이 없어졌어."

식품위생법 때문이었다. 그 와중에 캐러멜 넣은 달콤하고 까만 장이 공급되고, 손님들도 좋아하면서 점차 역사적인 산둥식 짜장면은 사라진다.

"돼지기름을 썼어. 짜장 볶을 때. 돼지비계를 깍두기처럼 두툼하게 썰어서 볶는 거야. 고소하고 아주 맛있었어. 이것도 식용유에 밀려서 안 쓰게 됐어."

미국산 콩으로 만드는 이른바 식용유가 흔해지고, 손님들이 건강상의 이유로 돼지비계를 멀리하면서 짜장의 맛에도 변화가 일었다. 내가 중학생이던 1970년대 후반까지만 해도 짜장면을 먹고 그릇을 놔두면, 하얗게 굳은 기름이 보였던 기억이 난다. 그 이후, 1980년대에 들어서면서 비계가 점차 사라져갔다.

짬뽕도 많은 변화가 있었다. 원래 산둥식 짬뽕은 '차오마몐(炒馬麵, 초마면)'이라 부르는 국수가 원류라고 한다. 그러나 그 역사가 여전히 안개 속이다. 일제강점기에 일본어인 짬뽕으로 이름을 바꿔 달았고, 이내 양념하는 방법도 변한 것으로 보인다. 돼지고기와 뼈 육수를 쓰는 하얀색 짬뽕이 현재의 모습으로 변한다. 며느리 왕 씨가 시아버지에게 묻는다.

"아버지! 짬뽕이 언제부터 빨개졌어?"

아주 중요한 증언을 임 옹이 한다.

"응. 내가 30대 중반일 때부터 빨개진 것 같아. 처음에는 고춧가루를 넣은 게 아니고 그냥 빨간 고추를 잘라 넣었어. 그러다가 고춧가루 넣고 빨개진 거야."

그러니까 1960년대 중후반부터 빨개지고 매워졌다는 얘기다. 그 원류가 되는 짬뽕을 이 집에선 아직도 판다. 백(白)짬뽕이라는 이름이다. 하얀색의 국물, 볶은 돼지고기 고명이 올라간다.

"옛날 짬뽕은 먼저 돼지기름에 대파를 볶고 채소와 돼지고기를 볶았어. 그리고 육수를 부어서 면을 넣고 완성하는 거야."

마늘도 들어가지 않았다. 대파는 산둥 사람들이 아주 좋아하는 식재료다. 내 식탁에 짬뽕이 한 그릇 놓인다. 먹어본다. 시원하고 진한 맛의 짬뽕이다. 내 입으로 역사적인 면이 들어오는 셈이다.

"짜장도 많이 변했어, 장이 아주 적었어, 이제는 아주 많아."

지금 이 집에서 파는 백짬뽕은 임 옹의 초기 짬뽕이 조금 매워진 버전이라고 보면 된다. 최초의 산둥식 백짬뽕, 즉 초마면으로 짐작되는 요리이기는 하되, 매운 고추를 넣어서 요즘 한국인의 취향을 고려했다고 할 수 있겠다.

호떡집에서 시작된 중화요릿집

원래 신일반점은 호떡집으로 출발했다. 초기 화교들의 요식업이 지금처럼 번듯한 중화요릿집인 경우는 드물었다. 대개 만두 등을 파는 간이음식점이었다. 이런 집을 보통 호떡집이라고 불렀다. 공갈빵과 계란빵 같은 전설적인 메뉴를 팔았다. 일제강점기 때 신문 기사를 보면, 호떡집에서 우동도 같이 팔았다는 것을 알 수 있다. 짜장면은 별로 언급되지 않는다. 다루멘, 즉 우동이 많았다. 우동이라는 이

름은 당시 일본의 우동이 흔해지면서 이해하기 쉬운 명명이었을 것이다. 그러니까 일본 우동, 중국 우동이 우리 외식사의 중요한 시점에 동시에 존재했을 것이다.

짜장면의 정확한 도입 시점은 정확하지 않다. 여러 연구자에 의하면 임오군란 시기인 대한제국 때 들어온 음식이며 조금씩 세력을 넓혀가다가 1960년대 이후에 대중화된 것으로 보고 있다. 1900년대 초반에 많이 건너온 노동자들(쿨리)이 짜장면을 먹기 시작했다고 보는 기존의 시점이 많이 바뀌고 있다. 짜장면은 당시 고급 음식이었다는 견해다. 어쨌든 아직도 짜장면은 미궁에 빠진 음식이다.

중화요릿집은 지금처럼 짜장면을 중심으로 파는 대중식당이 아니라 아주 고급 음식점이었다. 유명한 공화춘과 지금 파라다이스호텔 자리에 있던 한국 최초의 호텔인 대불호텔이 호텔로서 명을 다한 뒤 그 자리에 생긴 중화루 등이 모두 그런 집이었다. 인천의 인기 관광지가 된 북성동 차이나타운에 있는 공화춘 자리엔 옛 간판이 달려 있는데, 유심히 보면 중국요릿집의 성격을 잘 보여준다. '色瓣會席(색판회석)'과 '特等料理(특등요리)'라는 간판이다. 색판회석이란 연회석을 갖추고 여성 접대부가 있다는 뜻이다. 고급 요정으로 볼 수 있고, 지금 호텔 같은 형태의 최고급 요릿집으로 기능했던 것이다. 색판회석의 '색(色)'이 원래는 '包(포)'라고 보는 이들도 있다. 연회석을 포함하고 있다는 정도의 말이라는 설명이다. 한자가 애매해서 해석이 갈리고 있다.

우리가 기억하는 대중요릿집으로서 중국집은 1950년대 후반 이후의 붐에서 근원한다. 광복 이전 수백 개에 불과했던 중국요릿집은

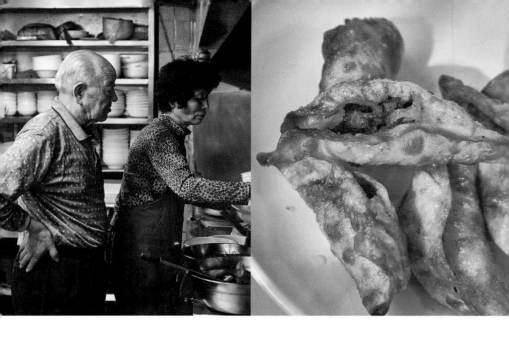

그는 전설적인 면장이었다고 한다.
면장이란 면과 만두, 꽃빵 등 밀가루로 된 것을 다루는 직책이다.
한때 22킬로그램짜리 천 포대에 담긴 밀가루에 인생을 바쳤다.

1958년도에 1천5백 개를 헤아렸고 지속적으로 늘어났다. 중국이 공산화되면서 국내 거주 화교들이 대륙과의 무역업에 종사할 수 없게 되자 생존을 위해 대부분 짜장면집을 시작했다. 경쟁을 피해 전국적으로 번져 나갔고, 지방의 작은 도시에도 짜장면집이 생긴다. 호떡집과 짜장면집이 작은 동네마다 생겨났다. 미국에서 원조 내지는 염가로 제공해주던 밀가루 덕이었다.

"그때 호떡집 호떡은 아주 맛있었어요. 미군이 버린 도라무깡(드럼통) 안에다가 시멘트로 공구리를 치고(발라 굳히고) 화덕을 만들어요. 거기다가 석탄이나 장작을 때서 호떡을 굽는 거죠."

왕 씨의 설명이다. 어효선 선생이 펴낸《내가 자란 서울》에 일제강점기 말쯤으로 보이는 시대의 호떡 장사 모습이 상세히 표현되어 있다. 그 한 대목이다.

> 호떡집은 조그만 진열장을 만들고 호떡을 늘어놓았다. 검은 칠을 한 두꺼운 널에 금가루로 가게 이름을 쓰고, 붉은 천을 술처럼 늘인 간판을 걸었다. 호떡은 남자가 만들었다. 그때 중국에는 여자가 귀했단다. 벽돌을 높이 쌓은 부뚜막에, 흙벽을 성처럼 둘러 그 위에 둥그런 철판을 얹었는데, 앞이 성문처럼 트였다. 그 안에 불이 이글이글한데, 아궁이는 땅바닥과 부뚜막 중간쯤에 있다. (중략) 검은 설탕을 많이 넣었다. 이것을 철판 위에 놓아 애벌 굽는다. 앞뒤가 누릇누릇 구워지면, (중략) 한참 만에 다 익어서 부푼 것을 꺼내어 부들로 엮은 바구니에 던져 넣고, 흰 광목 보자기를 턱 덮어놓는다.

호떡은 원래 달콤한 설탕이 들어간 것이 아니었다고 한다. 산둥 지방 요리인 시엔빙(전병)은 밀가루 반죽을 구운 후 파와 짜장을 발라 먹는, 어쩌면 피자에 가까운 음식이다. 인천에서 이 음식을 처음 사 먹은 이들은 중국인 노동자 '쿨리'들이었다.

중국은 근대 이후 엄청난 수의 노동자를 외국에 송출했다. 그들이 구한말과 일제강점기에 한국으로 엄청나게 들어왔다. 주로 건설과 토목, 석공, 주물 같은 기술자로 일했다. 우리가 잘 아는 중화요릿집 '진진'의 왕육성 셰프의 부친이 바로 주물 기술자였다. 이들이 한국에 정착하면서 점차 호떡집과 중화요릿집을 경영하게 된다. 그것이 지금 우리 식탁에 놓인 짜장면의 근원이다.

일거리를 찾아 조선에 정착한 화교 2세대

임 옹의 고향은 산둥이다. 산둥은 한발과 양쯔강의 범람으로 농사를 망치는 때가 많았다. 마적들도 들끓고, 의화단 사건으로 뒤숭숭해졌다. 영화 〈북경의 55일〉이 바로 의화단 사건을 다룬 작품이다. 의화단에 연루되어 산둥은 중앙정부로부터 탄압을 받았고, 이래저래 남자들이 살기 힘든 땅이 되었다. 그 때문에 외국으로 많은 인력이 빠져나가서 살게 되는데, 조선반도가 그 주 대상이었다. 고향과 가까워서 완전 이주가 아닌 비교적 자유로운 입장에서 건너올 수 있었다. 일본의 식민지 경영으로 노동자 수요가 많아서 쉽게 일자리를 찾을 수 있기 때문이기도 했다. 임 옹이 옌타이 근처의 고향을 떠나

이 땅에 온 것도 이런 와중이었다. 특기할 건, 중화인민공화국이 세워진 1949년이 바로 임 옹이 이 땅에 들어온 해다. 당시 정치적 문제로 공산당 정권을 피해 건너온 다수의 화교가 있었다.

"광주에 작은아버지(임극관)가 이미 자리를 잡고 계셨대요. 잡화상이었는데, 거기서 처음 일하기 시작했답니다."

며느리가 통역으로 전해주는 말이다. 그는 산둥에서 4년 정도 학교 교육을 받았고, 한국에 건너온 건 18세의 일이다. 고향에 식구를 전부 놔둔 채였다. 생이별이었다. 이후 곧바로 중국이 공산화되면서 두 나라 사이의 교류가 끊어졌기 때문이다. 그는 전남 광주에서 잡화상 일을 도우면서 중요한 인연 하나를 만난다. 전남 구례에 있는 중식당에 납품을 갔다가 아내(고 왕수진)를 만난 것. 그러고는 인천으로 건너와 호떡집을 차리고, 그것이 신일반점으로 이어진다. 구례에는 지금도 임 옹의 처가가 왕성식당이라는 중국집을 경영한다.

그는 1984년에 중국 본토의 고향을 방문하여, 어머니를 만났다. 지금처럼 자유롭게 훌쩍 갈 수 없던 시절이었다. 홍콩과 광저우를 거쳐 다시 베이징으로, 다시 옌타이로 이어진 일주일의 여정이었다. 그때 귀국 후 안기부(현 국정원)의 조사도 받았다고 한다. 적성 국가에 허가 없이 다녀왔다는 이유였다. 어쨌든 그는 거기서 자신도 모르는 동생도 상봉했다. 꿈같은 일이다. 지금 임 옹은 여한이 없다고 한다. 취재진에게 보여주기 위해 앨범을 가지러 가신다. 가게에 붙은 작은 방이 그의 거처다. 아내도 없는 방에서 그는 앨범을 찾는다. 그에게 어떤 노인의 우수랄까, 그런 면모를 발견하기란 어렵다. 마치 열여덟 살에 씩씩하게 이 땅에 건너온 청년처럼 꿋꿋한 한 사내의 모습이

다. 앨범 사이에서 툭 떨어지는 것이 있다. 손자의 성적표다. 그는 아들 헌일 씨를 두었고, 그 밑으로 1남 1녀의 손주를 얻었다. 둘 다 공부를 잘해서 한의사로 일한다. 그것이 65년 넘은 그의 타향살이에서 얻은 최고의 기쁨이라고 말한다.

전설적인 면장이 60년을 지켜오다

옛날에는 무거운 사기그릇에 면을 담았다. 고무신 신고 짐자전거에 나무로 된 배달통을 싣고 다니느라 힘들었다고 임 옹은 말한다. 이제 짜장면은 더 이상 역사적인 음식이 아니고, 귀하지도 않다. 짜장 맛을 내는 인스턴트 라면도 있고, 학교 급식에도 나오는 음식이 되었다.

그는 전설적인 면장이었다고 한다. 면장이란 면과 만두, 꽃빵 등 밀가루로 된 것을 다루는 직책이다. 호떡에서 짜장과 짬뽕까지. 그는 하얀 가루를 만지며 살았다. 한때 22킬로그램짜리 천 포대에 담긴 밀가루에 인생을 바쳤다. 임 옹이 사는 이 동네는 30년 동안 땅값이 오르지 않았다고 한다. 그것은 실제 가치가 엄청나게 떨어졌다는 뜻이기도 하다. 그래도 그는 이 식당을 지켜왔다. '中國家兒(중궈지알)'이라고 화교들이 만들어 붙인 그 '중국집'에서(외국의 화교에는 식당을 뜻하는 중국집이라는 낱말이 없다. 한국 고유의 신조어다).

임 옹은 그런 세월의 변화를 다 겪어내고, 인생의 마무리를 바라보고 있다. 이 노익장 주방장의 눈매에 그 시간들이 한꺼번에 흘러

간다. 악수하는 그의 손은, 60년 요리로 단련된 아귀힘이 남아, 강하고 단단했다.*

* 2017년 4월, 필자는 신일반점에 전화를 걸었다. 식사 예약 겸 안부를 묻기 위해서였다. 며느리 왕 씨가 순간 머뭇거렸다. 나는 어떤 예감에 휩싸였고, 그것은 안타깝게도 들어맞았다. 임서약 옹은 2016년, 조용히 눈을 감았다. 고통 없이 가셨다고 한다. 그는 끝내 고향에 가서 묻히고 싶었을까. 미처 물어보지 못했다. 그것으로 한 인생이 혼령만이라도 완전한 귀향을 이루었기를 바란다. 삼가 명복을 빈다. 그 후 한번 방문하여 음식을 맛보았다. 백짬뽕도, 군만두도 여전히 맛있었다.

맛을 지킨 충청도식 뚝심,
맛있으면 오겄쥬

단일 메뉴로 30년 업력을 쌓아온 돼지갈빗집

용마갈비

1985년 창업

...

1970년도 2.6 — 2013년도 20.9.

통계는 많은 '역사'를 압축적으로 설명한다. 연도 뒤의 숫자에 붙는 단위는 킬로그램이다. 대략 43년 동안 열 배 넘게 늘었다. 우리나라의 돼지고기 소비량의 변화다. 부위별로 골고루 먹었지만 우리 마음에 또렷하게 남아 있는 건 갈비다. 1970년도부터 고도성장을 하면서 외식이 일반화되었고, 그 중심에 돼지갈비가 있었다. 돼지갈비는 그저 하나의 요리가 아니라 우리의 성장사이면서 외식사의 주인공이었다. 그 성장사를 생생하게 증언하고 있는 갈빗집이 바로 용마갈비다. 도시의 폭발적 성장과 함께했던 돼지갈빗집의 역사가 이 집에 고스란히 남아 있다. 조심스럽게 그 현장에 발을 디뎌보라. 너무도 자극적인 갈비 냄새, 내 옷에 깊이 묻던 그 냄새!

때론 지키는 것이 더 어려운 법

지도를 보고 찾아가는데, 도통 감이 안 선다. 초행인 탓도 있으리라. 망우리 우림시장을 지나 애매한 사거리가 나와서 눈을 가늘게 떴다. 마치 고집스럽고 옹골찬 사내처럼 작은 가게 하나가 큰 건물들 사이로 보인다. 용마갈비. 세월을 그대로 이고 있는 간판의 변색까지 부끄러움이 없다. 좌우로 좀 크고 번듯한 건물 때문에 묻혀 있는 듯하다.

"원래 있던 데로 그냥 하는 거예유. 간판두 그냥 그대루구."

사람 서글서글한 주인 내외가 맞는다. 그러고 보니 간판만 그대로 가 아니다. 세월이 멈춘 느낌이 든다. 업력 30년을 넘겼지만, 거의 손을 대지 않은 옛것이 그대로다. 얼마나 격변의 시간이었을까. 특히나 우리 요식업 역사는 최근 30년이 마치 3백 년인 듯한 변화의 기간이 었다.

"금세 시간이 지나갔네유. 이 자리서 그냥 하고 있었던 거지, 뭐."

가게 문짝도 알루미늄이 유행했던 그 시절을 반영한다. 들어서면, 이제는 환경 문제 때문에 시공이 금지된 '도끼다시' 바닥이 보인다. 작은 하천에서 채취한 골재를 촘촘하게 박아 넣고 물을 뿌려가며 그 라인더로 갈아서 모양을 내던 그 바닥이다. '도끼다시' 특유의 금색 사각 경계 줄도 그대로다. 변한 게 없지는 않다. 아마도 주인 내외의 마음과 몸에 축적된 시간, 그리고 그만큼의 손님들에 대한 기억들.

"우리 내외도 나이 들고, 누가 더 할지 모르겠어유. 아무도 안 하 믄 그대로 닫는 거고."

자식들이 누가 하겠다고 나설지 현재는 모르겠다고 한다.

메뉴가 옛적 하던 대로 아크릴에 '뺑끼(페인트의 일본식 발음)'로 쓰여 있다. 돼지갈비 1인분 1만 2천 원. 오직 메뉴 하나. 수식어도, 가게 어디에도 자랑 한 줄, 언론의 소개 글도 없다. 소박하게, 그저 고기의 맛과 소박한 서비스로 여기까지 온 가게. 그런데 고기 맛은?

놀랍다. 내가 알고 있는 옛 갈비 맛의 재현이다. 아니, 그대로 이어 온 것이므로 재현이 아니라 유지라고 해야겠다. 나는 외식을 돼지갈비로 배웠다. 1970년대, 서울 사람들이 외식이란 걸 슬슬 시작할 즈

노포의 장사법

"다른 메뉴는 해본 적이 없어유.
첨부터 돼지갈비. 지금도 돼지갈비 하나유."

음이었다. 서울 서부 지역에는 서대문의 유명한 통술집, 응암동에 두 엇, 그리고 사람들이 몰려드는 부도심, 신촌과 영등포 같은 곳에 몇 개 있었다. 시내에는 당연히 돼지갈빗집이 있었지만, 전문집 개념은 약했다. 여러 가지 요리를 팔고, 돼지갈비도 파는 형국이었다. 그때, 서울 동쪽 끝인 망우리에 용마갈비가 생겼다.

"원래 이 자리지. 시골서 와서 첨엔 쌀집을 했더랬슈. 고향은 충청 도 서산이유. 농협이랑 해서. 그때는 싸전이 농협에서 독점해주구 그 런 게 있었고. 그러다가 쌀장수가 많아져서 타산이 안 맞아유. 그래 서 다른 걸 하게 된 게 돼지갈비였쥬."

미국의 공법 480항은 어떻게 돼지갈비 유행을 낳았나

돼지갈비의 인기는 사실 우리 자력으로 만들어간 것이 아니다. 미 국과 깊은 관련이 있다. 2부의 신도칼국수 편에서도 설명했지만, 미 국이 한국전쟁 이후 공법 480항을 만들어 외국에 무상 또는 유상으 로 자국의 농산물을 공급할 수 있는 법적 근거를 세웠다. 자국에 남 아도는 잉여농산물을 처리하기 위한 법률이었다. 그 혜택은 공산주 의와 맞서고 있는 '전선'인 한국과 일본이 받았다. 다량의 밀가루와 콩 관련 농산물이 들어왔다. 밀가루가 흔해졌고, 콩으로 만든 식용유 나 원곡인 대두도 들어왔다. 이 대두로 짠 기름은 기존의 귀한 참기 름, 들기름, 땅콩기름 등을 아껴 쓰던 한국에 충격적인 물건이었다. '튀김'이 생겨난 것도 이 덕이다.

그런데 대두유를 짜고 나면 콩깻묵이 남는다. 이건 돼지 사료로 딱이었다. 미국에서 사료로 쓸 옥수수도 다량 들어왔다. 돼지는 원래 허드렛물을 먹고, 사람이 먹는 음식을 손질하는 과정에서 나온 부산물을 먹여 길렀다. 오죽하면 똥돼지가 있었겠는가. 갑자기 사료가 풍부해지고, 정부에서도 정책적으로 돼지 사육을 권장했다. 일제강점기에도 움직임이 있었지만 본격적으로 유럽산 버크셔, 요크셔, 랜드레이스 등의 품종이 활발하게 보급됐다. 이 와중에 제주도는 똥돼지와 비슷한 검은색의 버크셔로 인해 혈통의 혼혈이 일어나기도 했다.

돼지가 많이 길러지니 부산물과 그것으로 만든 메뉴도 늘었다. 족발, 순대, 머릿고기, 순댓국, 돼지곱창 등이다. 돼지 가죽 가공업도 늘고, 구두와 신발 수출도 늘었다. 당연히 갈비도 흔해져서 갈비구이집이 서울 곳곳에 생겨나기 시작했다. 용마갈비도 그즈음의 선택이었다. 미국의 농산물 수입-식품 산업의 구조 변화-갈빗집 성행 등의 연쇄작용에 의한 것이다.

변한 게 없다, 진심은 통한다

밖에서 보면, 이 건물은 특이하다. 밖에서 보는 입구에 비해 안이 더 넓다. 그 당시, 이 건물이 제일 높은 '빌딩'이었다고 한다. 높은 건물이 없었다는, 서울 변두리였다는 뜻이다. 여전히 망우리는 지금도 큰 개발에서 소외되었다. 그래서 어쩌면 이렇게 '시간을 굽는' 용마갈비가 살아남았는지도 모르겠다.

갈비를 청했다. 가스 불을 피우고 '스뎅' 그릇에 갈비 2인분을 담아 내온다. 어? 돼지 뼈가 넉넉하다. 진짜 갈비다.

"제주도 치만 쓰지유. 진짜 돼지갈비랑 목살만 써유. 그래서 원가가 비싸지."

고기가 부드럽고 잡내가 없다. 처음에는 갈탄을 뗐다고 한다. 석탄의 일종이다. 그다음에는 숯을 피웠다. 이제는 두 노인이 직원도 없이 하다 보니 불을 못 피우겠다고 해서 가스로 바꿨다. 그래도 고기 맛은 여전하다. 변한 게 없다. 직원을 안 쓴 사정은 이렇다.

"아마두 우리 깜냥껏 하다 보니 여기까지 온 거 같애. 사람 안 쓰고, 우리 부부만 할 수 있는 힘으로만 했어유."

1976년에 충남 서산에서 올라와 이 동네에서 자리 잡았다. 3녀 1남을 낳으면서 꼬박 장사를 했다. 마침 초등학교 다니는 외손자가 가게에 들러 재롱을 피웠다. 고기 재고 구우면서 자식들을 키워낸 부모님이다.

"고기 맛이 순하쥬? 그게 우리 식이여. 뭐 넣는 게 별로 없어. 간장만 살짝 해서 구우니까 타는 것두 없구 맛이 부드럽쥬."

잡맛이 없다. 고기도 좋지만, 양념도 꾸밈이 없다. 설탕을 많이 들이붓지 않으니, 고기가 금세 타지도 않는다. 캐러멜 설탕을 먹는지, 돼지갈비를 먹는지 모를 일이었던 게 보통의 갈빗집 경험이 아닌가. 시작부터 지금까지 진짜 갈비를 중심으로 사용했다. 어차피 갈비의 살코기가 적으니 다른 부위를 섞어 넣어야 살점이 나오는데 그것도 갈비보다 비싼 목살을 섞는다. 남부끄러운 짓, 이윤만 생각하는 건 못할 부부의 표정을 닮은 갈비다.

남부끄러운 짓, 이윤만 생각하는 건 못할
부부의 표정을 닮은 갈비다.

오로지 한 메뉴에 집중하다

원래 갈비란 부위는 각을 뜨고 포를 내기가 아주 어렵다. 이름은 그냥 갈비지만, 너무 다른 조직의 근육이 서로 섞여 있기 때문이다. 소를 예로 들면 참갈비, 본갈비, 꽃갈비, 갈비살, 마구리, 등갈비 등 온갖 부위가 각색이다. 이러니 돼지갈비라는 요리 하나에 감당하기 어려운 내막이 있는 셈이다. 실제, 돼지갈비 원육을 보면 퍽퍽해서 도저히 구이로 먹기 어려운 부위도 있다. 그래서 포를 뜨는 이 집 주인 이은식 씨의 결정은 그저 더 좋은 부위(목살)를 섞어 내는 것으로 결정을 봤다.

"다른 메뉴는 해본 적이 없어유. 첨부터 돼지갈비. 지금도 돼지갈비 하나유."

가게 앞이 일대에서 가장 유명한 우림시장이다. 원래 남양주군에 속하는 땅이었다. 물산이 이곳으로 많이 모였다. 우림시장이 소매시장으로 번성했다. 경기도 양주군 가평군 일대에서 소를 몰고 오거나, 나뭇짐을 팔러 올 때 다리쉼을 하고 배도 채우던 자리에 자연스레 시장이 형성됐다. 역사적인 가치가 있는 시장인 것이다. 이 일대는 원래 배밭, 포도밭이 있던 땅이라고 한다. 서울 동부 지역의 입구로 사람이 몰렸다. 특히 서울 서부와 북부 지역이 북한과의 대치로 여러 규제에 묶이면서 개발이 지연될 때, 이 지역은 서민이 많이 몰려 주거 지역으로 성장했다.

우림시장은 제법 윤기가 있다. 재래시장이 다 쓰러져가는 판국에도 물건이 반들반들하고 인심이 있다. 들어서면 기름집의 고소한 냄

새가 난다. 옛 시장 느낌이 확 살아난다. 심지어 옛날식으로 뽑은 국수 가게도 있다. 나도 한 묶음 샀다. 꼭 들러볼 만한 시장이다.

"예전에는 여기 아스팔트도 하나 없었쥬. 행길(한길)은 비포장이고 먼지 나고. 사람 참 많이 살았쥬. 옛날에 이 일대에 식당이라고는 거의 없었슈. 소고기 파는 집은 아예 없었고."

망우리는 서울 동쪽의 집단 서민 지구로 성장했다. 지금도 비슷하다. 큰 개발 바람도, 변화도 타지 않은 셈이다. 서민들이 많이 모여 살아서, 초등학교도, 아이들도 많았다. 망우초등학교, 중화초등학교. 전설적인 학교들을 기억하는 지역민들이 많다.

"여기는 첨엔 버스두 없었슈. 상봉터미날 쪽이 버스 종점이라 거기까지 가자믄 걸어가고 했쥬."

부들부들한 고기가 연신 입을 당긴다. 입에 슬쩍 붙는 게 참 많이 잘도 먹히는 고기다. 물리지도 않는다. 대단하다. 부엌을 두른 타일벽에 눈이 간다. 개업 당시 친목회에서 기증한 낡은 거울이 반질반질하게 닦여서 그대로 잘 붙어 있는 곳에 시선이 멈췄다. '우심회 85. 10. 12.'

다시 10년, 20년의 세월을 이 가게가 지켜가길 바랄 뿐이었다. 남편 이은식 씨와 안주인 김은순 씨가 따스하게 배웅했다. 또 가고 싶은 집. 갈비 맛과 주인의 선한 얼굴이 다시 떠오른다.

천대받던 불량식품,
그래도 지킬 건 지켰지

서울 정릉 일대를 대표하던 인기 떡볶이집

숭덕분식

1977년 창업

. . .

'추억의 국떡'이란 말을 아시는지. 국민학교(초등학교) 앞 떡볶이의 준말이다. 1960년대부터 지금 초등학교를 갓 졸업한 아이들까지 아마도 이 음식에 얽힌 추억이 있을 것 같다. 이 정도면 국민 간식이 아닌가 싶다.

먼저 분식에 대해 공부 좀 하려고 인터넷을 검색했다. 뉴스 파트에서 보니, '분식회계'가 쫙 뜬다. 농담이 아니라 우리가 이런 나라다. 경제계는 분식(粉飾)회계하고 있지만, 분식(粉食)은 맛있다. 숭덕분식. since 1977. 무려 40년이다. 옛 분식집이 좀 많았나. 이제 거의 문을 닫았다. 먹거리의 변화다. 파리바게트와 치킨과 피자에 밀렸다. 그래도 살아남은 집이 있다. 바로 정릉의 이 집이다.

모든 이에게 추억을 선물하는 학교 앞 분식집

"탁자 두 개 놓고 시작했어요. 앉아서 먹는 아이들보다 밖에 서서 먹는 경우가 더 많았고. 먹고살자고 시작한 가게가 벌써 이렇게 되었네.(웃음)."

이제는 가게에 출근하지 않지만 인터뷰를 하러 일부러 나온 어머니(임 씨)다. 지금은 둘째 딸 엄지영 씨가 대를 이었다. 남편(엄규복 씨)이 딸을 도와주러 자주 나오는 편이다.

메뉴가 꽤 있다. 라면과 냉면에 쫄면 같은 면류에 '오뎅'과 핫도그,

두 가지 버전(?)의 떡볶이가 있다. 김밥도 맛있기로 유명하고 튀김도 〈한겨레신문〉에서 서울 시내 분식집 맛 랭킹 조사에서 분야 1위를 한 적이 있을 정도다. 널찍한 떡볶이판에 눈길이 간다. 인터넷 검색을 하면 블로그 포스팅이 많다. 떡볶이 이야기가 가장 많이 나온다. "국민학교 때 자주 오던 집이야. 떡볶이 진짜 맛있었지" 하는 추억담이 주를 이룬다. 정릉과 길음동 일대에서 유명한 분식집이었다. 근처에 학교가 워낙 많다. 이 일대가 1970, 1980년대에 서울 인구 폭발의 중심지였다. 분식집은 역시 자라나는 아이들의 추억이 묻어 있는 곳이다. 나 역시 '국민학교'를 나온 세대라 눈물 나게 반가웠다. 옛 분식집의 기억을 되살려주었다.

"서서 먹는 아이들이 내는 돈보다 몇 개 더 먹고 그랬지.(웃음) 그냥 눈감아줬어요. 배고픈 시절이었으니까요. 우리도 배를 곯았고, 그 아이들, 아휴."

어머니의 마음이 푸근하다. 마음 한편이 뜨거워진다. 내가 그 시절, 그렇게 서 있던 초등학생이었을 것이다. 큰 판에 떡볶이를 하다 보면, 덜 익고 뜨거운 것도 막 주워 먹게 된다. 워낙 잘 팔렸다. 맵고 달고 짠 맛, 그것은 어쩌면 지금도 우리 입맛을 지배하는 엄청난 위력의 맛이기도 하다.

학교가 모자라던 시절, 무허가에서 숭덕분식으로

현재 분식집의 자리는 탁자도 열 개이고, 크다. 원래 자리가 아니

다. 돈 벌어서 옮겼을까.

"돈 벌어 옮긴 게 아니에요. 그 얘기는 긴데. 하여튼 원래 자리의 가게가 집이 무너졌어요. 낡아서. 그래서 가게를 뺐어요. 이 자리로 옮긴 게 2001년이에요."

원래 가게는 보증금 50만 원에 월세 5만 원짜리 가게였다. 좁았다. 학생들이 엄청나게 많았다. 전교생이 만 명, 1만 5천 명 하던 시절이었다. 그때 숭덕초교도 그랬다. 한 반에 80여 명씩 '때려 넣었'다. 15반, 20반이 보통이었다. 2부제 수업을 했고, 더러 저학년은 3부제도 했다.

"학생들이 얼마나 많은지 몰라. 우리 애들도 결국 다섯이니까.(웃음)"

1970년대 박정희 정권은 도시 이주를 장려했다. 지방의 농민과 농촌 인구를 도시로 보내야 했다. 공장에 필요한 인력을 확보하는 데 최선이었다는 비판도 있다. 쌀값을 낮게 매기는 저곡가 정책도 한몫했다. 쌀값이 떨어지니 농촌 살림이 피폐했다. 농정의 실패 내지는 정부의 고의적 방관과 방조였다. 도시로, 도시로 청춘들이 몰려나왔다. 구미의 거대한 공단, 서울의 구로공단 등 수많은 공단에서 수출할 물건을 만들었다. 도시에서 사들인 머리카락으로 가발을 만들었고, 수출할 수 있는 건 뭐든 만들어 팔았다. 수출입국, 산업화의 시작이었다. 그렇게 서울로 이주한 사람들이 아이를 낳고, 학교에 보냈다. 1970년대 후반부터 1980년대에 걸쳐 서울 변두리의 인구 폭발은 그렇게 일어났다. 학교가 모자랐다. 바글거렸다.

"우리도 용인과 금산에서 서울로 온 거예요. 남편과는 제 친정인

"서서 먹는 아이들이 내는 돈보다 몇 개 더 먹고 그랬지.
그냥 눈감아줬어요. 배고픈 시절이었으니까요. 우리도 배를 곯았고,
그 아이들, 아휴."

용인서 만났어요. 그이는 군인이었는데 약수터에서 만났지요." 임신한 몸으로 서울로 이주했다. 이불 보따리 하나 들고 시외버스 타고서.

"처음에는 공덕동에 살림방을 얻었어요. 친정아버지가 오셨어요. 뭘 도와줄까, 해서 제가 그랬어요. 아부지, 뎀뿌라 장사하게 연탄아궁이랑 오징어 다리 한 관(3.75킬로그램)만 사달라고. 밀가루 묻혀서 쇼트닝으로 튀겼는데 맛이 있어서 잘 팔렸어요."

이 집 튀김은 한겨레신문 설문에서 1등을 했다. 내력이 있는 튀김이다. 그때 팔던 오징어 다리 튀김은 여전히 있다. 기름은 쇼트닝에서 식물성 기름으로 바뀌었지만. 쇼트닝은 소나 돼지의 기름으로 굳혀 만드는 유지로, 원래 미군 부대에서 나왔다. 한국의 소와 돼지 사육량이 늘면서 국산이 공급되었다. 건강에 대한 사람들의 염려로 중국집과 튀김집의 쇼트닝은 이제 거의 완전히 퇴출되었다. 맛의 측면으로 보면 아쉬운 대목이다. 사실, 삼겹살을 먹으면 절반쯤은 동물성 유지를 먹는 것 아닌가. 동물성 기름은 소시지나 가공식품, 비누 등을 만드는 데 여전히 쓰이고 있다.

처음 가게는 무허가였다. 리어카로 행상을 하다가 단속을 당해 경찰서 유치장에서 뜬눈으로 밤을 새고 즉결심판을 받고 풀려난 후였다. 그때는 야간 통행금지가 있었고, 이런저런 잡범과 노점상을 단속해서 즉결심판에 많이 넘겼다. 벌금을 내고 풀려나거나 구류도 많이 당했다. 일종의 짧은 구치소 생활이다. 벌금을 못 내면 구류를 살던 시절이었다. 가게를 얻어야 그런 험한 꼴을 덜 당했다. 그래도 무허가였으니 늘 불안했다. 나중에 정식으로 등록하고, 상호가 숭덕스낵이 되었다. 그러다 숭덕분식으로 개명했고 지금에 이른다.

불량식품의 멍에를 강요받은 떡볶이

"우린 첨에는 떡볶이는 순 쌀로만 했어요. 길음시장에서 쌀을 빼다가. 정부미였지요. 밀가루 제품 쓰는 경우도 많았는데 우린 안 했어요. 떡은 쌀이다, 이런 생각이 있었으니까. 아내가 그 좁은 가게에서 고추장도 다 담가서 썼어요. 나중에 입맛들이 바뀌면서 밀가루 떡볶이로 바뀌었지요."

남편의 설명이다. 정직. 이분들의 눈길과 표정에 쓰여 있는 표식이다. 정부미란 나라가 수매, 관리하는 쌀이란 뜻인데 보통 그때는 통일벼를 말한다. 통일벼는 식량 증산을 목표로 1970년대에 보급된 종으로, 동남아계의 인디카와 한국의 자포니카를 섞어 육종해서 수확량은 많으나 맛이 퍽퍽한 쌀이다. 이제는 심지 않는다.

고추장은 원래 집에서 담가 먹던 장이다. 담그기도 어렵지 않았다. 그러나 도시의 신흥 가구가 증가하고, 핵가족이 생기면서 점차 사먹는 사람이 늘었다. 식당도 많이 생기면서 공장 제품의 수요가 폭증했다. 주요 장류 업체가 만들어 시판한 고추장은 이미 한국전쟁 이후에 대목을 맞았다. 이북 사람들이 피란 와서 장 담글 상황이 못 되니 주로 사 먹었다고 한다. 이것이 한국의 장류 산업이 성장한 배경이다.

시판용 고추장의 수요를 보여주는 신문 광고

떡볶이는 아이들에게 고마운 음식이었지만, 늘 불량식품의 멍에를 강요받

노포의 장사법

았다. 심지어 당대의 박근혜 정권은 출범 초기 사회악을 없앤다면서 그중 하나로 학교 앞 불량식품을 들었다. 당연히 떡볶이를 포함한다. 과거라고 다르지 않았다. 〈동아일보〉 기사(1979년 6월 8일자)를 보자.

> 8일 오전 수송국민학교 학생 2천 명은 교정에 모여 생명을 노리는 부정식품을 사 먹지 말자, 길거리에서는 어떤 식품도 사 먹지 말 자는 등 4개 항의 결의를 했다……. 이들은 냉차, 해삼과 멍게, 떡 볶이, 익지 않은 과일 등을 먹지 말고 서로 충고하기로 했다.

궁중음식 떡볶이의 변천사

떡볶이는 원래 부자들의 음식이다. 왜일까. 옛 신문을 보면 실마리 를 찾을 수 있다. 일제강점기나 그 이후 일간지에서 기사를 검색해 보면, '떡볶이 만드는 법'이라는 걸 찾을 수 있다. 특이하게도 특정한 시기에만 이 기사가 나온다. 바로 설날 직후다. 즉 설에 떡을 뽑아 먹 고 남은 음식을 처분하는 방법으로 요리 기사에 실려 있다. 다시 말 해서 떡을 뽑고, 그것이 남을 정도의 사람들이 먹는 음식이므로 당 연히 부자 음식일 수밖에 없다. 1970년대까지만 해도 흰 쌀떡을 뽑 는 집은 부자였다.

그런데 신문기사에 나온 떡볶이 조리법은 하나같이 간장 떡볶이 다. 소고기와 간장, 참기름이 들어간다. 우리가 '궁중떡볶이'라고 부 르는 그 조리법이다. 유추해보면, 이런 떡볶이는 정말로 궁중에서나

먹는 것이었을 확률이 높다. 이것이 북촌의 민가에도 퍼지면서 그 가치를 보여주는 작명으로 '궁중'이라고 이름 붙였을 것 같다(물론 거꾸로 민가에서 궁궐로 요리법이 들어갔을 수도 있다). 또는 구한말과 일제강점기 초기에 생기기 시작한 요릿집에서 궁중음식이란 걸 표방했는데, 이들이 '궁중떡볶이'라고 명명한 음식을 팔았을 수도 있다.

그렇다면 우리가 아는 고추장 넣은 매운 떡볶이는 언제 생겼을까. 일간지를 놓고 분석하면 1960년대 중반까지는 간장 떡볶이(궁중떡볶이)가 나온다. 그러다가 1960년대 말, 1970년대에 매운 떡볶이가 등장하기 시작한다. 소설가 홍성원의 〈동아일보〉 연재소설 《따라지 산조》의 1973년도 연재분에는 이런 대목이 나온다.

후배 두 놈이 떡볶이를 해 먹는다면서 고추장으로 벌겋게 떡을 볶아 화실에서 같이 나눠 먹은 기억이 있는 것이었다⋯⋯. 프라이팬은 아직도 화실에 놓여 있을 것이다.

프라이팬에 고추장을 넣어 매운 떡볶이를 해 먹는 문화가 1973년도에 이미 있었으니, 가게 등에서 팔던 것은 적어도 그보다 몇 년 전이 아닐까 싶다. 대략 1960년대 중반에서 1970년대 초에 전국으로 번져 나가는 유행이 아니었을까. 전주 지역에서 취재한 바 유명한 제과점 '풍년당'이 1970년대까지도 업장에서 매운 떡볶이를 팔았다는 증언이 있는 걸 보면, 떡볶이는 전국적으로 인기 있는 간식이었다.

B급 미식의 정점, 떡볶이는 그렇게 살아남았다

문방구나 간이음식점에서 가게 앞에 큰 철판을 놓고 볶는 걸 일반 떡볶이라고 한다면, 그 일반 떡볶이의 경쟁자는 바로 즉석떡볶이다. 1980년대 초에 즉석떡볶이의 인기가 서울 시내에 슬슬 퍼지기 시작했다. 신당동에서 시작해 당시 청소년들이 가장 많이 몰리던 광화문 일대로 넘어가고 있었다. 분식집에 디제이가 음악을 틀어주는 경쟁이 벌어진 것도 광화문 시대였다. 그즈음에 숭덕분식도 즉석떡볶이를 시작했다. 검고 반짝거리는 우묵한 프라이팬에 당면과 떡, 양배추와 오뎅(어묵)에 매운 양념을 넣어 끓이는 것이었다. 이 요리가 가능했던 것은 바로 화력의 변화였다.

"처음에 연탄아궁이가 여덟 개였어요. 이것저것 끓이는 데 화력이 많이 쓰였어요. 그러다 가스가 나오면서 즉석이 가능해졌지. 테이블마다 가스레인지를 놓고 요리할 수 있었으니까 즉석이 가능했던 것이지요."

1인분 4백 원. 일반 떡볶이가 50원에서 시작해 백 원 정도 하던 때였다. 가족 외식의 시대가 열리기 전이었다. '마이카'라는 자가용도 없었다. 아버지는 늦게 귀가했고 늘 고단했다. 아이들은 용돈으로 알아서 주린 입을 채웠다. 그게 바로 학교 앞 분식 시대였다.

"눈만 뜨면 가게에 나왔어요. 아침 5~6시면 나오는 거예요. 하루종일 일하고 밤 11시, 12시에 닫고 남은 일 처리하고 새벽 1~2시에 집에 들어갔어요. 아휴, 지금은 그렇게 못해."

고난과 결핍의 시대. 1980, 1990년대에 들이닥친 풍요를 앞둔 그

시절의 이야기였다. 떡볶이는 그렇게 우리에게 왔다. 그리고 살아남았다. 수많은 프랜차이즈 브랜드를 만들어낸 최고 인기 음식이기도 하다. 'B급 미식'의 정점에 있는 바로 그 떡볶이다.

숭덕분식은 역시 아이들 손님이 많지만 옛 추억을 못 잊어 오는 졸업생 어른들도 많다. 내 앞 테이블에 초등학생 여럿이 앉았다. 숭덕초 아이들이겠지. 그들이 이야기를 나눈다. 최순실, 블랙리스트 같은 말이 나온다. 아이들이 모를 리 없다. "이건 민주주의가 아닙니다!" 최순실이 특검에 출석하면서 민주 투사 흉내를 내며 내지른 말이 아이들의 입에서 나왔다. 쓸쓸한 웃음이 나왔다. 즉석떡볶이 냄비가 끓고 있다.

부두 노동자의 안주가
역사책에 오르는 그 날까지

인천 깡시장에서 3대째 이어온 복요릿집

신일복집

1957년 창업

"복은 술꾼 음식이었어요. 인천 술꾼들이 이쪽 북성동에서 술을 마시면 우리 집에 와서 해장을 했으니까."

나는 신일복집을 우연히 알게 됐다. 앞서 2부에서 소개한 수원집에 들러서 취재하던 중에 한 팔순의 손님에게 전해 들었다. 그때는 밴댕이골목에서 밴댕이를 회 치거나 구워서 안주 삼다가 2차를 복집으로 갔다고, 그중 최고가 바로 신일복집이라고 말이다.

운명적인 인천의 역사와 함께한 복집

폭이 좁은 길을 사이에 두고 조그만 베란다가 붙은, 같은 모양의 목조 이층집들이 늘어선 거리는 초라하고 지저분했으며 새벽닭의 첫 날개질 같은 어수선한 활기에 차 있었다. 그것은 이른 새벽 부두로 해물을 받으러 가는 장사꾼들의 자전거 페달 소리와 항만의 끝에 있는 제분 공장의 노무자들의 발길 때문이었다.

　　　　　　　　　　　　　— 오정희, 〈중국인 거리〉(문학과지성사, 1979) 중에서

"이 앞이 원래 부두였거든요. 시장이 있었지요. 깡마당, 깡시장이라고 불렀어요. 새벽 부두로 해물 받으러 가는 사람들이 엄청 몰려왔어요. 제분소? 아, 이 옆이 대한제분 아닙니까. 한국에서 제일 크다고 하는 곰표 말이오."

신일복집이 공식 상호인, 인천 술꾼들에게는 그냥 '신일집'이라고 불리는 자그마한 식당 주인 고대영 씨의 손이 항구를 가리킨다. 가리키는 끝이, 지금은 '은하레일철도'라고 이름 박아놓은 모노레일의 승차장 쪽이다. 경인선의 종점인 인천역 옆이다.

우선 나는 올림포스호텔로 간다. 예전에 이 호텔은 인천에서 제일 컸고, 장사가 잘되었다. 가장 역사적인 장소에 있기도 하다. 개항장을 그대로 내려다볼 수 있는 높은 언덕에 들어선 호텔이다. 마당에서 옛 인천 부두가 다 내려다보인다. 지금은 수출할 자동차가 야적되어 있고, 창고만 덩그러니 있다. 사람이 안 보인다. 종아리 튼튼한 그 많던 하역꾼들은 다 어디 갔을까.

물길이 움직인다. 나는 대형 크레인 너머 바닷길을 건너본다. 박래품(舶來品)을 싣고 제물포로 가는 배들, 짐을 다 부리고 중국으로 일본으로 떠나는 증기 화물선이 지금이라도 힘차게 연기를 뿜을 것 같다. 인천은 개항 도시였고, 우리 역사의 중요한 기점에 도시의 역사를 함께 써왔다. 인천은 그래서 21세기인 지금도 백 년 넘은 개항장의 기운이 보인다. 신일복집은 그 역사와 함께 운명적으로 문을 열었고, 지금도 살아남았다.

처음 신일복집을 열었던 신정분(1931년생) 할머니의 대를 이은 며느리 오순자 씨가 복을 끓이고 있다. 맑고 시원한 국물. 복이 그렇지 않은가. 다른 생선탕은 고춧가루에 '다대기' 양념을 쳐도 복어는 대개 맑게 먹는다. 보통 생선국은 매운탕이 먼저, '지리'라고 일본식으로 부르는 맑은 탕은 늘 옵션이다. 그러나 복어만큼은 '맑은 것'이 우선이다.

인천항 노동자들의 허기를 달래다

신일복집은 원래 은하레일철도 자리 근처 '깡시장'에 있었다. 깡시장이란 커다란 궤짝이나 드럼통이 배에서 내려 부려지는 곳이라는 뜻이다. 선창이라고 부르는 하역장 겸 마당이 있고 그곳에 주점이 예닐곱 개 있었다. 그중 하나가 바로 신일복집이다. 북성동1가 4번지. 고대영 씨가 태어난 곳이다. 이 동네를 그냥 깡이라고도 불렀고, 거기에 시장이 서니까 그게 깡시장이 되었다. 창업 2대인 신정복 할머니는 원래 대부도 사람이었다. 손이 크고 통 넓은 여걸이었다. 황해도 출신인 1대 시어머니가 먼저 솥을 걸었고, 신 할머니에게로, 지금 3대 오 씨로 이어진다. 실제 신일복집의 기틀을 다진 건 신 할머니였다.

"할머님이 황해도식으로 조림에 가깝게 걸쭉하게 복을 끓이셨다고 해요. 지금과는 다른 방법입니다. 요즘은 시원한 쪽이고."

오 씨의 증언이다. 깡시장에 솥을 걸고 팔면, 서서 먹는 사람도 많았다. 그냥 목로에 앉거나 쪼그려 앉아 먹기도 했다.

"복이 아주 흔하고 쌌어요. 많이 잡히기도 했지만, 위험하니까 아무나 손질을 못해서 그랬을 거예요. 어머니는 복을 손질해 줄에 널어서 말렸어요. 그러면 쫄깃해져요. 그걸 된장 풀어서 끓이는 거예요. 야, 요즘 그런 복이 없지."

아들 고대영 씨가 입맛을 다신다.

"한 솥에 그냥 막 끓이니까 다 익은 건 옆으로 밀어두었다가 손님에게 퍼주시는 거예요. 손님이 막 몰리면 설익은 것도 섞여 나가고

"할머님이 황해도식으로 조림에 가깝게 걸쭉하게 복을 끓이셨다고 해요.
지금과는 다른 방법입니다. 요즘은 시원한 쪽이고."

그러는 거지. 복은 초장이나 간장에 찍어 먹었어요. 술도 주로 잔술을 팔았고요."

원래 깡시장에서는 민어, 조기 같은 것이나 생선 대접을 받았다. 복어는 1960년대에 한 가마니 가격이 3백 원밖에 안 했다고 한다. 짜장면이 30~40원 정도 하던 때였다고 하니 지금 돈으로 5만 원이 안되는 돈이었다. 싸고 해장되고 술안주도 되는 이런 기막힌 생선이어디 있었겠는가. 물론 지금 복어값은 엄청나게 비싸다. 특히 자연산은 말도 못한다.

"시장 좌판에 49공탄 연탄을 때요. 원탁 드럼통 안에다가. 거기다 냄비 걸고. 내장 빼고 손질한 복을 통째로 넣고 끓입니다. 안주값이오? 그런 게 어디 있어요. 막걸리 사 마시면 공짜로 주는 거지. 그때는 그랬어요."

하역 일을 하는 지게꾼들이 단골이었다. 복어는 무한정 먹을 수 있는 공짜였다. 지금은 상상이 안 되는 일이다. 복어는 당시 많이 잡히는 졸복 같은 종류였다. 서해안 일대에서 졸복은 아주 흔해서 선창의 안주로 많이 팔렸다. 지금도 군산에서는 졸복 말린 조림이나 탕이 팔리면서 명맥을 유지하고 있다.

"선창산업이라고 아주 큰 목재회사가 있어요. 그 회사 나무가 들어오거나, 설탕이 들어오면 2천 톤짜리 배로 가득 싣고 옵니다. 오야지(십장)가 노동자들을 부려서 하역을 해요. 뭐 복장이랄 게 있어요. 그냥 사각 빤스 같은 반바지에 난닝구(러닝셔츠) 바람에 짐을 부립니다. 그리고는 쉬러 와서 막걸리 한잔 마시고 복어 먹고 다시 일하러 가는 거예요. 또 한바탕 짐 부리고 한잔 마시고."

노동자의 음료인 막걸리에 복어 한 그릇으로 그들은 허기와 고단함을 달랬다.

술꾼들의 음식, 복 그리고 아귀

우리나라의 복어 먹던 역사가 어찌 되는지는 잘 모른다. 아마도 독이 있어 멀리하는 음식이었을 것이다. 일제강점기는 물론 최근에도 복어 내장이나 알을 잘못 먹고 죽는 사건 기사가 신문에 실렸다. 오죽하면 한국과 일본 요리사 자격증 중에 '복어'라는 별도 항목이 있겠는가. 그러거나 말거나 미식가에게 복어는 목숨 걸고 먹는 음식이었다. 그만큼 맛이 있다는 얘기다. 인천뿐 아니라 대한민국 주요 도시와 바닷가에서 복 해장은 최고로 친다. 또 복어 먹는 자리는 남자들의 은밀한 정서가 공유되는 곳이기도 했다. 간밤의 숙취를 푸는 건 아무래도 남자들이었으니까.

복어는 일본인들이 각별히 좋아한다. 한국의 복어 요리가 일본에 비해 워낙 싸서 '한국 복어계(契)'를 만들어 방문하는 일본인도 있다. 복어만 잔뜩 먹고 가도 비행기삯이 빠진다고 한다. 복(鰒)은 복(福)을 말하는 '후쿠' 하고 음이 같다. 그래서 더욱 인기 있다고 한다.

두 나라가 복어를 좋아하지만, 결정적으로 다른 점도 있다. 한국은 아침과 점심 해장용으로 더 인기 있고, 일본은 저녁 만찬용으로 주로 먹는다. 무교동과 을지로의 오래된 사무실 거리의 복집에 오전 11시쯤 가보라. 식당 홀 전체에 이미 준비된 복어 냄비가 쫙 깔려 있

노포의 장사법

다. 그리고 이내 숙취를 풀려는 와이셔츠 부대들이 밀어닥친다.

신일복집에서는 복어뿐 아니라 아귀도 잘했다. 두 생선의 공통점은 인기가 없어서 버려지다시피 했다는 점이다. 오죽하면 인천에서는 아귀를 '물텀벙이'라고 부를까. 아귀를 잡은 어부가 다시 물에 휙 던져버리면 텀벙, 하고 소리가 났다는 뜻이다.

"물텀벙이가 맛있는데 설마 버렸겠느냐 하는 주장도 있지만 아직도 생존한 사람들이 증언을 해요. 우리 어머니도 그렇게 말씀하셨어요. 분명한 사실이야. 쌌어요. 언젠가 일흔다섯 된 노인이 오셨어요. 그 시절 부두 노동자였던 분입니다. 50년 전에 술 한 잔 값이 7원이라고 기억하십니다. 부두 노동자 월급이 수십 원 하던 때도 있었다고 합니다."

현재의 건물은 1977년도에 개축했다. 원래 적산 가옥이었다. 수리해서 깔끔하게 만들었다. 2층은 이들의 살림집이었다. 이제는 손님방으로 개조해서 장사한다.

부부가 사이좋게 이 가게를 운영한다. 스스로 인천 사람의 전형이라고 생각한다는 고대영 씨는 아주 흔쾌하고 걸걸한 사람이다. 안주인 오 씨는 곱고 차분하며 음식 솜씨가 좋다. 우연히 알게 되어 옛 깡시장과 복어 요리의 전설을 듣게 됐다. 다시 인천으로 시간 여행을 가고 싶다.

찬물에 바친 손이 증언하는
대박집의 진짜 비결

부산 국제시장을 주름잡은 유명한 해물전골집

바다집

1975년 창업

। ⋯ ।

한때 해물전골이 유행하던 시절이 있었다. 1980년대의 일이다. 배고프고 돈 없는 청춘들의 음식이었다. 우선 국물이 많았다. '리필'(그때는 그런 용어가 물론 없었고, 추가라고 불렸다)이 무료였다. 국물이 많다는 건 양이 많아 보인다는 뜻이다. 서울에서는 곳곳에 해물탕집이 있었다. 꽃게가 참 쌌고, 조개며 오징어도 지천일 때의 일이다. 제법 흐뭇한 양에 3천 원, 4천 원 했다. 해물값이 오르면서 점차 사라지는 업종이 되었다. 나도 해물탕을 잊고 있었다.

이화여대 앞에 '와글와글집'이라는 선술집이 있었다. 이대 운동권 학생들과 재수생들이 드나드는 허름한 집이었다. 탁자가 셋이나 되었을까, 화장실은 가게 앞에 있는데 '푸세식'이었다. 서울막걸리나 25도짜리 진로소주에 해물잡탕을 많이 먹었다. 뻔한 해물에 미원을 왕창 넣어서 혀가 아렸다. 그래도 국물 인심이 후하고 아주머니가 야박하지 않아서 가난한 학생들이 좋아했다. 알고 보니, 부산에도 그런 집이 있었다.

1인분 8천 원, 오직 노동력으로 지키는 가격

부산. 국제시장으로 흔히 통용되는, 남포동이라고도 부르는, 그 일대로 사람이 몰린다. 부산 시민들도 많고 관광객이 꼭 거쳐가는 곳이다. 부평시장(깡통시장)이라고 따로 붙은 시장도 있지만 관광객에

게는 '퉁쳐서' 다 국제시장 골목이다. 어묵도 팔고, 돼지와 소갈비에 먹자고 들면 온갖 먹을거리가 있다. 그중에서 해물탕집이 보인다.

가게에 들렀다. 허름한 외관에 실내는 더 허름하다.* 김유자 씨가 맞아준다. 수더분한 아지매다. 당시는 TV 출연 전이었는데도 바빴다. 손님도 어지간히 있었지만 무엇보다 남의 손을 안 썼다. 직원을 최소로 뽑아 쓰고 있었다는 뜻이다. 제 몸으로 노동을 감당하는 우리 어머니 세대의 고단한 노동관(勞動觀)이다.

"전에 내가 고생을 마이 했어예. 값도 헐코(싸고), 남는 기 별로 없는 장삽니다. 노동력으로 버티는 기지."

1인분에 8천 원. 설렁탕값에 해물전골을 파니, 노동력으로 그 틈을 메운다. 김유자 씨의 손이 보이지 않을 정도로 빨라진다. 식사 시간이 다 되어가고, 손님들이 밀어닥칠 순간이 온 것이다.

원래 이 가게는 이종만이라는 분이 열었다. 1975년의 일이다. 아마도, 꼭 이 집에서 수중전골이 시작되지 않았을 수도 있다. 부산에 수산물이 흔하고 그걸 끓여 먹는 메뉴는 접하기 어렵지 않았을 것이다. 그래서 사람들이 부산 특유의 어법으로 '수중전골'이라고 불렀을 것이다. 문자 그대로 물속에 있는 재료를 넣고 끓이는 것이다. 남은 국물에 국수사리를 넣는 것도 자연스러운 요리법이었을 거다. 다들 배가 고팠고, 해산물 다음에는 탄수화물을 먹어야 하니까.

"말도 마이소. 수중전골이라 카는 기는 아주 싼 음식입니더. 학생들이나 노동자들이 마이 왔어예. 난리가 나지예. 엄청나게 먹고 술

• 나중에 수리를 해서 말끔해졌다. 여러분이 SBS 〈백종원의 3대 천왕〉에서 만났을 장면은 수리 후의 모습이다.

노포의 장사법

마시고. 참 힘들었어예.”

동아대, 부산대, 수산대 등 부산의 대학생들이 많이 찾았다. 서울과 흡사한 해물탕 문화다. 서울도 해물탕집은 신촌, 이대 앞, 종로 등 학생들이 주 손님이었다. 역시 국물과 얼큰한 맛! 소주 안주에 배도 부를 수 있는 음식이었던 셈이다.

수중전골은 ‘그릇’이 핵심

김유자 씨가 연신 손을 놀리느라, 일거리가 산더미라 앉아서 인터뷰를 할 수가 없다. 유독 부산 아지매들이 더 이렇게 바쁜 것 같다. 필자가 《백년식당》에서 소개했던 부산의 명소 할매국밥도, 마라톤집도 그랬다. 인터뷰가 툭툭 끊어진다. 그래도 끈기 있게 묻는다. 이 집 전골냄비의 태생이 궁금했다.

고백하자면, 필자는 아주 우연히 한 식당의 사진을 보았다. 여러분이 지금 이 지면에서 보는 장면이다. 식당이 아니라 그 집에서 쓰는 그릇이 눈에 꽂혔다. 특이하게 생긴 그릇이다. 바로 바다집의 그릇이었다.

“글쎄예, 저 그릇만 쓰고 있으이 언제부터 썼는가는 모르겠고. 하여튼 저 그릇에다가 해야 맛이 있어예.”

그릇 얘기가 나온 김에 남포동 근처 그릇 도매상에 들렀다. 바다집의 전골 냄비 사진을 보여준다. 고개를 갸웃하더니, 아, 이런다. 있다고 한다.

"오래전에. 가만있어보자, 한 10년 넘었을 긴데. 이 그릇 안 쓴 지가. 우리도 팔았었지예. 저기 어디 몇 개 있을 텐데. 와? 사시게예?"

네, 라고 대답했다. 열 개 남짓 있다고 한다. 하나에 만 원. 세 개를 샀다.

"예전에 저 신창동 골목에 수중전골집이 아주 많았어예. 많이 사갔지예. 그때는 마, 많이 갖다 놓고 했는데, 이제는 찾는 사람이 없어가, 물건을 디려놓질(들여놓지) 않고."

그러니까, 신창동 일대에 10여 개 정도의 수중전골집이 있었다는 것이다. 수중전골이란 해물전골을 이르는 부산의 이름이다. 해물전골과의 차이가 좀 있는데, 정확한 분류는 아니지만 현존하는 바다집 사장의 증언에는 "수중전골은 해물을 다 까서 손질해서 넣는 것"이라고 한다. 그 해석이 맞는지는 모르겠다. 같은 음식을 다르게 부르는 건 서울과 부산만큼의 거리 같다. 왠지 해물전골보다 수중전골이라고 부르니 더 그럴싸하고, 있어 보인다. 물속의 사정을 너희들은 아니? 이렇게 묻는 것 같다.

하여튼 그 수중전골집들이 그 전골 냄비를 구매해서 썼는데, 점차 문을 닫으면서 찾는 이들도 없어졌다는 것이다.

"맞아예. 한때 참 많았지예. 이젠 거의 없어있고."

바다집이 있는 국제시장 안 골목에는 딱 두 집만 수중전골을 판다. 그나마 한 집은 낙지볶음이 더 주 종목 같다.

손님도 어지간히 있었지만 무엇보다 남의 손을 안 썼다.
직원을 최소로 뽑아 쓰고 있었다는 뜻이다.
제 몸으로 노동을 감당하는 우리 어머니 세대의 고단한 노동관이다.

감칠맛 도는 국물의 비법은 재료

수중전골은 먹는 법이 있다. 그릇 가운데 깊게 파인 홈에는 육수가 가득 부어진다. 개조개(일명 대합), 낙지, 오징어, 새우, 바지락, 굴 등 그때그때 조달할 수 있는 해산물과 당면이 들어간다(고마운 당면!). 매운 고춧가루 양념은 기본이다. 팔팔 끓인다. 해산물의 즙이 안쪽의 홈으로 모여든다. 일단 해산물은 빨리 익으니 질겨지기 전에 건져 먹는다. 국물은 조금 기다린다. 졸아붙고 농도가 나와야 맛있다.

해산물을 얼추 먹고 국물을 한술 떠본다. 달착지근하고 감칠맛 도는 국물이 완성되어 있다. 진하고 맵다. 부산의 매운 음식이 갖는 특징이 보인다. 매운맛이 균형점 바깥으로 나가버린다. 요즘처럼 힘든 세상에 맞는 배합이랄까. 입이 얼얼하게 퍼먹는다. 우동사리도 넣어 먹는다. 밥을 넣을 수도 있다. 배가 그득하다. 그런데 1인분에 8천 원이라니!

이 집을 흥미롭게 하는 '이모티콘'이 있다. 가게 바깥에 그려 붙여 놓은 안내판이다. 역시 직관적인 디자인이 효과적이다. 세 명이 3인분이면 웃는 이모티콘, 2인분이면 괜찮은 표정이다. 세 명이 1인분을 시키면 찡그리는 'X'다.

"가난한 학생들이 많이 오니, 세 명이 2인분 시키고 그랬지예. 그것도 돈을 못 내가 학생증 맡기고 시계 두고 가고 그랬어예. 이제는 다르다 아잉교. 가겟세도 많이 오르고, 얌체 짓 하는 분들이 있어서 저리 붙였지예."

8천 원에 그득한 해물탕을 먹는데, 세 명이 1인분은 조금 심했다

싶다. 거꾸로 보면, 그렇게 주문이 가능하기는 했었다는 뜻이기도 하다. 참, 어렵고 지난한 세월을 지나온 우리들이다.

수중전골 맛의 비결을 물었다. 역시 예상한 대로다. 재료의 질이다. 아주 싱싱하다. 싸게, 많이 사서 손으로 일일이 다듬는다. 맛이 없기가 힘들다. 육수에 비결이 있기는 하다. 무, 다시마, 파, 양파, 디포리 등을 넣고 만든 국물이 시원하다. 해산물의 육즙과 합쳐지니 맛이 더하기 된다.

독특한 해물전골 그릇의 내력

바다집의 전골 그릇은 양은 합금 제품이다. 멋지다. 일종의 골동품이다. 양은이란 이미 일제강점기에도 있던 금속으로 그릇에 많이 썼다. 양은(洋銀)이란, 은 같은 색을 띤 금속이되 서양에서 왔다는 뜻으로 명명되었다. 양복, 양장도 그런 방식의 명명이다. 구리에 아연과 니켈을 섞어 만든다. 옛날에는 그릇뿐 아니라 장식품과 가구를 만들기도 했다. 싸구려 금속이라는 우리 이미지와 달리 당시에는 고급 소재였다. 스테인리스가 혁명적 소재에서 싸구려로 전락했듯이. 비교적 가볍고 세척이 쉬우며 내구성이 좋아서 오랫동안 우리 식탁에서 쓰고 있다. 최근 제품은 금속의 조성이 더 저급으로 변하고 있어 전통적인 양은보다 더 가볍고 잘 찌그러진다. 막걸리잔이나 주전자 같은 걸 보면 알 수 있다.

이것과 같은 제품을 찾는데, 필자가 시장에서 산 것처럼 스테인리

<아연(野宴)>, 조선 후기 성협(成夾)의 작품이다. 조선시대 양반들의 생활상을 담은 화첩으로 야외에서 고기를 구워먹는 장면을 볼 수 있다.(국립중앙박물관 소장)

스는 있어도 양은이나 알루미늄 제품은 구할 수 없었다. 나는 이 그릇이 궁금해 서울에서 '탐문'에 들어갔다. '나쇼날스텐레스'라는 회사의 사장님이 안다고 하신다.* 예전에 불고기전골 그릇으로 만들어 팔았다는 것이다. 부산에도 내려보냈다는 기억이 있다. 물론 지금은 찾는 이가 아무도 없어 생산이 중단되었다. 손으로 일일이 깎고 구부려야 하는 제품이란다.

취재 결과, 이 그릇은 일종의 전립투 불고기전골 냄비로 보인다. 전립투란 옛 조선군의 병사용 벙거지를 말한다. 그것을 뒤집어놓은 듯한 모양의 쇠전골 그릇(구리로 만들기도 했다)에 고기를 구워 먹었다는 것이다. 조선시대에 그린 위의 그림에 보이듯이, 챙 부분에 고기를 굽고 가운데에는 기름과 양념이 담겨 있어 거기에 고기를 찍어서 구웠을 것이라고 한다. 고기를 다 먹고 나면 아마도 그 양념 국물에 밥을 볶거나 비볐을 가능성이 높다. 이북에서는 메밀국수를 버무

* 나쇼날스텐레스 사장님과의 인터뷰 내용은 뒤의 '노포의 조력자들'에서 별도로 정리했다.

노포의 장사법

려서 먹었겠다. 그것이 우리가 서울의 북한 음식점(평양면옥 등)에서 볼 수 있는 어복쟁반일 것이다.

김유자 씨는 이 그릇의 소용과 의의를 잘 알고 있다.

"이게 다 없어지모 가게 그만해야지예. 그릇이 가게 역사라."

이 집의 명물이 두 가지다. 하나가 이 그릇이라면 또 하나의 명물은 주인의 손이다. 하루 종일 물에 손을 넣고 얼마나 차가운 해물을 손질했는지 늘 발갛게 부어 있다. 게다가 거친 일로 마디가 굵어지셨다. 삼가 경의를 표한다.

수중전골은 지금도 성업 중이다. 그 독특한 그릇에 담긴 수중전골을 한 그릇 하고 싶다. 달고 시원한 국물이 연신 생각난다!

을지로 '스뎅' 판매의 베테랑
나쇼날스텐레스

부산 바다집의 전골 그릇 내력을 취재하다 보니, 우리 요식업 그릇의 변천도 궁금해졌다. 1968년도에 을지로에서 그릇 가게 배달 사원으로 시작, 잔뼈가 굵은 나쇼날스텐레스의 박영한 사장을 만났다.

"을지로5가 쪽에 그릇 가게가 많았어요. 만들기도 하고 판매도 하고. 주로 금속 그릇 말이지."

스테인리스는 당시 귀한 금속이었다. 고급이기도 했다. 당시 우리 그릇의 주종을 이루던 유기와 사기그릇을 밀어낸 것이 1960, 1970년대의 스테인리스다.

"그 영화도 오래 못 갔지. 1980년대에 멜라민이 들어오면서 밀렸어요. 멜라민은 안 깨지고 가벼웠거든. 이젠 멜라민을 많이 쓰지만 그게 품위 있는 그릇이라고는 안 하지."

식당용은 한동안 양은이 대세였다. 그러다 스테인리스-멜라민으로 바뀌어 갔다. 한일, 세신, 경동 등의 스테인리스 회사들이 일감이 늘면서 성장해갔다.

"1973년도에 군 제대하고 다시 이쪽에 와서 일했어요. 1981년도에 교문리 지하의 공장을 하나 인수해서 스뎅 사업을 본격적으로 시작했어요."

스뎅이라고 불리는 이 묘한 금속은 내구성과 위생성이 좋아서 지금도 식당용의 대세다. 물론 멜라민의 점유율이 높아지기는 했지만. 보통 식당에는 세척노동자(아라이라는 일본어로도 불림)들이 비정규직으로 일하는 경우가 많다. 이들이 제일 좋아하는 게 멜라민이고, 그다음이 스테인리스다. 안 깨지고 세척이

편리하기 때문이다. 도자기를 쓰는 집들은 기피 대상이다.

"주발이랑 뱅뱅들이를 만드는 회사를 했어요. 가정용이 주력이었지. 식당용은 멜라민이 다 차지했으니까."

멜라민의 선전 속에 스테인리스는 새로운 활력을 찾았다. 김치통이다. 고무 패킹을 달아 만든 스테인리스 김치통은 밀폐력이 좋고, 멜라민처럼 색과 냄새가 배는 문제가 없어서 인기였다. 참, 뱅뱅들이란 스테인리스 원판을 잘라서 기술자가 손으로 그릇을 제작하는 기술을 말한다. 이 회사는 지금도 그 뱅뱅들이 기술자들과 일하는 드문 곳이다. 스테인리스도 금형을 만들어 찍어내는 방식으로 바뀌어가고 있기 때문이다.

그래도 손으로 일일이 만들어내는 스테인리스 그릇은 인기가 좋다. 수제작의 맛이 있기 때문이다. 스테인리스를 대체로 무시하는 경우가 많은데, 이것도 일종의 '클래식'으로 보아야 마땅하다. 기술자들의 손놀림과 그렇게 얻어낸 그릇의 품질이 뛰어나다.

박영한 사장은 한때 서울에서 유행하던 징기스칸 그릇도 제작을 많이 했다고 한다.

"운두 있는 거. 한식집에 많이 팔았어요. 그때는 징기스칸이 인기가 있었으니까. 불고기 그릇은 구리로 많이 만들었고. 요새 유행하는 이중 스뎅은 20년 전에 시작된 거요. 나올 때는 비싼 그릇이었는데 요새는 싸졌어요."

스테인리스도 품질 차이가 크다. 기본적으로 포스코에서 생산하는데 최근에는 저가 제품이 들어왔다.

"요새는 중국산 완제품 그릇이 많이 들어와서 시장 사정이 많이 바뀌었어요. 스뎅도 품격이 있고 품질이 있는데 저가 제품이 시장에 많이 돌거든. 심지어 수입품 중에는 스테인리스가 아니라 다른 합금을 써요."

그릇의 세계도 이토록 흥미롭다.

옛 영화(榮華)를
함께 추억하는 의리가 있다

인천 신포동 술집 골목의 터줏대감 노포
대전집

1972년 창업

···

인천은 있는데 인천 사람은 없다고 한다. 인천이 힘을 잃었다. 특히 신도시가 개발되면서 구인천의 찬란한 역사는 허물어졌다. 인천 사람들도 신도시로, 서울이나 서울 근교로 뿔뿔이 흩어졌다.

인천은 한때 최고의 도시였다. 그 영락한 기운을 아직 구도심에서 볼 수 있다. 원래 일제강점기에 총독부가 있던 서울의 중앙청은 허물어졌지만, 인천부(시) 자리였던 건물은 여전히 인천광역시 중구청의 청사로 쓰고 있다. 그것은 인천의 지금을 우회적으로 설명한다. 일제강점기를 걸친 오랜 근대 문화와 역사가 유적으로 남아 있는 곳이 바로 인천의 옛 도심이다. 그 현장에서 술과 인생을 노래하던 인천 시민의 술집들이 조금 살아남았다.

인천이 일제강점기에 시가 아닌 부(府)였던 것은, 그만큼 큰 중요한 도시였다는 뜻이다. 지금 일본에도 부는 오사카와 교토, 두 개밖에 없다.

옛 인천의 영화를 추억하는 맛, 스지탕

1972년 개업한 대전집의 최재성 사장은 2대째 가게를 잇고 있다. 창업주인 어머니 오정희 씨도 가게에 얼굴을 내밀고 있다. 대전집은 전설적인 술집들인 백항아리, 신포주점, 다복집 등과 함께 신포동, 아니 인천 구시가의 한 상징이었다.* 손님들이 끓었고, 매일 화제가

만들어졌다. 이제는 옛 영화를 기억하는 올드팬들과 언론을 보고 찾아오는 젊은 층들이 가게의 맥을 이어주고 있다.

"장사가 정말 잘되었죠. 하루에 족발을 얼마나 많이 삶았는지 모릅니다. 요즘은 옛날보다 메뉴가 줄었어요. 그래도 스지탕과 족발 같은 건 여전합니다."

대낮인데도 스지탕을 시켜놓고 소성주를 기울이는 손님들이 두어 테이블 자리하고 있다. 나도 앉아서 스지탕을 시켰다. 뜨거운 탕이 들어가니 배가 얼얼하고, 차가운 소주에 다시 뜨끈해진다. 술꾼들만 아는 그 맛이다. 취재 당시, 날씨는 맵고 추웠다.

이 일대의 명물 술집에 대한 사람들의 회자(膾炙)는 최근 들어 부쩍 늘었다. '인천 다시 보기'의 일환이랄까, 옛 인천의 추억을 간직한 사람들(대개는 이제 인천을 떠났다)의 컴백 같은 것도 있고, 그저 호기심에 찾는 이들도 있다. 이웃한 신포시장과 차이나타운을 구경하러 온 이들이 들러보기도 한다. 미디어 덕이다. 메뉴 한 가지가 TV에 등장해 회자되니, 그것을 먹으러 오는 거다. 바로 스지탕이다. 표준어로 하면 소 힘줄탕이겠지만, 이 동네서 부르는 이름대로 쓴다.

스지탕은 일제강점기부터 있던 요리다. 일본인들이 좋아하던 음식이었다. 주로 오뎅에 넣는 재료였다. 한국의 오뎅은 어묵만을 요리하는 것으로 바뀌었지만, 오리지널 오뎅에는 두부, 문어, 고기, 달걀, 스지가 빠지지 않는다. 소고기 살점이 어느 정도 너덜하게 붙어

● 색소폰 부는 전설적인 풍류객, 문화예술인들, 가객, 술꾼들이 단골이었던 백항아리는 현재 없어졌다. 신포주점은 현재 영업을 하고 있는데, 원 주인에서 두 번이나 바뀌었다. 다복집과 대전집은 대를 이어 운영하고 있는 몇 안 되는 집이다.

노포의 장사법

있는 힘줄을 푹 삶으면, 국물이 맛있고 그것을 씹는 재미가 있다. 게다가 아주 쌌다. 어머니 오 씨의 증언에 의하면, "일본인들이 내장은 안 먹어도 소 힘줄은 먹었다"고 한다. 그런데 지금 이 동네에 남아 있는 스지탕이 오뎅에서 온 것인지 아니면 순수한 스지탕에서 온 것인지는 고증이 없다. 아마도 오뎅이었을 확률이 높다. 인기가 더 광범위한 대중 요리였기 때문이다. 아들 최 사장의 증언이다.

"제가 들은 걸로는 여기가 위로 인천부청, 즉 지금의 시청이 있고 아래로 은행 같은 고급 사무 지구가 있었다고 해요. 지금도 저 위에 1은행, 18은행, 58은행 건물이 근대 유산으로 남아 있잖아요. 숫자는 지역의 고유 번호예요. 18이면 나가사키 은행입니다. 하여튼 그런 동네니까 주변에 여관과 술집이 많았을 거 아녜요."

기생이 있는 유곽도 있었다. 그 영향으로 1970년대까지만 해도 이 동네에 속칭 '니나노집'이 번성했다. 접대부가 있고, 술을 마시는 골목이었다.

"그 골목에 저희 집이 있으니까 더 인기가 있기도 했어요. 그런 유흥 술집은 돈이 많이 나오잖아요. 넥타이들은 그 돈이 부담스럽다고. 우리 집이 술에다가 맛있는 안주를 편하게 먹기에 좋았던 겁니다."

넥타이란 사무직 노동자를 뜻하는 최 사장의 은어다. 지금도 일부 남아 있는데, 일제강점기부터 은행이 유독 많은 동네가 이 지역이었다. 조흥은행, 국민은행 같은 핵심 은행이 여기에 있었다. 인천의 역사성을 말해주는 중요한 건물도 있다. 일제강점기에 세워진, 당시로는 고층 빌딩이었을 3층짜리 건물에 들어선 '금파'라는 카페다. 도쿄의 긴자처럼 포장도로와 높은 건물, '카훼에'(카페의 일본식 발음)가 상

징하는 모던함. 해방 후에도 이 건물은 인천의 영화를 증명하는 상징처럼 살아남았고, 지금도 거의 원형 그대로 서 있다. 1층에는 유명하고 오래된 분식집 '청실홍실'이 영업하고 있다.

스지탕은 이 골목의 전통 요리다. 소의 힘줄을 푹 삶고 고춧가루와 된장, 간장으로 양념해서 끓여 낸다. 시원하고도 얼큰하다. 무엇보다 힘줄 씹는 맛이 좋다. 보통 서울에서 '도가니탕'이니 하는 것에 들어가는 게 대개 이 소 힘줄이다. 이 '스지' 값이 요새 아주 비싸다. 특히 국산은 더하다. 그래도 기어이 이 메뉴는 지켜갈 것이라고 한다. 대전집의 상징이니까.

"보쌈도 유명했는데 이제는 안 해요. 손님이 줄었으니까. 그래도 주말에는 자리가 없어요."

신포동 골목은 문화예술인들의 거점

인천은 최초 개항지이자 번성하던 항구 도시였다. 우여곡절이 있었다. 한국전쟁이 끝난 후에는 산업의 제일 전진기지였다. "인천에 배 들어오면 행복하게 해줄게" 하던 이야기도 모두 인천의 발흥을 의미하는 상징이었다. 이런 분위기는 1980년대까지 이어졌다. 특히 중앙동과 신포동 일대는 인천 최고의 중심지였다. 시청이 이전하고 새로운 주택지가 개발되면서 구시가로 밀려버렸지만, 여전히 옛 인천의 흥취가 흐릿하게 남아 있다. 특히 문화예술인들, 회사원들이 다니던 술집 골목이 마지막 흥을 남겨놓았다.

"제발 가게가 없어지지만 않게 해달라는 부탁을 하십니다, 손님들이.
작은 사명감이 생겨요. 잘해야지요."

신포동 술집 골목 또는 문화의 골목이라고도 하는 동네의 연혁을 조금 읊어야 할 것 같다. 대전집 맞은편에는 지역 문화인의 거두였던 시인 최승렬 선생의 라이브 마스크가 걸려 있는 유명한 다복집이 있다. 그 안으로는 앞서 언급한 백항아리, 신포주점이 있었다. 신포주점은 지금도 남아 있다. 백항아리가 문화예술인에게는 최고로 인기 있었다고 한다. 상호도 없이, 문자 그대로 하얀 항아리가 상징처럼 홀에 있는 집이었다. 따로 술안주도 없고, 약주를 한 병 시키면 양념도 안 한 새우젓이 한 종지 나왔다고 한다.

"백병원 가서 주사 한 대 맞자.°"

백항아리에 가서 술 한잔하자는 은어였다. 신포주점은 주인이 바뀌었어도 여전히 멋을 지켜내고 있다. 내가 종종 들르는 집이기도 하다. 그곳 역시 문화예술인들의 거점이었다.

대전집은 한때 주방에만 직원이 다섯 명이 넘었다. 족발 수십 개가 나갔고, 삶아서 식힐 틈도 없이 팔렸다. 전도 엄청나게 팔렸다.

"옛 기억을 찾으러 오시는 분들이 꽤 많죠. 이민 갔다가 오시는 분, 나를 보고 '어머니 얼굴이 있네' 하며 끌어안는 분도 있고. 제발 없어지지 않게 유지해달라고 간청들을 하십니다."

대전집은 원래 적산 가옥, 일본인이 패망 후 두고 간 건물이다. 불하 과정을 거쳐 민간에 넘어갔는데, 어머니 오 씨가 힘들게 남의 집 일 해서 번 돈으로 사들인 집이었다. 그 후 수리해서 오늘에 이른다. 오 씨는 고향인 대전에 자식들을 둔 채 돈 벌러 인천으로 왔다. 온갖 고생을 해서 돈을 모았다. 다시 자식들을 인천으로 불렀고, 막 차린

● 〈한겨레신문〉 박미향 기자의 신포동 취재기를 참고했다.

대전집은 장사가 잘됐다. 경제 성장을 하던 시기였고, 인천의 경기도 좋았다.

"넥타이들이 참 많았어요. 다 이 골목에 와서 술을 마셨으니까. 줄을 서기도 했고. 어머니는 마음에 안 드는 손님은 안 받았어요. 배짱이 있었고, 여걸이셨지."

속칭 신포동 골목은 천천히 몰락해갔다. 흔히 1999년에 있었던 이웃 인현동의 호프집 화재 사건*을 기점으로 보곤 한다. 이 동네에 경찰의 일제 단속이 이어졌고, 분위기가 싸늘해졌다. 신포동은 동인천과 중앙동 일대를 잇는 중요한 유흥 지역이었고, 인천의 '시내'였다. 물론 호프집 화재 사건이 불경기를 발화시켰다기보다는 자연스러운 인천 구시가의 몰락으로 봐야 한다. 신도시 개발로 인천의 중심이 옮겨졌고, 서울이 세를 불리면서 인천의 고유성을 흡입해버렸으니까.

옛 멋, 옛 맛 그대로 신포동을 지키다

아들 최 사장이 대전집을 물려받으면서 IMF 시절에 리노베이션을 했다. 전에는 적산 가옥답게 2층에서 '우르르' 쥐가 뛰어다니기도 했다. 다다미방이 그대로 있었다. 가게를 뜯어고치면서도 옛 멋은 지키려고 애썼다. 오래된 술병과 기물들이 군데군데 손님들의 시선을 끈다.

"원래 이 입구가 주방으로 이어지는 곳이었어요. 대단했죠. 손님들이 꽉 차고 주문이 밀려들어서 엄청났어요. 손이 모자라 하얀 와

* 밀폐된 2층 호프집의 화재로 건물 안에 있던 청소년 56명이 아까운 목숨을 잃었다.

스지탕은 이 골목의 전통 요리다.
소의 힘줄을 시원하고도 얼큰하게 푹 끓여 낸다.
이 '스지' 값이 요새 아주 비싸다.
그래도 기어이 이 메뉴는 지켜갈 것이라고 한다.

이셔츠 입은 손님들이 알아서 싱건지 국물을 퍼다 먹고 그랬어요. 다 옛날 일이지요."

싱건지라니. 바로 동치미의 충청도식 이름이다. 걸작 안주다. 짜게 담가서 발효시킨 후 맑은 찬물에 섞어 낸다. 탁월한 맛이 있다. 자꾸 청해 먹게 된다. 무려 3년 묵은 것이라고 한다. 어머니가 하던 것인데, 최 사장이 여전히 담근다.

"이게 소금과 재판을 해야 하는 일입니다. 하하."

소금 다루기가 재판처럼 오고 가며 다퉈야 하는 까다로운 일이란 말이다.

이 집에서 겨울철에 꼭 먹어야 할 것이 있다. 바로 덕적굴이다. 덕적도는 인천에서 한 시간 걸리는 앞바다의 섬이다. 이곳의 자연산 굴을 현지 할머니들이 캐서 인천으로 보내고, 아는 사람들만 구해서 먹는다. 대전집의 오랜 겨울 메뉴다. 덕적굴은 까맣고 잘다. 최 사장이 제대로 먹는 법을 알려준다. 젓가락을 쓰지 않는다. 숟가락으로 굴을 일고여덟 개쯤 푹 뜬다. 그다음에 숟가락 밑을 간장에 대고 살짝 찍는다. 그럼 간이 짭짤하게 맞는다.

역시 '선수'들이 많이 오는 집이서인지 건더기가 '가라앉아' 청주처럼 맑은 막걸리도 있고, 느긋하게 소주를 마실 수 있다. 이제 창업 40년이 넘은 노포가 되고 있다. 가게를 나서는데, 2층에 거주하는 오정희 씨*가 내려온다. 이제 장사할 기운은 없다는데 걸음이 기운차다. 노포의 한 시대를 주무른 인물이다.

* 인근의 차이나타운을 소재로 한 너무도 유명한 소설 〈중국인 거리〉의 작가 오정희 선생과 성함이 같다.

대전은 본디 이 창업 모자의 고향이다. 최 사장의 말투에서 대전 사투리가 배어 나온다. 어머니의 고생이 말도 못했다고 하며 최 사장은 입맛이 쓰다. 하고많은 직업 중에 술집 운영은 참으로 고단한 일이었을 게다. 아닌 게 아니라 별일이 다 있었다. 한번은 술 취해서 주정을 부리는 지역 조폭의 두목과 다투다 어찌어찌 그 두목이 칼을 들고 덤볐다. 손으로 그 칼을 막았다. 흉터가 남았다. 두목은 살인미수로 잡혀 들어갔다. 그러자 부하들이 강제로 합의를 보려고 매일 까만 양복을 입고 가게에 진을 쳤다고 한다. 사건이 겨우 무마되고 이후 조폭들이 오정희 씨를 어머니 급으로 깍듯이 모셨다는 전설이 있다.

몰락과 부흥. 이 동네의 화두다. 최 사장에게 요새 분위기가 좀 좋아지는 것 아니냐니까 손사래를 친다. 차이나타운 덕도 좀 보는 것 아닌가 물어봤다.

"아이구, 아닙니다. 아주 힘들어요. 요새 차이나타운 경기가 살아나면서 월세가 올라 괜히 있던 집들도 쫓겨나고 더 안 좋아요. 그래도 이곳이 전통의 지역으로 옛 향수를 찾는 분들이 있어서 영업은 유지하고 있는 정도지요."

최 사장이 가게를 맡으면서 실내에 추억의 상징을 좀 꾸며놨다. 사라진 은행들의 옛 통장들, 이름만 들어도 아스라한 가계수표(이건 직접 받았다가 부도가 나서 가지고 있는 실물이다)도 있다.

"제발 가게가 없어지지만 않게 해달라는 부탁을 하십니다, 손님들이. 작은 사명감이 생겨요. 그런 말씀을 들으니까. 잘해야지요."

악수하는 그의 손이 묵직했다. 막걸리 맛이 유난히 좋았다. 감자가

노포의 장사법

포실하게 익어가는 스지탕 냄비가 비어갔다. 그 쫄깃한 식감 같은, 옛 신포동의 전설이 궁금한 분들은 언제든 이 골목을 들르시라. 대환영이다.

호쾌한 사업 수완으로
60년을 지속하다

서울 동부 지역의 내력이 돋보이는 평안냉면집

동신면가

1964년 창업

• • •

　누구는 '서울 동부 지역의 최고 미식점'이라고도 부른다. 동신면가를 이르는 말이다. 이 집 박영수 사장은 직장 생활도 화려하게 치렀던 이다. 그가 왜 냉면집을 하게 됐는지, 들어보면 너무도 흥미진진하다. 1980, 1990년대를 관통하는 서울의 외식사, 미식사는 이 남자의 구수한 목소리에 그대로 담겨 있다. 지금 폭발하는 미식의 수요는 사실 이 시기의 산물이다. 역사에서 '갑자기'는 없다. 모든 역사가 무르익은 사연의 퇴적물에서 시작해 방아쇠를 당기게 된다. 아버지를 도와 냉면 육수를 식히는 수동 기계의 손잡이를 잡으면서 냉면의 세계에 입문한 박 사장의 지난한 세월을 들었다. 얘기가 끝나자 냉면 사리를 입이 미어지게 넣고 씹어 삼킨 후, 시원한 냉면 육수를 콸콸 마셔야 했다. 내 나름대로 한 집안의 역사를 그렇게 소화시켰다.

냉면집에서 냉면만으로 살아남을 수 없는 이유

　나는 소위 '냉면 명가'는 얼추 다 들러 인터뷰한 듯하다. 그러나 아직 미혹에 빠져 있다. 냉면은 어렵다. 자료와 기록이 드물다. 옛 문헌에 냉면에 대한 언급이 있다 하는데 '자주색 육수'라고 했다. 이게 무슨 말인가. 알 도리가 없다. 신문 자료를 보면 한국전쟁 이후에 냉면집이 많았다. 이북 실향민이 많았고, 그만큼 그들의 소울 푸드인 냉면이 잘 먹혔다. 더운 여름에는 계절 음식으로 누구나 좋아했다. 미

군이 사진으로 남긴 휴전 이후 1950, 1960년대 서울 도시 풍경에도 냉면 간판을 단 집이 많이 보인다. 그러나 지금은 거의 존재하지 않는다.

남대문시장에서는 관서 지방, 즉 평안도 사람들이 장사를 많이 했다. 실향민이 먹고살고 버틸 수 있는 곳으로 시장만 한 곳이 있겠는가. 실향민이 많이 모인 곳이니 냉면집도 다수 있었다. 그러나 지금은 달랑 하나. 그것도 본디 주인(부원면옥이라고 최초로 명명한)에게서 가게를 넘겨받아 노포가 된 경우다. 부원이 무슨 뜻인지도 전래되지 않는다. 평안남도 남쪽에 자리한 중화군 간동면 부원리(府院里)가 그 부원인지 아닌지 확인이 안 된다. 그 정도다. 이게 우리 대중음식사의 한계일지도 모른다. 기록이 없고, 증인은 이제 고인이 되고 있다.

그러던 와중에 뜻밖의 '귀인'을 만났다. 냉면 역사를 한 번 더 훑어볼 수 있는 기회다. 박영수 사장이다. 동신면가라는 식당을 서울 강동구 암사동에서 운영하고 있다. 보통 냉면 명가는 시내에 둥지를 틀고 있다. 그런데 저 외곽에 왜 냉면집이 있을까.

"아, 우린 냉면집이라고 하기에는 좀 다릅니다. '면가'라고 붙여놓고 있는데 이건 참 복잡한 문제입니다. 선대에 냉면 전문집으로 시작했지만, 소고기와 냉면이 고르게 주메뉴를 차지하고 있어요."

이게 무슨 말인가. 우래옥의 경우를 보면 이해가 된다. 우래옥은 누가 뭐래도 냉면집이란 말을 싫어한다. 두 가지 이유가 있다. 하나는 이북 음식 전문집이지 냉면 하나만 하는 집이 아니라는 뜻이고, 또 하나는 실용적인 이유에서다. 박 사장의 설명이다.

"냉면은 여름 한철 반짝이에요. 그걸 팔아서는 직원들 월급도 못 줍니다. 그래서 선친이 일찍이 고기도 같이 팔기 시작한 게지요."

지금은 일반 냉면집도 냉면 중심에 몇 가지 이북 음식, 즉 만두나 불고기, 어복쟁반 등을 팔아 굴릴 수 있지만 예전에는 김치찌개와 된장찌개도 파는 냉면집이 많았다.

"다른 이유가 있어요. 여름에 관청에서 단속을 하면 거개 영업정지를 당해요. 육수에서 균이 나오거든. 대부분 냉면집이 동치미를 안 쓰는 이유도 그것이오. 여름에 냉면에 목매었다가는 망하기 딱 좋으니까."

동치미는 가열처리할 수 없다. 게다가 예전에는 무, 배추에 인분을 비료로 썼다. 무조건 대장균이 나온다. 영업정지에 벌금, 심하면 구속도 당한다. 이런 일을 겪으면서 박 사장의 '냉면집'은 점차 고깃집의 성격을 띠게 된다. 부친 고 박지원 옹이 동두천에 처음 만든 '평안냉면'은 그렇게 해서 사라진 이름이 됐다. 대신 아들 박영수 사장 대에서 '동신면가'라는 이름을 얻었다. 평안냉면. 참 아까운 이름이다. 그 많던 냉면집들이 거의 사라진 것도 앞서의 이런저런 사정 때문일 것이다.

실향민의 터전이 된 의정부 평안냉면

평안냉면은 1964년도에 동두천에서 문을 열었다. 그의 선친은 평안도 정주(定州) 출신이다. 민족적 성격이 강한 지역이었다. 유명한

오산학교를 졸업[*]했다. 1917년생인 그의 부친은 1·4후퇴 때 월남 후 대전에서 피란생활을 했다. 황해도 사리원 출신의 아내 이응복 씨(1929년생)를 만나 가정을 꾸렸다. 건축 관련업을 해서 돈도 많이 벌었다. 그러다가 사업이 안 풀리면서 동두천으로 이주했다. 미군 부대 덕분에 경기가 좋았다. 고향인 이북과 조금이라도 가까운 곳으로 가서 사는 것이 원래 실향민의 관습이기도 했다. 을지면옥과 필동면옥, 의정부 평양면옥을 만든 실향민 가족도 그렇게 전곡에서 시작, 의정부에 둥지를 튼 역사가 있다. 그저 이북이 가깝다는 이유에 생면부지의 땅으로 이주했다. 하긴 실향민에게는 어디든 마찬가지였으리라.

부친이 평안냉면을 열었다. 군인과 실향민들이 가게를 찾았다. 겨울이면 사냥을 해서 꿩을 조달하기도 했다.^{**} 꿩을 삶아 국물 내고 고기와 뼈는 다져서 경단을 만들어 면에 넣어 먹었다. 밤에 아버지가 사냥 다녀오시면, 자다가도 일어나 냉면 내리는 동안 침을 삼키고 기다렸다. 꿩 경단을 넣은 냉면은 기막히게 맛있었다.

"지금이야 사육하는 꿩이니 그때 맛이 날 리 없고, 그래서 안 해요. 허허."

동두천 생연리 동광극장 앞에 평안냉면이 있었다. 동두천은 미군 부대 지역과 한국인 집단 거주 지역으로 나뉘었다. 생연리는 한국인

---

* 오산학교는 평북 정주군에서 민족주의 교육을 하는 학교였다. 여유가 있는 사람은 일본을 가거나 오산학교를 가서 공부했다. 오산 출신들은 대개 졸업 후에 만주나 중국으로 가서 독립운동을 하는 경우가 많았다. 학교는 광복 후 남으로 이전하여 현재 서울에서 맥을 잇고 있다.

** 이것도 을지면옥과 비슷한 사례다. 총 잘 다루고 사냥 좋아하는 경향이 있는 이북 남자들의 특성인 듯하다.

이 많이 거주하는 지역이었다.

"늘 이북 사람들이 식당에 가득했어요. 겨울에 절절 끓는 방에서 냉면을 먹는 맛! 이거 대단하죠. 거친 이북 사투리가 들렸지. 하하. 남자들이 아주 거칠고. 냉면 한 그릇 쭉 비우고 말이죠. 그때는 냉면 이라는 말을 안 썼어요. 그냥 국수라고 했지. 국수는 메밀로 뽑은 냉면이라야 진짜 국수다, 이런 뜻이었고. 식당도 별로 없고, 실향민들은 많지, 장사가 잘될 수밖에 없었어요."

동두천보다 더 전방인 산악 지대에서 메밀을 많이들 심었다. 그래서 겨울이 오기 전에 그곳에 가서 메밀을 사왔다.

"미군이 나눠준 원조 밀가루 푸대(포대) 있잖아요. 50파운드짜리. 거기다가 가득 메밀을 사와요. 거피도 안 한 메밀을 자루에 넣어서 절절 끓는 방에 두고 건조시켰어요. 그런 후에 마당에서 까서 국수를 만드는 거지."

냉면집에도 계급 구조가 있다

"가게 앞에 자전거가 '나래비'(쭉 늘어서 있다는 뜻. 일본어에서 온 말)였어요. 다들 냉면 먹으러 온 거지요."

손님이 끊이지 않았다. 일대의 실향민과 군인, 군속들이 이 집을 찾았다. 4홉들이 소주에 만두와 고기 안주를 먹었다. 이북식으로 냉면은 '선주후면'이라 술을 마신 후에 먹는 법이었다. 그 남자들은 박사장의 부친을 '삼촌'이라고 불렀다. 의지할 데 없는 실향민 특유의

정서가 있어 서로 기대고 친하게 지냈다.

"여름에는 진짜 손이 아쉬웠어요. 중학생이던 저랑 국민학생(초등학생) 여동생까지 모두 달라붙어 일을 도왔지. 그러니 냉면집 돌아가는 걸 잘 알아요. 지금은 기계가 하지만 그때는 금속제 분틀을 사람이 '짜야'(국수를 내려야) 했어요. 엄청나게 힘들어. 나는 물 푸는 펌프질하고. 면을 헹구려면 시원한 물이 필요하니까 지하수를 퍼 올리는 거지. 둥근 나무통과 함석통에 육수 담고, 면 헹구고. 기술자들이 반죽을 만들어 국수틀 담당자에게 던지던 장면이 생각나네."

그게 바로 냉면집의 계급 구조다. 반죽꾼−발대꾼−앞잡이의 구조를 말한다. 반죽꾼은 반죽, 발대꾼은 면 삶기, 앞잡이는 헹궈서 사리 짓는 이를 말한다. 발대란 아마도 그 연장(기다랗고 가는 나무)을 뜻하는 것 같다. 면이 면틀에 의해 솥에 길게 떨어질 때 길이를 감안하여 한 번에 잘라야 한다. 그걸 지금도 길고 가는 막대기를 쓴다. 앞잡이란 맨 앞, 그러니까 홀에 냉면이 나가기 전에 최종 단계란 뜻으로 보면 될 것 같다. 이 밖에도 배달꾼을 뜻하는 중머리가 있었다. 중머리는 배달을 안 할 때는 부엌의 허드렛일을 하는 하급 요리사이기도 했다.

그가 한 일 중에 가장 중요한 건 냉면 육수 냉각기를 작동시키는 것이었다. 앞잡이 보조라고 할 수 있겠다. 찬물이 풍부해야 면을 잘 헹굴 수 있으니까. 그는 그림을 그려가며 설명했다. 커다란 통에 시원한 물과 얼음을 담고 그 안에 다시 육수가 들어간 통을 넣는 이중 구조로 만들어진 냉각기였다. 완전 수동이다. 육수통에 달린 손잡이를 돌리면 물리적으로 육수가 빨리 시원해진다. 얼음물에는 소금도

좋은 고기를 쓰고 싸게 파니까 남는 게 없었다.
벌어서 고깃간에 갖다주는 형국이었다.
그가 직접 고기를 배우기로 결심한 계기였다.

넣었다. 냉각을 빨리 하기 위한 과학적 의도였다. 이런 방식은 실생활에서도 활용할 수 있다. 만약 여러분이 병맥주를 빨리 차갑게 하려면, 소금 친 얼음물에 병을 담근 후 뱅글뱅글 돌려보라. 그냥 놔두는 것보다 더 빨리 냉각된다.

"말도 못하게 힘들어. 그걸 시야시통이라고 했어요. 일본어 히야시, 즉 냉각이지요."

면을 누르는 사람, 사리 짓는 사람, 사리를 그릇에 담는 사람, 불때서 면 삶는 사람. 요리사들의 어깨가 딱 벌어지고 힘이 좋았다. 냉면 기술은 기본적으로 육체가 감당되어야 나오는 거였다. 자동화가 안 되어 있을 때였다. 게다가 한철 장사니까 손님이 급하게 몰리고, 그걸 '쳐내야'(치러내야) 돈이 된다. 속도가 곧 장사다.

"불을 연신 때니까 주방이 엄청 더워요. 연탄과 석탄을 때는데 화력을 올리려고 장작을 막 얹어요. 그러니 얼마나 더워. 함지에 반죽 치는 이들의 땀이 뚝뚝 떨어졌어요.(웃음)"

냉면을 먹어보니 진짜 호쾌했다. 대나무 젓가락을 쓰는데, 한 젓갈 듬뿍 들어서 한입 크게 먹었다. 그렇게 목이 멜 정도로 먹어야 진짜 냉면 먹는 거라고들 했다. 지금도 냉면 좀 아는 분들은 이 방식을 선호한다. 입이 아니라 목구멍이 먹는다고 말이다.

잘나가던 건설회사에서 냉면집 아들로

여름에 콜레라나 장티푸스 같은 전염병이 돌던 때였다. 그러면

냉면집은 작파였다. 여름 한철 장사해서 1년을 먹고살아야 하는데, 손님이 뚝 끊기고 관청에서 매일 단속과 검사를 나오니 개점휴업이었다.

"보건소에서 차에 스피커 달아 외치고 다녔어요. 전염병이 도니까 냉면 먹지 말라고.(웃음)"

그래서 메뉴를 다각화할 필요를 느꼈다. 만두와 탕, 고기 메뉴가 개발되었다. 부친이 평안도 사람이니 소고기를 좋아하고 잘 드셨다. 평양은 서울에 이어 두 번째로 소고기를 많이 소비하는 도시였다. 오죽하면 평양은 소고기 먹다 망할 곳이라고 조선시대 한양 사람들이 혀를 찼을까(그런 한양도 소고기 다소비 도시였으니 아이러니하다).

여담인데, 박 사장이 펌프 물을 푼다는 것은 평양의 시각으로 보면 아주 흥미로운 대목이다. 평양은 함부로 우물을 만들지 않았다. 평양 전체가 하나의 배(船)라는 풍수설이 있었던 것이다. 우물을 뚫는 것은 배에 구멍을 내는 행위이니, 평양이 침몰한다는 말이었다. 그러나 물은 흔했다. 바로 봉이 김선달로 기억하는, 대동강의 풍부한 용수가 있지 않았는가.

박 사장은 대학을 마치고 현대건설에 사무직으로 입사했다. 당시 동기들 대부분이 나중에 중역을 역임했다. 월급도, 회사 분위기도 최고로 막강했다. 당시의 대한민국은 진정한 의미에서 토건, 건설 국가였다. 지금 우리가 접하는 콘크리트는 거개 그 시대의 유적이다. 아파트가 매일 쑥쑥 올라갔고, 사회간접자본이 되는 다리와 길이 매일 생겼다. 그때 현대건설은 참으로 대단했다. 이 회사의 사장을 지냈던 이명박이 대통령이 될 수 있었던 신화는 바로 이런 분위기에서 시작

되었다.

"정주영 회장을 자주 봤죠. 저는 이상하게 그 회사가 생리에 맞는 것 같지 않았어요. 바른말 잘하는 스타일이라 윗사람 비위 맞추기도 힘들었고, 사직하고 아버지 사업을 돕기로 했어요."

냉면집 아들이 다시 돌아온 것이다.

입 안에 오래 남는 기막힌 면발

냉면과 고기는 잘 팔렸다. 그런데 문제가 있었다. 좋은 고기를 쓰고 싸게 파니까 남는 게 없었다. 벌어서 고깃간에 갖다주는 형국이었다. 그가 직접 고기를 배우기로 결심한 계기였다. 그는 우시장에 뛰어들어 소 사들이는 것부터 배웠다. 소 유통 전문가가 되어갔다. 정육점까지 했을 정도였다. 그 경험으로 강동구로 식당을 옮겼다. 부친도 별세하고 그가 식당을 이끌어갈 시기였다. 1986년도였다.

"아시안게임(1986년), 올림픽(1988년)을 앞두고 있었어요. 그 동네에 돈이 엄청 돌 때였지. 올림픽은 당시 국가의 지상과제였어요. 올림픽이라고 하면 모든 예산이 척척 내려오고, 모든 민간도 올림픽에 목을 매고 있었어요. 그때 식당에서 냉면은 그야말로 부속 메뉴이고, 고기를 팔아야 돈이 됐어요. 제가 돈 많이 벌었습니다. 요즘은 도축하여 부위별로 나눈 고기를 사서 팔지만 그때는 소 한 마리를 다 들여다가 부위별로 나눠서 팔았어요."

소고기의 대량 소비가 단군 이래 최대에 이른 시기였다. 일부 부

자들과 고위층이 먹던 생등심과 소갈비에 중산층이 접근하게 된 최초의 시기이기도 하다. 소가 역축이 아니라 대량으로 비육 생산 단계에 접어든 시기이기도 하다. 황금시대였다. 통계를 보면 1980년에 고기 소비량이 1인당 13.9킬로그램이었는데, 올림픽을 막 치른 후인 1990년에는 23.6킬로그램으로 올라 있었다. 주로 돼지와 소가 이끈 성장세였다. 현재는 40킬로그램에 육박한다.

나중에 그는 요식업 단체 회장에 출마했다. 선거 때문에 벌어둔 것도 어지간히 까먹었다. 지금 암사동 자리로 오면서는 아버지의 냉면을 좀 강조해서 팔고 있다. 물론 이름은 그냥 막국수다.

"우리 집이 아버지 대부터 해서 뼈대 있는 냉면집이긴 합니다. 그래도 냉면만 해서는 장사 어렵습니다. 여름만 반짝하거든요. 떡갈비와 돼지, 소갈비 같은 고기 메뉴가 좀 나가줘야 버팁니다. 냉면이라고 하면 좀 어려워하실 듯해서 막국수라고 합니다."

원조 냉면의 DNA가 있는 집에서 그걸 막국수라고 부른다. 앞서 남북면옥 편에서 이야기했듯 냉면과 막국수는 사실 같은 말이다. 이북에서 그렇게 부르기도 했다. 한 그릇 청해본다. 놀랍다. 메밀 향이 있다. 이 시기가 늦가을이니 햇메밀을 쓸 때이고, 바로 도정을 직접 하기 때문이다.

"그날 쓸 거 그날 갈아요. 몽골에서 생산된 메밀을 구해옵니다. 그게 좀 비싸도 향이 있습니다."

7대 3(메밀 7에 전분과 밀가루가 3)으로 반죽한 면이 일품이다. 직수 굿하고 적당히 끊어지는 맛이 살아 있다. 최고의 냉면 중 하나다. 육수도 시원하게 제대로 뽑았다. 사골과 고기, 동치미가 섞여 있다. 요

즘 냉면집은 사골을 잘 안 쓴다. 맑고 간결한 육수가 대세가 되면서다. 그러나 사골을 쓰는 것은 역사적인 배합(配合)이다. 평양에서 흔히 볼 수 있었다. 사골을 쓰면 육수가 묵직해진다. 박 사장의 스타일이다. 흔한 작물이었지만, 이제 귀물이 된 메밀. 미국에 의해 다량의 밀가루가 들어오면서 메밀은 우리 시야에서 거의 사라졌다. 심지어 일본이 우리나라 것을 수입해가면서 더 귀해지기도 했다.

취재를 마치고 와서도 오래도록 그 냉면이 입 안에 남아 있었다. 참 좋은 면을 먹었구나, 싶었다.

그날그날 도정으로 메밀의 향을 지킨다

박영수 사장은 스스로 '무향민'이라고 한다. 이북도, 태어난 대전도, 자란 동두천도 모두 고향이라고 부를 그 어떤 정서가 없다. 그는 대전의 피란민 수용소 지구인 대흥동에서 태어났다. 아버지는 늘 그에게 "대전서 났디만 너는 고향이 피안도 덩두디(평안도 정주지)"라며 세뇌(?)를 했다고 한다. 정주는 유명한 시인 백석의 고향이기도 하다. 백석은 냉면에 대한 시를 남길 정도로 애호가였다.

"그래봐야 제가 통일되어 정주를 가본들 뭘 알겠습니까. 저는 그냥 무향민이 맞아요. 이게 우리 현대사의 아픔이지요."

그의 식당에서는 앞서 말한 대로 냉면을 막국수라고 부른다. 하얗고 연한 녹색이 도는 메밀을 갈아 만든다. 원래 막국수란 설(說)도 많은 음식이다. 막(갓) 갈아서 먹는다 하여, 막(거칠게) 갈아서 먹는다

노포의 장사법

하여, 냉면이 아니라 서민의 막(저렴한) 국수라고 하여 그렇게 부른다. 물론 이 의미가 모두 포함된 말일 수도 있다. 그런데 박 사장으로부터 의미심장한 설명을 들었다.

"저희들은 아버지 시절에 메밀을 공장에 가지고 가서 제분을 해옵니다. 이때 속메밀은 냉면을 하고, 좀 거무튀튀한 겉메밀은 보리개떡 같은 걸 해 먹거나 국수를 내렸어요. 냉면에 쓰는 곱고 흰 가루가 아니라고 해서 그걸 '막국수'라고 불렀어요. 그 가루를 막가루라고 했거든. 아버지는 속메밀 8에 밀가루나 전분 2를 넣고 반죽을 했어요. 남는 막가루는 파는 게 아니라 식구들이 먹는 거였지요."

당시 석발기(돌 고르는 기계)가 없을 때여서 겉메밀, 즉 막가루에서는 돌도 씹히고 그랬다.

"구수하고 맛있었어요. 속메밀과 달리 거친 맛이 있었어요."

그의 식당 입구에는 제분기가 놓여 있다. 속메밀(메밀쌀)만 사서 하루치씩 즉석 도정하여 쓴다. 미리 갈아둔 건 향이 다 날아가서 싫단다. 더러 냉면 모르는 이들이 '화장품 냄새가 난다'고 할 때가 있다. 그는 차분하게 설명한다. 메밀 향을 한 번도 못 맡아본 이들을 위한 서비스다.

"쫄깃하지 않다고 뭐라 하는 분들도 있어요. 메밀은 안 질긴 게 특징이다, 이렇게 설명하죠."

냉면 육수는 양지와 사골을 기본으로 한다. 그래서 육수가 어느 정도 농도가 있다.

"옛날 아버지 대에는 육수에 비결이 있다고 직원들 퇴근시킨 다음에 부모님 두 분이 만들곤 했어요."

그는 부친께 듣기로 동두천과 가까운 전곡, 의정부에서 냉면을 했던 유명한 의정부 평양면옥의 사장님(고 홍영남)과 교류했던 걸로 기억한다. 같은 평안도 사람이었으니 당연한 일인지도 모르겠다.

그의 부친은 메밀을 아주 소중하게 여겼다. 늦가을에 사서 집에 보관하면서 팔았다. 한번은 물난리가 났는데, 구급차를 불러서 메밀을 피신시키더란다.

3대를 잇는 평안냉면의 핏줄

그의 식당 주메뉴 중 하나는 떡갈비다. 한동안은 상호를 '동신떡갈비'라고 했을 정도다. 다 이유가 있다.

"소 한 마리를 잡아도 구울 수 있는 갈비는 얼마 안 나옵니다. 전부 다 갈비를 한다고 하는데, 그 갈비가 다 어디서 나오겠어요? 이른바 '로얄'은 얼마 안 되지. 그러니 다른 데 살을 갖다 붙입니다. 그럴 바엔 떡갈비를 하자, 이렇게 된 거죠."

떡갈비가 우연히 만든 음식은 아니다. 원래 궁중 요리로 알려져 있다. 의정부, 동두천에서 유명하기도 했다. 남양주군 진접면 쪽에 궁의 내시들이 퇴직 후 살았는데, 그들이 궁궐서 먹던 것을 재현하면서 유명해졌다는 말도 있다. 전라도에 떡갈비가 유명한데, 아마도 조선조에 유배 내려간 양반들이 가서 퍼뜨린 게 아닌가 하기도 한다.

그는 호탕하고 선이 굵은 사람이었다. 고기도 어려서부터 잘 먹었다고 한다.

"아버지가 한번은 절 데리고 아는 정육식당에 갔어요. 주인과 대작하시면서 제게 고기 좀 먹겠느냐 하세요. '먹으면 얼마나 먹갔어' 이러시는 거예요. 앉은 자리에서 시오야키 두 근을 먹었지요. 엄청 놀라십디다. 하하."

시오야키(鹽燒)란 일본어로 소금구이란 뜻이다. 박 사장의 기억으로는 그 당시 간장구이보다 소금구이가 흔한 소고기 요리법이었다.

그의 아들도 대를 이어 식당을 한다. 데리고 수업을 시키지 않고, 일찍 독립시켰다. 동신화로라는 식당을 상암동에 열어 혼자서 운영한다. 아직 20대인 아들 헌웅 씨다. 알아서 잘한다고 한다. 젊은 세대라 훨씬 당차다는 말을 덧붙인다. 3대째, 평안냉면의 핏줄이 이어지고 있는 셈이다.

시원한 그의 냉면 육수에 혀에 다붓다붓 붙던 기막힌 면발이 자꾸 생각난다. 하, 참.

재료를 최고로 쓴다,
포장마차의 저력

여수 연등천 포장마차촌의 명물 노포

41번집

1970년대 창업

．．．

포장마차는 사라져가는 풍물이다. 대략 1960년대에 크게 성업하기 시작했다. 소설가 김승옥을 유명하게 만든 소설 〈서울, 1964년 겨울〉에서 등장인물들이 만나는 곳도 포장마차다. 그 후 1990년대로 꺾어지며 천천히 유행을 잃어갔다. 지금도 명맥은 유지하고 있지만, 과거의 포장마차와는 '핏줄'이 다르다. 포장마차의 혈통을 관통하는 한 낱말이 있다. 이동(移動)과 이주(移住)다. 포장마차는 이동하기 때문에 포장마차다. 아마도 일본의 포장마차를 뜻하는 야타이(屋臺)에서 그 문화가 왔겠지만, 포장마차라는 명명은 서부시대(극)에서 온 것으로 보인다. 미국 영화사의 1950, 1960년대를 풍미한 서부영화에서 자주 나오는 게 포장마차다. 서부 개척지로 이주하던 미국인들의 이동 운송수단을 부르는 이름이었다. 그것이 한국에선 이동형 간이 술집을 의미하게 되었다. 자, 역사 속으로 들어가보자. 여수의 살아 있는 포장마차의 맛이다.

도시 이주와 함께 성장한 포장마차

우리가 아는 이동형 주점을 누가 처음 포장마차라고 불렀는지는 알 수 없다. 다만 포장마차라는 용어가 1900년대 초 신문에 등장하기 시작하는 걸로 미루어, 그즈음이 포장마차의 맹아기라고 볼 수 있다. 포장마차는 야간에 무단히 도로나 공간을 점유해야 하므로 이

동형 장비가 필수였다. 그게 바로 리어카였다. 포장마차는 리어카에 포장을 치고, 밤에 장사하는 것을 의미했다.

내가 체험한 1970년대 전형적인 포장마차를 묘사하면 대략 이렇다. 우선 카바이드(1980년대에는 이미 배터리를 이용한 전구로 바뀜) 불이 빛나고, 푸른색과 흰색이 교차된 무늬의 전형적인 천막으로 리어카를 둘러싸고 있다. 바깥 천에는 붉은색이나 푸른색 페인트로 메뉴를 써놓았다. 더러 상호를 써놓는 경우도 있었다. 이모집, 자매집, 호남집, 전주집, 딱한잔, 못잊어 같은 이름이 많았다. 컴컴한 밖에서 보면, 안에 기다란 목로에 앉아 있는 손님의 뒷모습이 그림자로 보였다. 추운 계절에는 거의 밀봉에 가깝게 포장을 치고 있어서 출입구를 찾기 어려웠다. 아무 데나 포장을 들추고 들어가려면 "이쪽이오, 이쪽" 하고 방향을 알려주는 주인이 있었다. 들어서면 안쪽은 요리하는 주인이 쓰고 3면에 손님이 쓸 수 있는 목로의자가 놓여 있었다. 리어카 가운데는 유리창을 씌운 간이냉장고가 있다. 얼음을 깔고 그 위에 안줏거리를 놓은 일종의 아이스박스다. 메뉴는 거의 대동소이했다. 제일 인기 있는 건 곰장어구이였고, 꽁치구이나 닭똥집, 돼지갈비구이를 냈다. 겨울에는 홍합탕을 서비스로 주고 고갈비 등을 구워 팔았다.

소주는 병으로도 팔고 잔술도 가능했다. 한 잔에 백 원 하던 시절이 기억난다. 맥주는 대개 안 팔았고, 막걸리가 있곤 했다. 거의 25도짜리 진로소주(당시 서울 기준)를 마셨다.

포장마차는 도심과 부도심에 많았다. 보통 2차나 3차 자리로 이어지거나 '혼술' 하는 사람들이 이용했다. 영업이 끝나면 이동하는 게

노포의 장사법

포장마차인데도 대개 변두리 산동네인 집까지 끌고 갈 수 없었다. 이런 애로(?)를 해결한 것이 보관소다. 돈을 받고 포장마차를 보관해 주었다. 나중에는 보관소가 기업화되어 포장마차에 쓰이는 온갖 안주류와 비품들, 물 공급 등을 맡기도 했다.

변두리 동네에도 마지막 한잔 손님을 노리는 집들이 큰길에 한두 개 있었다. 대개 중년의 여자가 주인인 경우가 많았고, 더러 중년 부부의 공동 노동으로 꾸려가기도 했다. 앞서 포장마차가 이주를 상징한다고 했는데, 그것은 농촌 인구의 도시 이주와 관련이 있다. 이른바 무작정 상경한 이들이나 딱히 마땅한 직업을 구하지 못한 지방 농민 출신들이 포장마차를 많이 했다.

우선 비용이 적게 먹혔고, 어떻게든 자기 가게를 하는 것이므로 장사가 잘되면 먹고살 만했다. 나중에 이런 포장마차에도 기업형 조폭 등이 개입하여 사당동, 명동 등의 요지를 장악하고 임대료를 받거나, 억대의 권리금이 발생하는 곳도 있어 당시 언론의 질타를 받았다. 인기 있던 MBC 뉴스 '카메라 고발' 코너의 단골 아이템이기도 했다. 사람들은 포장마차에 권력이나 돈이 개입하는 것을 못마땅하게 여겼다. 포장마차는 소박한 서민의 벗이자 생존 현장이라는 이미지가 구축되어 있었기 때문이다.

서민의 애환을 담은 연등천 포장마차

"아짐, 지금 써는 게 뭣이다요?"

엉터리 사투리로 내가 물었다. '아짐(아주머니의 사투리)'은 칼질을 하다 말고 큭큭, 웃는다. 뭐라 하시는데, 못 알아들었다.

"긍께, 덕자더러 덕자 썬다고 물어봐싸."

그렇다. 이 아짐의 함자가 박덕자 여사다. 덕자 씨가 덕자(전라도에서 큰 병어를 뜻하는 말)를 손질하는데 뭘 썰고 있느냐고 물으니 웃으시는 게다. 언제나 멋진 안경에 묵묵한 표정(그다지 살갑지 않다), 그런 이 집에 손님들이 끊임없이 몰려온다. 덕자(병어)로 치자면, 군평선이와 함께 여수의 일미. 이 아짐이 덕자를 다루는 솜씨가 예사롭지 않다.

"덕자, 병어 정말 숱허게 손질했지. 이놈이 이제 비싸요. 예전에는 막 썰어서 주곤 했는디."

여기서 잠깐. 병어에 대해 소위 전문가들도 헷갈린다. 덕대, 덕자, 병어, 독병어, 입병어 등등 서로 다른 종인지 관습인지 구별이 안 간다. 실제로 병어가 많이 유통되는 여수 중앙시장 선어센터의 도매상들도 제각각 다르게 말한다. 일단 덕자와 덕대는 구별해야 한다. 덕대는 병어와 다른 종이다. 덕자는 여수 등지에서 큰 병어를 이르는 말이다. 그러니 덕자는 병어, 덕대는 덕대다. 병어가 더 비싸다. 독병어는 덕자병어의 준말이고, 입병어는 병어를 이르는 다른 말이다. 정리가 되셨는지 모르겠다. 그러나 여수 등지는 물론 서울에서도 덕대를 덕자(병어)라고 판다. 속이는 건 아니고, 잘 몰라서다.

자, 허다한 노포들을 다루던 박찬일이 여수에서 포장마차에 들른 건 다 사연이 있다. 여덟 해 전인가, 몇몇 후배들과 새벽에 냉큼 차를 몰아 요리에 응용할 재료도 보고 음식도 먹는, 말하자면 임도 보고

뽕도 따는 여행을 시작했었다. 살갗이 얼어서 툭 치면 바스라질 것 같은 건조하고 추운 겨울이었다. 그때는 고속열차도 없었고, 엑스포도 전이었으니 서울서 여수 가는 길이 만만치 않았다. 단단하게 언 길을 달려 여수에 도착했다. 외지인들이 가장 먼저 돌아보는 동네가 원래 시장 부근이다. 활력을 고스란히 보여주는 곳이기 때문이다. 우리 일행도 그렇게 시장을 한 바퀴 돌았는데, 띄엄띄엄 희미한 전등불 켜진 포장마차가 멀리 보이는 게 아닌가. 일종의 불야성은 아니었고, 뭔가 쇠락했지만 운치 있는 정경이었다.

나중에 안 일이었지만, 그곳이 여수의 전설 연등천 포장마차촌이었다. 어떤 이는 여수의 베니스라고도 하고, 여수에서 오랫동안 살았던 소설가 한창훈이 늘 술잔을 뒤집었던 곳도 바로 이곳이다. 여수의 베니스는 좀 지나친 표현인데, 비가 많이 와서 물이 좀 고이는 날에는 포장마차 불빛이 반사되어 운치가 없지는 않다. 어찌 되었든 연등천과 이 일대의 포장마차는 여수의 술꾼들과 소박한 시민들의 소소한 개인사를 짊어진 하나의 민중적 유물이 되고도 남는다. 유물이라는 것은 사라지고 남은 것이라는 뜻인데, 아닌 게 아니라 연등천 포장마차는 천천히 그 옛 영화를 뒤로하고 사라질 준비를 하는 것 같다. 박덕자 여사의 삶이 묻혀 있던 '41번 포장마차'도 연등천 시대를 마감하고 봉산동으로 옮겨 번듯한 '실내' 포차가 되었기 때문이다. 바로 얼마 전 일이다.

연등천은 여수 둔덕동 뒤의 해발 470미터짜리 호랑산에서 발원하여 바다로 흘러드는 지방 하천이다. 한때 수량이 적당해 오염되기 전에는 포장마차의 불빛이 쫙 반사되면 문자 그대로 연등(蓮燈)이 피

한 상이 깔린다.
어디 그럴싸한 안줏거리만 있는 게 아니라 전라도식 반찬들도 한 자리씩 한다.
"포장마차라고 우습게 보면 큰일 나제, 암.
우리 집이 어떤 집이여, 네가 청춘 묻은 집잉게."

어난 것처럼 보였다. 그리하여 연등천이라는 아름다운 이름에 걸맞은 여수의 젖줄이었다.

"비 오고 나믄 물소리가 아주 제법 장하요. 그 소리 들으면서 술잔 기울이는 재미가 여간 아니었지."

한 여수 시민의 기억이다. 상류에서부터 생활하수가 들어오고 공장에서 오폐수도 실려오면서 연등천은 앓기 시작했다. 수량도 크게 줄었다.

술꾼들의 최후의 한잔을 책임지다

연등천을 끼고 발달하던 포장마차는 여수 시민의 사랑을 크게 받았다. 하나둘 먹고살기 위해 '구루마'를 끌고 나오는 사람들이 늘었다. 자연스레 경쟁이 생겼다.

포장마차는 전국 도시 어디서나 발견되는 서민의 술집이자 간이음식점으로 1960년대에 크게 번지기 시작했다. 나도 어린 시절부터 포장마차를 즐겼던 세대다. 중고등학생들도 더러 국수를 먹으러 가는 곳이었다. 무엇보다 값이 쌌고, 늦게까지 영업했기 때문이다. 1차, 2차로 만족할 수 없던 술꾼들에게 포장마차는 '최후의 한잔'을 파는 고마운 술집이었다. 흔히 잔술을 팔았으므로 '딱 한 잔만' 마시기에 좋았다. 반병짜리 소주도 사라진 지금, 잔술의 기억은 참으로 아스라하다.

그 시절 지역마다 포장마차 안주도 제각각이었다. 서울은 꽁치구

이와 고갈비, 곰장어구이, 오징어숙회, 오뎅, 잔치국수(보통 그냥 물국수라고 불렀다)나 우동, 나중에는 돼지오돌뼈가 인기 메뉴였다. 내 선친의 기억으로는 돼지갈비도 많이 팔았다고 한다. 지금처럼 고깃집의 인기 메뉴가 되기 전에는 포장마차에서 많이 다뤘다고 한다. 포장마차는 단속이 되면, 통째로 트럭에 실어 올려 압류되곤 했다. 벌금을 물면 한 달 치 장사 수익이 고스란히 날아가버렸다.

그 시절, 포장마차가 흥하면서 관련 산업도 생겨났다. 천막 가공업소가 재미를 봤다. 요즘은 주로 주황색 포장을 많이 쓰는데, 예전에는 푸른색과 흰색이 교차하는 줄무늬가 흔했다.

기본형 리어카를 개조하여 포장마차를 만들어주는 제작소도 많이 생겼다. 지금도 신당동 주방용품 시장 한쪽에 가면, 이런 작업이 가능하다. 리어카에 금속으로 3면을 둘러 카운터를 만들고 가운데 얼음냉장고를 넣는 식으로 제작되었다. 요리는 대개 리어카 옆에서 연탄화덕과 석유풍로를 놓고 만들었다. 연탄화덕에는 석쇠를 얹어 구이를 주로 했고, 풍로에는 찌개나 국수 따위를 끓였다. 1회용 비닐을 접시에 덮어 내거나 알루미늄 포일을 덮는 것은 1990년대 이후의 유행이고, 1980년대만 해도 접시를 일일이 씻어 썼다. 물이 부족해서 당연히 위생이 안 좋았고, 이런 문제로 단속의 철퇴를 자주 맞았다. 포장마차는 당시 관련법상 허가받은 곳이 없었다. '포장마차=무허가'였다.

박 여사와 41번집의 역사

8년 전의 그날, 41번 포장마차로 다시 돌아가보자. 우리 일행은 혹독한 바닷바람을 맞으며 몸을 덥힐 곳을 찾고 있었는데, 이미 시간이 꽤 늦었다. 그때 교동시장에 잇대어 있는 연등천의 포장마차 불빛을 보았던 것이다. 당시 교동시장은 새벽에 열고 오후에는 일찍 거래를 끝내서 한산했다. 교동시장 안쪽으로 천변에 잇대어 있는 포장마차도 있었지만, 당시에는 연등천 다리 건너편이 압도적인 포장마차 구역이었다. 그곳에서 박덕자 여사의 41번 포차를 발견하고 말았다.

그곳에서 우리는 여수식 미식의 정점을 맛보았다고 단언할 수 있다. 푸른 반점이 번뜩이는, 은빛의 거대한 삼치가 냉장 쇼케이스에 누워 있었고 붕장어, 닭발 같은 아름다운 안주들이 그득했던 것이다. 큰 삼치 한 마리는 부위별로 횟감이 되기도 하고, 구이로도 냈다. 뱃살은 회로 살살 녹았고, 등살은 숯불에 거뭇거뭇하게 구워 냈다. 숯불 쓰는 포장마차라니!

박덕자 여사의 인상은 당시 꽤 무서웠다.

"술주정뱅이들도 있고 허니 자꾸 싸납기 안 허믄 우습게 보이제. 나가 본디 순한 사람이요.(웃음)"

그날도, 한 패의 손님들이 싸움을 했다.

그렇다면 왜 연등천 포장마차촌은 번호를 매겼을까.

"맞어, 시에서 더 못 만들게 하려고 그리 한 거제. 너도나도 포장마차를 끌고 나오믄 어찌 되겠소. 단속을 할 수도 안 할 수도 없제,

그래 가꼬 인자 자율적으로 협회도 만들고 다 번호를 붙인 거제. 그래야 새로 포장마차가 생기믄 눈에 딱 띌 테니까."

숫자는 본디 개성을 죽이고 통제만 남는 법. 본디 있었던 '동그라미', '그냥 갈 수 없잖아', '한잔집' 같은 멋진 이름을 버리고, 1부터 40몇 번까지 번호를 쭉 매겼다. 새로 온 집은 표가 탁 났다. 이른바 자율 규제책이었다. 단속 주체인 시에서도 그 정도 선에서 정리했다. 여수시 군데군데 있는 포장마차촌에는 배경이 있다. 무조건 리어카를 뺏어가는 강제만이 능사는 아닐 것이다. 꽤 괜찮은 행정이 아닌가 싶다.

"17번집이 마지막 번호야. 시에서 포장마차들 정비한다고 번호를 새로 붙였거든. 나는 17번을 주더라고. 그래서 벨수 없이 그 밑엣다가 또 써놨지, 구41번집이라고. 아휴, 정말 번호는 지긋지긋해.(웃음)"*

마음과 배까지 든든하게 채워준 안주

여수는 원래 한적한 어촌이었다. 그러다 일제강점기에 크게 성장하는데, 1931년에 이곳에서 시모노세키 간에 연락선이 취항했을 정도다. 또 목포가 종점인 호남선 다음으로 여수가 종점인 전라선이

• 나는 이 집의 추억을 이미 다른 글로 쓴 적이 있다. 단행본 《뜨거운 한입》에는 '연등천 45번집 김 여사 기절 전말기'라고 나와 있다. 원래 이 글은 창비 블로그에 실렸던 것인데, 실제 옥호는 41번집이다. 왜 이런 일이 벌어진 것일까. 실은 일부러 그랬던 것이다. 그 글로 너무 많은 손님들이 찾아가서 폐를 끼치면 어쩌나(실은 나만 몰래 이 맛있는 안주를 먹겠다는 심보도 있었다) 하는 마음이었다. 하여튼 41번집은 45번집이 되기도 17번집이 되기도 한다. 지금의 봉산동으로 이전하기 전에 있었던 일이다.

1937년에 들어오면서 해안 도시이자 교통의 거점 역할을 떠맡게 된다. 그전까지 여수는 일제의 멸치 수탈의 근거지였다고 한다. 일제는 한일 강제 병합 이전에 이미 다수의 자국 어민을 우리 남해로 이주시켜 근대적 어업 장비로 멸치를 싹쓸이해갔다. 멸치는 일본 '내지'의 식량이자 비료의 일부가 되기도 했고, 나중에는 침략군의 전투식량으로도 쓰였다. 말린 멸치는 국물을 내기에 아주 좋았고, 그냥 먹어도 우수한 반찬과 비상식량이 되었기 때문이다.

여수는 전라선과 고속도로로 연결되는 교통망이 있었지만, 워낙 수도권에서 먼 탓에 소위 '발전'이 더뎠다. 엑스포를 계기로 고속열차가 달리면서 물리적 거리감을 좁혀놓았다.

박 여사는 여수 사람이다. 스물넷에 시집와서 포장마차와 인연을 맺었다. 남편이 먹고살겠다고 포장마차를 연등천에 냈는데, 하는 모양이 영 시원찮아 보였다는 것이다. 결국 팔을 걷어붙이고 직접 나섰다. 스물네 살 새댁의 삶의 투쟁은 그렇게 시작되었다. 그사이 아들도 둘을 낳았으니, 애들 등에 업고 불을 지펴 안주를 굽는 일도 다반사였다.

"고생헌 얘기? 지금도 안 끝났는디 뭔 옛날 얘기가 있겠소.(웃음)"

아닌 게 아니라 박 여사는 연신 숯불에서 뭔가를 굽고 있다. 여수에서 안 먹고 가면 안 된다는 생선 군평선이가 칼집을 등에 받아 갈라진 채 지글거리며 숯불을 뒤집어쓰고 있다. 샛서방에게만 줄 만큼 맛있다고 하여 샛서방고기라고도 불리는 이 녀석을 먹으러 멀리서 여수까지 오는 이들이 부지기수다. 가게는 포장마차지만 박 여사는 여수에서 제일 좋은 군평선이를 가지고 온다. 본디 작은 고기인데,

이 집 것은 제법 굵직하다.

"젤 존 놈이여. 비결? 그런 게 어디 있어. 뺏어서라도 존 놈으로 가져오는 거지."

박 여사의 포장마차는 새벽 3시까지 한다. 오후 5시에 열어 꼬박 열 시간 영업이다. 그게 전부가 아니다. 이미 낮 12시면 나와서 재료를 손질해야 한다. 장은 언제 보냐고? "새벽에 일 끝나면 시장 가서 보고 다 맞춰놔요. 잠깐 눈 붙이고 그것들 오면 바로 일해요." 여수는 원래 활어로 회를 먹는 경우가 드물다. 요즘은 관광객의 수요를 맞추려고 활어로 내는 집들이 많지만, 역시 선어가 제격이다. 새벽에 갓 들어온 싱싱한 생선을 받아다가 그날 밤까지 팔고 치우는 것, 그것이 여수에서 생선이 유통되는 방법이다.

박 여사가 선어 한 접시를 썬다. 모둠이다. 노랑가오리와 덕자, 삼치가 나왔다. 노랑가오리는 가오리 중에서 가장 귀품에 속한다. 오독오독 씹히는 물리적 맛 뒤로 깊은 감칠맛이 치고 간다. 살점에 붉은 줄이 죽죽 그어져 있어 '호랑이고기'라고도 부른다. 덕자병어는 떡을 씹는 줄 알았다. 살이 깊어서 이빨이 푹푹 박힌다. 기름기 많은 뱃살을 회로 냈다. 아아, 이런 회를 어디서 또 먹어볼 수 있을까.

삼치는 본디 겨울을 제철로 아는데, 그렇지만도 않다. 6월 삼치는 부자만 먹는다는 말이 있다. 어획량은 적은데 맛이 있기 때문이다(이 글을 쓰기 위해 취재한 시기가 초여름이다). 삼치는 일종의 '출세어'다. 자라면서 이름이 바뀐다는 뜻이다. 여수 어부들 사이에서는 어린 것은 '고시', 좀 큰 건 '야나기', 아주 큰 건 '빠따'라고 부른다. 빠따가 못 되는 잔것은 41번집에 오지 않는다. 삼치도 커야 맛있는 어종이다. 낚

시로 일일이 낚아 올린 거대한 삼치가 박 여사의 손에서 도륙 난다.

41번집에 앉으면 무얼 시키든 일단 한 상 가득 놓인다. 삶은 달걀, 토마토와 고구마 등속이다. 다 배부른 안주다. 이런 걸 먹으면 안주도 덜 시킬 테고, 장사에 좋을 리 없지 않을까.

"장사는 뭐 잘나빠진 장사. 사람이 배가 든든해야 속 안 다치고 술을 먹제."

대수롭지 않다는 듯한 박 여사의 말씀이다.

시키지도 않았는데 이곳에선 알아서 내는 메뉴가 많다. 희귀한 재료들을 공급받는 루트도 많다. 가게에 오래 앉아 있다 보니 막 낚시로 잡아온 생선이 든 아이스박스를 가지고 거래처 사내들이 들이닥치고, 무시무시한 크기의 섭(자연산 홍합)과 돌멍게가 든 박스도 다른 사내가 들고 온다. 다 '주워서' 온 것이란다. 바닷속 작업물이다. 도대체 이해할 수 없는 공급 루트를 가진 거대한 손의 박 여사.

한 상이 깔린다. 어디 그럴싸한 안줏거리만 있는 게 아니라 전라도식 반찬들도 한 자리씩 한다. 잘 담근 열무김치는 입에 쩍쩍 붙고, 여수 특산의 돌게찜이며 가지무침, 제철인 꼴뚜기회에 생선조림도 한 접시다. 이렇게만 먹어도 장정 서넛이 입을 봉할 상인데 이제부터 진짜 요리가 이어진다.

"포장마차라고 우습게 보면 큰일 나제, 암. 우리 집이 어떤 집이여, 네가 청춘 묻은 집잉게."

여수 지역의 해물과 생선의 제철을 알려면 이 집을 들르면 된다. 제철에 제일 맛있고, 제철이 제일 싱싱하고, 제철이 보통 싸기 때문이다. 마침 꼴뚜기회가 나왔는데, 이것도 물때 모르면 못 얻어먹는다.

"그라제. 꼴뚜기는 오후에 바다에서 배가 들어옹게 새벽에 어시장에 나가봐야 옳제."

41번집은 추운 연등천 신세를 면하고, 이제 소박한 고정 자리를 얻었다. 실내 포차가 된 것이다. 아쉽기도 하다. 그렇다고 우리 운치 있자고, 이 사람의 거친 연등천 생활을 지속하라는 건 차마 못할 말이다. 암, 그것도 이미 40년 가까이 포장마차를 지속해오지 않았는가.

"비 오고, 바람 불믄 담 날 마차가 연등천에 처박혀 있던 날이 있었제. 얼마나 바닷바람이 쎈지 몰라. 추워서 괴롭고, 더워서 괴롭고, 이제 이사하니 아주 속이 다 썬하네."

말은 그리 하면서도 옛 추억의 아쉬움이 왜 없을까. 박 여사가 일하다 말고 낯빛이 어두워진다. 그이는 버릇이 있는데, 잠 깨서 일하고, 잠들면 일을 놓는다. 인터뷰를 하면서도 한시도 쉬지 않고 몸을 놀린다. 구이로 나온 군평선이 대가리를 남겼더니 호통이 떨어진다. 대가리는 먹을 게 없는 게 아니냐니까 "뭔 호랑말코 겉은 소리여. 그리 자시믄 드실 줄 모른다 소리 들어"라고 재촉한다. 군평선이 대가리를 들고 살점을 뜯으니, 고소하고 짭짤하며 박 여사의 마음 같은 진한 감칠맛이 처덕처덕 입천장에 붙는다. 기어이 닭발도 나온다. 이 집 명물이다.

"본래 해물 같은 거 안 했어라. 포장마차가 도시도 글치만 원래 닭발 같은 거 굽는 것잉게. 닭발, 똥집 이런 거 했제. 연탄불에 구워 팔었제. 한 잔에 백 원썩 하는 보해소주를 잔술로 팔았어. 아휴 징해."

박 여사의 닭발은 특이하다. 불에 은근히 구워서 바삭바삭하다. 매운 양념은 미리 바르지 않고 나중에 쳐서 내는데, 이렇게 하니 닭발

이 타지 않아 좋다. 아마 전국에 비슷한 닭발이 없을 것 같다. 독보적이다.

이젠 유명해져서 손님도 멀리서 많이 오겠네, 돈 버셨겠네, 했다.

"뭔 소리여. 택도 없제. 객지 사람은 잘 안 와. 여가 어딘 줄도 몰라. 맨 여수 사람들이지."

그야말로 단골이고, 그야말로 여수의 오랜 꾼들이 온다. 박 여사의 기가 세서 '어깨'들도 이 집에서는 조용히 마시고만 가는 게 룰이다.

"좋은 추억도 많지. 데이트하던 사람들이 애 델꼬 올 때 보면 참 신기허제. 그때 연등천 옆에서 뽀뽀하던 애인들이여."

포장마차촌에 화장실이 있을 리 만무. 연등천 아래로 여자들이 소변을 보러 가던 적도 많았다. 그때 외면하며 기다리다가 남자들이 손을 잡아 끌어 올려주는 것도 이 포장마차 풍물촌의 정경(?)이었다. 더러 연등천 난간에 기대어 있다가 밑으로 떨어지는 술꾼도 많았다.

"이쁜 여자들이 떨어지면 서로 먼저 건진다고(꺼내준다고) 남자들이 서로 나서고 그랬제.(웃음)"

연등천의 원형질 같은 41번 포장마차

연등천은 41번 포차의 원형질 같은 것이다. 연등천이 없었으면 41번도 없었다. 포장이 날아갈 것 같은, 아니 실제로 훌렁 날아가던 태풍이 불던 날도 41번은 열었다. 그리고 사람들이 이 집의 목로의 자에 삶을 남겼다.

박 여사가 처음 포차를 열던 시절에는 여섯 대인가 하던 포장마차 숫자가 한창때는 42대까지 늘었다. 이제 점점이 이가 빠져서 1번 다음에 7번이고, 그다음이 십 몇 번이고 하는 식이다. 40 몇 대의 포차가 줄지어서 영업하던 광경을 나도 보지 못했으니, 연등천의 전성기를 목격한 것은 못 된다.

"없는 여수 사람들이 몰려서 장사한 게 연등천이제. 참 지독스럽게 살았어. 그때 연등천은 물이 맑아서 수영도 하고 그랬제. 세월은 흘러가라고 있는 것잉게 아쉽기는 해도, 어쩌겠어. 나도 아들도 둘 낳고 먹고살았으니 참 장하긴 해. 포차해서 며느리도 봤으니까."

전기도 '밧데리'도 없이 카바이드로 불을 켜고 장사했던, 석유풍로와 연탄화덕으로 닭발을 굽던 연등천 명물 41번 포차. 이제 제대로 벌금 아닌 세금을 내고 장사하는 박 여사다.

붕장어 뼈로 국물 내고 내장을 듬뿍 넣은 장어탕이 나온다. 그야말로 녹는 맛이다. 이런 것 좀 팔라고 했더니(정식 메뉴에 없다) 한마디 한다.

"다 팔아뿔면 나는 뭣 묵어?"

박 여사, 부디 오래 이 집을 지켜주세요. 취한다. 어허, 옛날 이 집이 연등천에 있던 때는 말이야, 태풍이 와서 바람이 부는데 의자째 저 연등천 꼬랑으로 처박혔다고……. 나의 허풍이다.

새벽 3시. 41번 포차가 닫는 시간이 되었다. 박 여사는 손님이 있건 말건 그 시간에 정확히 문을 닫는다.

노포의 장사법

생생하게 살아있는
삶의 비늘들에 대한 기록

1

전편 격인 《백년식당》을 쓰고 앓아누웠다. 얼마나 많은 후회를 했던가. 왜 사람들이 이 일을 하지 않았는지 알았다. 일단 섭외가 되지 않았다. 상당수 식당이 찾아가면 간첩 취급이요, 전화 걸면 장사꾼 대우였다.

그럼에도 섭외는 이 책의 핵심이었다. 식당 주방에 들어가지 않으면 만들 수 없는 책이었기 때문이다. 박혜신, 조윤정 두 분의 기획자가 섭외까지 많이 도와주셨다. 어떤 이는 "식당 쪽에서는 소개 글이 나오면 홍보도 되고 좋지 않겠느냐"고 속 편한(?) 얘기를 했다. 천만의 말씀이다. 활자 매체보다 힘이 더 세다고 식당 주인이 생각하는 텔레비전 채널만 한국에 대략 열 개 남짓 된다. 한 채널 안에서도 프로그램마다 각기 달리 섭외한다. 아침 방송에 식당은 필수 아이템이다. 〈VJ특공대〉 같은 다큐멘터리나 예능도 빠지지 않는다. 〈수요미

식회〉나 〈백종원의 3대 천왕〉 같은 프로그램에다 온갖 '먹방'이 널렸다. 그냥 일반 예능에도 일없이 식당이 나온다. 드라마도 안 빠진다. 장소 협찬도 일종의 홍보 활동이다. 이 틈을 뚫고 안면도 없는 식당에 가서 인터뷰 좀 해주십사 하는 것도 보통 일이 아니었다. 박찬일을 누가 알겠는가.

취재하고 싶은 식당이 갑자기 섭외 불가능해지는 경우도 있다. 텔레비전이 한번 훑고 가면 그 식당은 대체로 말도 붙이기 어렵다. 열몇 명이 넘는 스태프가 식당을 장시간 들었다 났다 하는 바람에 내가 가서 취재 어쩌고 하면 손사래부터 친다. 그 와중에 홍보비 내놓으라는 삼류들도 드나든다. 정상적인 언론에 식당 기사가 나가면, 그 언론사의 매체를 정기구독 등으로 파는 외곽 업체가 마치 편집국인 척 잡지 구독을 강매하는 일도 흔했다. 파워 블로거와 인스타그래머를 동원해서 홍보해주겠으니 돈 내놓으라는 찰거머리들도 온다. 그러니 나는 그런 사람 아니오, 하는 말부터 씨가 안 먹혔다.

그래서 삼고초려도 흔했다. 그걸 돌파하자니 공이 많이 들었다. 우선 몇 번이고 가서 내가 선한(?) 사람이라는 걸 입증한다. 술도 잘 마시고, 안주도 많이 먹는다. 눈물겹게 당신네 가게를 사랑한다는 걸 온몸으로 입증했다.

어떤 중식당은 짜장면만 일고여덟 그릇을 먹었다. 그만큼 가서 사장님께 얼굴을 들이밀었다. 그 집은 결국 섭외가 안 되었다. 싫다는 데는 방법이 없다. 손 털고 나와야 한다. 그분들도 거절할 권리가 있으니 존중해야 한다. 그나마 어떤 식당 주인은 그런 내가 불쌍해서 허락해준 적도 있다.

노포의 장사법

"사람이 사기 치게는 안 생겨먹어서 해준다고 했지요. 원래 사기꾼 중에 인물 좋은 사람이 많잖수."

이런 얼굴을 준 부모님께 감사한다.

2

식당마다 본문에 적지 못한 에피소드도 많다. 순서없이 생각나는 대로 적어본다. 여수 41번 포차는 원래 여수 시내 시장 개천가에 있던 포차다. 새댁 몸으로 포차를 꾸려온 박덕자 여사가 얼마 전 가게를 얻어 옮겼다. 포차가 잘되었는데, 옮긴 가게를 보니 돈을 버신 것도 아니라는 걸 알겠다. 그저 자그마하고 소박한 가게여서 실내 포차라는 말에 어울린다. 박 여사의 손은 큼지막하다. 손이 '커서' 재료비를 안 아낀다. 그게 전라도의 힘이기도 하다. 같은 업자끼리랍시고 내가 물었다.

"아짐, 재료비가 얼마요?"

"재료비가 얼마인지 한번도 안 세어봤소. 그걸 왜 세고 그란답니까."

말문이 막혔다. 나는 32.54퍼센트, 38.79퍼센트 이렇게 재료비를 계산하는 '쪼잔한' 놈이 되어버렸다. 박 여사, 보고 싶소. 무엇보다 그 무지막지한 마음으로 주는 음식 먹고 싶소.

강릉토박이할머니두부집 사장은 취재한 지 이미 꽤 되었다. 그 동네가 어떻게 변했는지 모르겠다. 텔레비전이 막 쓸고 갔을 것이고, 평창올림픽 특수로 지금 난리 아닌가. 그래도 사장 김규태 형은 여전할 것이다. 나는 살다가 이 양반처럼 순하고 어진 이를 별로 못 보았다. 강원도 사람은 아마 이럴 것이다, 하는 선입견에 딱 맞는다. 마

치 그가 매일 새벽 손으로 만드는 순정한 두부를 닮았다. 요즘처럼 추운 날, 그가 막 만든 초두부 한 그릇 얻어먹고 싶다. 취재가 더 진행되지 못해 쓰지 못한 일화도 있다. 이 동네에 여운형이 학교를 열었던 일화다. 그런데 그는 "이 동네 제사가 비슷한 날이 많은데, 여운형 제자들이 빨갱이로 몰려서 그런 것"이라는 풍설을 들려주었다. 이걸 다 확인할 수 없어 본문에는 옮겨 적지 못했다.

남북면옥은 취재 후에도 한 번 더 들러 먹어보았다. 여전히 맑은 국물에 좋은 면이었다. 그리고 이해하기 힘든 가격도 여전했다. 또 여전한 게 있다. 손님이 꽤 늘었는데, 사장 권수일 씨는 여전히 한 그릇의 냉면 반죽도 손으로 직접 한다. 시중에 가면 막국수나 냉면 반죽에 최적화된 기계가 많이 나와 있다. 개인적으로 손 반죽과 물리적으로 대단한 차이가 있다고 생각하지 않는다. 그런데도 일일이 손으로 반죽한다는 건 손해를 감수하고 치르는 일종의 종교적 신념 같은 것이다. 매일 똑같은 시간에 기도를 올리고, 똑같은 기도문을 읽는 마음 같은 것이다. 그런 순정한 마음이 이 집 부엌에 있다. 그러니 막국수(냉면)가 맛이 없을 리 없다.

인천은 정말 노포의 보고(寶庫)다. 그중에서도 이 도시가 제일 잘나갈 때 번화했던 신포동 술집들은 이제 쇠락해가면서도 명맥을 유지하고 있다. 아마도 일제강점기의 흔적으로 짐작되는데, 스지탕을 파는 집이 꽤 있다는 사실이다. 그중 하나가 바로 대전집이다. 지금도 그 스지탕을 팔고 있다. 옛 대전집을 기억하는 이들이 찾고, 더러 호기심에 찬 젊은이들도 온다. 신포동에는 이런 오래된 술집, 식당이 거의 없어져간다. 부디 대를 물려 오래 버텨냈으면 하는 심정이다.

노포의 장사법

홍어삼합을 하는 목포의 덕인집은 취재하고 가본 지 좀 되어 잘 계시는지 모르겠다. 안주인이 허리가 좀 안 좋아 보이셨다. 고된 부엌 노동에 몸이 무너지게 되어 있으니. 사장 손춘석 형은 나이답지 않게 붉고 환한 얼굴이 인상적인 분이었다.

동신면가는 아주 내력 있는 냉면집이다. 88서울올림픽을 거치면서 주로 고기를 파는 집이 되었다가 최근에 냉면(막국수)을 다시 전면에 내세웠다. 실향민의 아들인 박영수 사장이 외식업에서 굵직한 족적이 있는 분이고, 그에게서 1980, 1990년대의 격동했던 외식사를 들을 수 있었다. 그가 내는 냉면은 이런저런 사정으로 이른바 서울의 몇 대 냉면이니 하는 집들과 함께 거론되지는 않지만, 충분히 가치 있는 맛을 가지고 있다. 개인적인 생각인데, 박 사장이 선친 대에 쓰던 원래 옥호(평안냉면)를 다시 살려 서울 시내로 들어오면 흥미롭겠다.

명동돈가스 인터뷰는 창업주를 잘 아는 예종석 교수(전 아름다운재단 이사장)의 주선으로 이루어졌다. 일본의 명문 돈가스집이 한국에 오기까지는 우여곡절이 있었다. 창업주 윤 회장은 아주 단아하면서도 예리한, 선이 꼿꼿한 선비였다. 스스로 장사꾼이라고 표현했지만. 그의 말투는 조리가 서 있어서 버릴 간투사 하나 없었다. 그의 돈가스도 그랬다. 딱 떨어지는, 잘 튀긴 돈가스의 맛 그대로였다.

바다집은 인터뷰를 하고 나서 〈백종원 3대 천왕〉에 나왔다. 아마 난리가 났을 텐데, 여전히 그 맛을 지키고 있는지 가보지는 못했다. 기억나는 건, 여사장님의 손가락 마디였다. 얼마나 일을 많이 했는지 굵어진 마디가 사람 마음을 무겁게 했다. 노동하는 이의 손, 바로

그것이었다. 지금도 그 손으로 일일이 해물을 손질하실 것 같다. 부디 너무 오래, 많이 일하시지는 말기를 바란다. 그대는 오래 일했고, 쉬지 않으셨던 것 같다. 스트레스 받는 날에는 시원하면서도 맵짜고 진득한 이 집 해물 육수에 칼국수를 말아 먹었으면 좋겠다. 책으로 하는 부탁인데, 나중에 좋으시거들랑 낡은 수중전골 냄비 하나 주실 수 없을까. 내 취향이 참 별나서 그게 어찌나 탐나던지. 그래도 말을 못했다.

부민옥은 서울 시내에서 직장 다닌 이들에겐 더 설명이 필요 없는 명가다. 최근 가게를 옆으로 임시 이전했다. 본래 있던 자리가 나라 땅을 조금 걸쳐 있었는데, 이제는 원상복구를 시켜줘야 할 때였다고 한다. 그래서 본디 건물을 헐고 다시 짓고 있다. 이 집을 취재하다가 사장 김승철과 술친구가 되었다. 그는 호주가(好酒家)에 유쾌한 인생을 누리는 호사다. 부민옥의 수십 년 된 아주머니 요리사들은 늘 한결같은 음식을 만든다. 육개장과 양곰탕이 먹고 싶다. 내가 특히 좋아하는 양무침에 소주를 마시고 싶다.

성북동돼지갈비집은 기사식당이라는, 순전히 한국적인 1970, 1980년대의 역사가 만들어낸 업태의 집이다. 본격 갈비라기보다는 갈비도 조금 들어가는 일종의 돼지간장구이인데, 하루 4천5백 킬로미터를 밟는 택시 기사들은 구운 고기를 먹고 싶어 했고, 그걸 공급한 것이 천운이었던 것이다. 서울 청담동의 '새벽집'이 24시간 문을 열고, 밤을 낮처럼 움직이는 연예계 권력가들이나 비싼 '투뿔(1++의 등급)' 소고기를 돼지고기처럼 먹을 수 있는 큰돈 만지는 이들, '나이트 비즈니스'를 뛰는 묘한 손님들에게 딱 맞는 고기의 욕망을 제공

한 것과 비슷하다고나 할까. 비록 가격은 다르지만, 본질은 '필요한 것을 제때 공급한다'는 장사의 서사는 같다. 여러분들도 혹시 먹는 장사를 하고 싶다면, 누가 무엇을 어디서 어떻게 먹고 싶어 하는지 연구해보라. 조리법이나 업종 연구보다 그게 더 돈을 벌어줄 것이다.

수원집은 한때 인천의 전설, 밴댕이골목의 터줏대감이다. 이 집을 말하기 위해서는 '인민군집'이라는 전설부터 시작해야 했다. 다행히 좋은 취재원을 만나 그 시절을 복원해낼 수 있었다. 이제는 아무도 관심 갖지 않는, 인천 노동자와 예술가들의 오래된 대폿집이다. 수원집은 거기서 출발하여 오랜 세월을 지탱해왔다. 이 집은 아침에 열어 낮이 기울면 닫는 집. 회를 써느라 수십 자루의 칼날이 다 닳아버린 집. 지금도 회를 시키면 한 치도 어긋남 없는 칼날이 획획 번뜩이는 집. 오래 이 집을 볼 수 있을까. 내가 각별히 좋아하는 집이라 그 안타까움이 더하다.

이번 취재를 하면서 반드시 하고 싶었던 아이템이 학교 앞 분식, 그중에서도 밀가루 떡볶이었다. 숭덕분식은 그런 와중에 섭외가 되었다. 주인 부부가 얼마나 곱고 좋으신지 인터뷰하고 나서도 한동안 기분이 좋았다. 먹고살기 위한 두 분의 투쟁이 숭덕분식의 떡볶이에 녹아 있다. 이 글이 짧게 어느 신문에 실렸는데, 댓글이 아주 많이 달렸다. 숭덕분식을 기억하는, 예전에 이 근처에서 학교 다녔던 이들의 반응도 뜨거웠다. 역시 인기 있는 집이었고, 오랫동안 살아남기를 바란다.

신일반점 임서약 옹에 대한 인터뷰는 2015년에 이루어졌다. 그는 한국어에도 서툰, 말하자면 살아 있는 화교의 '화석' 같은 인물이었

다. 그는 영문도 모르고 현대사의 무지막지한 압력을 받아 안은, 사람 자체가 역사다. 산둥성에서 혈혈단신 이주, 중국에 공산주의 정권 수립(1949)으로 국교 단절로 인한 실향, 그리고 실정법을 어겨가며 완수했던 집념 어린 고향 방문으로 이어졌다. 그는 눈이 맑았지만 이미 상당히 노쇠했었다. 그가 무슨 생각을 하는지, 통역을 통해서는 잘 이해할 수 없었다. 그 세대의 종말은 어쩌면 중화요리사의 한 맥이 끊어지는 것으로 봐야 한다. 하다못해 이제는 짬뽕과 짜장면의 변천사를 증언할 노요리사가 거의 사라진 시대가 되었다. 그래서 우리 음식사, 나아가 사회사에서 매우 중요했던 중화요리의 역사는 오리무중에 빠질 가능성이 높다. 이는 물론 한식 역사에서도 마찬가지다.

우리 음식 역사에서 아주 중요한 지점 중 하나는 '전쟁'이다. 원래 문화란 전쟁 등으로 강제적 이식과 전파가 이루어지는 경우가 아주 흔하다. 설렁탕은 몽골군의 침입과 관련이 있다 하고, 우동과 카레라이스는 일제강점의 분명한 흔적이다. 한국전쟁은 무엇을 남겼나. 미국(미군) 음식과 부대찌개가 중요한 역사가 되었다. 다른 각도로 보면, 대규모 실향민이 발생하여 전국 각지에서 새로운 음식 문화가 생겼다. 피란을 통해서 자기 고향의 음식 문화를 현지에서 전파하거나, 피란살이에서 근근이 먹고살면서 파생된 음식 문화다. 그중에서 냉면은 이북(특히 관서 지방, 즉 평안도)의 유전자를 가진 아주 강력한 음식이다. 냉면은 단지 음식물이 아니라 관서 지방 사람들의 실향 정서를 위로하고 때로는 기억을 되살려주는 매개로 기능했다.

대전 숯골원냉면도 마찬가지다. 대단히 훌륭한 냉면이고, 거의 변

화가 없는, 그래서 더욱 그 역사적 가치가 있는 냉면이다. 서울의 주요 냉면집의 다수가 사실 애매한 역사를 가지고 있거나, '만들어진 역사' 속에 존재한다는 점을 상기하면, 이 집의 가치는 더욱 도드라진다. 대전이라는 지역성에 대한 이해가 부족하여 좀 더 충실한 취재를 못한 것이 여전히 아쉽다.

신도칼국수는 싸고 푸짐한 칼국수의 미덕을 잘 알고 있는 집이다. 대전에는 유독 칼국숫집이 많다. 공주도 그렇고 충청도가 좀 그런 경향이 있다고도 한다. 창업주 할머니가 대전역에서 쏟아져 나오는 인파를 상대로 푸짐하게 팔기 위해 칼국수를 선택했다는 팩트를 확인했다. 인스턴트라면 값보다 별로 비싸지 않은 값으로 맛있는 칼국수 한 그릇을 배부르게 먹을 수 있는 집이면 무엇이 더 필요할까 싶다. 그 국숫발에 역사가 소스처럼 붙어 있다. 한국의 밀가루와 밀가루 음식 역사는 따로 쓰자면 아주 길어지게 되어 있어서 짧게 언급하고 말았다. 사실 이건 학자들의 몫이다.

인천의 신일복집은 인천 사람들이 각별하게 아끼는 집이다. 창업주가 인천 사람들의 애환을 모두 받아 안고 가게를 열었으며, 그 '깡마당'의 기억이 이 가게에 서려 있기 때문이다. 아귀와 작은 복어를 커다란 솥에 넣고 된장 양념으로 삶아냈다는 이야기를 듣노라니, 이제는 접할 수 없는 그 시대를 살아보지 못해서 억울하기까지 했다. 당시에는 곤란과 궁핍의 음식이자 한 잔의 막소주였겠지만 도대체 얼마나 맛있었을까 싶은 것이다. 기억이란 좋은 부분만 중첩되어 나타나게 마련이어서 늘 아름다워 보이도록 되어 있다. 그렇다 하더라도 찬 대포 한 잔에 복어를 조린 뜨끈한 술안주라니. 헛!

용두동 맛집 하면 항상 선두에 나오는 어머니대성집. 해장국도 수육도 다 맛있지만 나는 이 '어머니'와 아들의 덕성이 오래 기억에 남는다. 천성이 좋은 분들이다. 저녁에 열어서 아침에 닫는, 밤 노동하는 이들의 성지였던 이곳은 이제 아들로 대가 넘어가고 있다. 좁고 부족한 부엌에서 여전히 최고의 음식을 만들어내는 모습이 마술 같기도 한 어머니대성집. 선지처럼 붉은 마음이 있는 식당이다.

유일한 외국 편이 하나 있다. 타국의 우리 노포라는 코너로 소개한 일본 오사카의 '오모니'다. 어머니를 일본어 발음으로 읽으면 이렇게 된다. 일본어에는 우리 식의 '어' 발음이 어려운 까닭이다. 재일동포의 역사는 나의 관심 분야이기도 하다. 길게 쓸 것 없이, 일제강점기가 남긴 민족의 상처라고나 할까. 그들은 그런 와중에서도 차별받으며 버텨왔고, 그 상징 같은 집이 오모니다. 오코노미야키 맛도 물론 세계 최고다. 이른바 'B급 구루메'라고 할 수 있는 이 음식은 이제 일본 전역에서 사랑받는다. 침이 고인다.

돼지갈빗집이 서울처럼 많은 도시는 없다. 돼지갈비는 손이 많이 가는 요리다. 삼겹살처럼 그냥 썰어서 내는 것도 아니다. 뼈에 붙은 고기를 일일이 '이불처럼' 펴야 한다. 잔손질이 아주 많다. 그래서 돼지갈비를 한다고 하는 집도 정작 주문하면, 수입한 뼈에(뼈만 수입하다니!) 역시 수입 고기를 붙인다. 아니, 그렇게 붙어 있는 고기를 처음부터 사서 판다. 갈비가 아닌 부위를. 갈비 이미테이션이다. 용마갈비는 충청도에서 올라와 서울 변두리에 자리 잡고 장사하며 자식들을 키워낸, '거대 도시화한 서울'의 전형적인 민중사에 어울리는 집이다. 양주께서 군이 인터뷰를 원하지 않아 애매하게 취재할 수

있었다. 말씀은 해주시는데, 사진은 못 찍었다. 식당 주인이든 직원이든 사람 사진이 없는 유일한 칼럼이다. 나중에라도 가서 한 컷 부탁드릴까 싶다가 이것도 운명이고 용마갈비의 숨겨진 멋이라는 생각이 들어 그만두었다. 그러니 바라건대 직접 가서 두 분을 뵙길 바란다.

의정부 평양면옥은 다 알려진 대로 그 가게의 위세보다 서울에 퍼뜨린 자제들의 가게 때문에 더 유명하다. 을지면옥, 필동면옥, 잠원동의 본가면옥이 세 자매의 가게다. 을지면옥은 인터뷰 안 하기로 유명한 집이다. 자료를 뒤졌는데 인터뷰 비슷한 것도 볼 수 없었다. 그 이유를 섭외하면서 알게 되었다. 도통 인터뷰에 응하지 않는 것이었다. 몇 번을 찾아갔고, 숫기 없는 내가 일부러 제육(이 집 제육은 전설이다)에 낮술로 소주를 마시고 부탁을 드려보기도 했다. 개인적으로 내가 가장 좋아하는 냉면집에 든다. '내가 안되어 보여서' 응해주셨을 게 분명한 안주인께 감사드린다.

을지로 노가리골목의 산증인을 만난 것도 이번 취재의 큰 수확이었다. 노구를 이끌고, 수십 년 잡았던 생맥주 기술을 보여주기 위해 직접 구순의 창업주가 출타했다. 이 책을 통틀어 최고령이시다. 다시 한 번 감사를 드린다. 사람 좋기로는 계승자인 따님과 부군도 못지않다. 서울 최고의 생맥주를 낸다는 자부심으로 가득한 집. 혹시 이 집에 갈 기회가 되면, 아버지 창업주 세대의 기억을 놓지 않기 위해 벽장에 디스플레이해놓은 옛 생맥주 잔에 술을 청해보시는 건 어떨지. 흔쾌히 받아주실 것 같다. 구수한 특제 노가리와 소스(이건 아주 별미다)를 드시면서 한 잔 원샷!

노포의 장사법

조선옥은 한국 최고(最古)의 식당에 속한다. 소갈비는 아주 오래 전부터 장안에서 제일 인기 있던 음식이었다. 그걸 우리가 현존하는 가게에서 먹을 수 있다는 건 행운이다. 옛날식으로 갈비를 펴고, 양 념하고, 굽는다. 그것도 1963년에 입사한 팔순의 노주방장이. 더 보 탤 말이 없다. 투박하지만, 1980년대 이후 강남에 생긴 대형 갈빗집 에 어찌 비교하겠는가. 한번 꼭 들러서 옛 갈비 맛 좀 보시라.

　서울이 거대 도시가 된 것은 1960~1980년대에 걸친 대이주 때문 이었다. 지역에서 농사를 작파하고, 서울로 서울로 몰려들었다. 그 들은 서울의 낮은 임금의 노동을 감당하면서 자식을 잘 키우길 바랐 다. 바로 그런 노동에 종사하던 사람들이 먹던 음식이 바로 감자탕 (감자국)이다. 너무도 싼 돼지 뼈에 감자를 넣고 끓인, 서울이라는 도 시 뒷골목에 가장 어울리는 음식이 된 것이다. 사람 좋고 인정 많은 태조감자국 식구들은 그 마음과 질 좋은 돼지 뼈와 양념으로 오래 번성하고 있다. 헌신적인 가족 노동으로 싼값을 지탱해가면서 말이 다. 얼큰한 감자탕에 소주 한잔 마시면서 3대 사장인 이호광 씨와 이 런저런 얘기를 나누었다. 감자탕은, 〈고독한 미식가〉의 내레이션을 흉내 내면, 서울 변두리 사람들의 혈관에 흐르는 피였다.

　오래된 식당은 많이 소개했지만, 오래된 정육점을 소개한 것은 또 별나다. 노포에 속하는 정육점을 본 사람도 없을 것이다. 이미 동네 정육점은 사양 업종이 되었고, 하나둘 문을 닫았다. 그런 와중에 가 장 오래된 정육점이 건재하다. 팔판정육점이다. 최고의 소고기 하나 를 위해 평생을 바친 가문의 이야기가 이어진다. 흥미진진하다. 이제 는 모두 전설이 될 이야기라는 것이 안타까울 뿐이다. 혹시 좋은 고

기를 사고 싶거들랑 한번 들러도 좋겠다.

하동관은 내 선친과의 추억이 묻어 있는 집이다. 그래서 각별했고, 인터뷰를 해주어서 더 기뻤다. 이제 대를 물리고 물려가고 있는 진짜 노포다. 담백하고 맑은 서울식 소 곰탕, 아마도 서울 십미(十味)를 꼽는다면 반드시 넣어야 할 음식이라고 생각한다. 자극이 없지만, 먹으면 먹을수록 당기는 맛, 그것이 바로 하동관 곰탕이다. 서울에 분점이 여럿 생겨 언제든 그 맛을 볼 수 있게 되었다.

한일관은 서울에서 좀 사는 사람들, 아니면 어쩌다가 졸업식 같은 특별한 날에 갈 수 있는 전형적인 고급 외식집이었다. 불고기와 한정식, 냉면, 육개장 등 서울을 상징하는 중요한 음식을 거의 대부분 취급했다. 너비아니와 스키야키, 불고기를 모두 팔았던, 한반도의 간장양념 소고기구이의 연대기가 살아 있는 집이다.

3

어쩌면 이 일은 어느 정도 의무감으로 시작한 일이었다. 지금 기록해두지 않으면 영영 사라질 민중의 역사와 장사의 철학을 맞닥뜨린다는 책무 같은 것이었다. 정작 이런 일을 찾아서 기록하고 인터뷰해야 할 당국이 뒷짐 지고 있는 까닭이기도 하다. 이 책을 쓰는 와중에 서울시에서 노포와 관련된 사업을 시작하는 걸 보았다. 늦었다고 생각할 때가 가장 빠를 때라는 금언은 유효하다.

문화재란 꼭 금붙이나 그림, 불상만 있는 건 아니다. 이런 살아 있는 우리 삶의 비늘들이 다 문화재다. 그걸 가리고 편집하는 일을 누군가 해야 한다. 석기시대 패총은 훌륭한 유적으로 연구자들과 당국

에서 애지중지한다. 그것이 실은 선인들이 조개 까먹고 버려서 쌓인 쓰레기산이 아니던가. 별 볼일 없어 보이는 저잣거리의 밥집 부엌에도 나중에 우리 후손들이 보고 공부하고 감상할 여지가 무수하게 숨겨져 있는 것이다. 그걸 모르쇠하거나, 아니면 그게 중요하다는 인식조차 없는 당국을 보면 기가 찬다. 세금도 많이 거두어 돈도 많던데, 왜 이토록 중요한 일에는 외면으로 시종하는지 모를 일이다.

4

늘 좋은 사진과 덕성의 후배 노중훈에게 다시금 감사를 바친다. 나의 변덕스러운 성질을 다 받아내며 노포에 마주 앉아 함께 잔을 기울이고, 주인의 오래된 이야기를 들어주었다(가끔은 듣다가 졸기도 했다). 그는 속사(速寫)이면서 원하는 포인트를 빨리 잡아낸다. 내가 필요한 장면을 다 구성한다. 이 책이 빛나는 면은 바로 노중훈의 그 사진 솜씨 때문이다.

5

참 많이 다녔고 술값도 좋이 나갔다. 순전히 좋아서 하는 일인데도 말도 못 붙이고 그저 술이나 마시면서 주인 눈치를 살피다가 그냥 온 적도 많았다. 내가 그렇게 소심한 사람이다. 그래서 흔쾌히 인터뷰해주겠다고 하면, 왜 그리도 기쁘던지. 다시 이 시리즈는 못할 것 같다. 내가 왜 이 짓(글 쓰고 섭외하고 인터뷰하는 일)을 그만두고 요리사로 전업했는지 다시금 상기되었다.

이제 이 시리즈는 내 손을 떠났다. 아마도 노포 프로젝트의 마지

막 작업이 될 것 같다. 그리하여 이 후기가 더 비감해진다.《백년식당》부터 이 책까지 노포 탐방기를 읽어주시고 사랑해주시는 독자들께 각별한 애정을 보낸다. 또 책에 수록된 식당, 술집 주인들께도 깊은 존경과 감사를 다시 바친다.

당신들의 손이 찬물에 불어 붉어졌을 때, 우리 입은 달고 행복했습니다. 진심으로 고맙습니다! 고맙습니다!

이 책에 소개된 노포들

남북면옥
- 창업주 권계복·김옥희
- 주소 강원도 인제군 인제읍 인제로178번길 24
- 전화 033-461-2219
- 대표 메뉴 순메밀물국수, 순메 밀비빔국수

대전집
- 창업주 오정희
- 주소 인천광역시 중구 우현로 39번길 7
- 전화 032-772-9188
- 대표 메뉴 스지탕, 족발

덕인집
- 창업주 손춘석·김말심
- 주소 전라남도 목포시 영산로 73번길 1-1
- 전화 061-242-3767
- 대표 메뉴 흑산홍어, 홍어삼합, 애국

동신면가
- 창업주 박지원(동두천 평안냉 면으로 창업)
- 주소 서울 강동구 올림픽로 803
- 전화 02-481-8892
- 대표 메뉴 물막국수, 비빔막국 수, 돼지떡갈비, 소떡갈비

명동돈가스
- 창업주 윤종근
- 주소 서울 중구 명동3길 8
- 전화 02-775-5300
- 대표 메뉴 로스가스, 히레가스

바다집
- 창업주 이종만
- 주소 부산광역시 중구 광복로 43번길 18
- 전화 051-245-1924
- 대표 메뉴 수중전골

부민옥
- 창업주 송영준
- 주소 서울 중구 다동길 24-12
- 전화 02-777-2345
- 대표 메뉴 육개장, 양무침, 부 산찜

성북동돼지갈비집
- 창업주 강부자
- 주소 서울 성북구 성북로 115
- 전화 02-764-2420
- 대표 메뉴 갈비백반, 떡갈비, 떡갈비백반

수원집
- 창업주 신태희
- 주소 인천 중구 차이나타운로 52번길 16
- 2018년 영업 종료

숭덕분식

- 창업주 엄규복
- 주소 서울 성북구 정릉로27길 15
- 전화
- 대표 메뉴 즉석떡볶이, 튀김, 떡볶이, 쫄면, 핫도그

숯골원냉면

- 창업주 박근성
- 주소 대전광역시 유성구 신성로84번길 18
- 전화 042-861-3287
- 대표 메뉴 찡냉면, 비빔냉면, 물냉면

신도칼국수

- 창업주 김상분
- 주소 대전 동구 대전로825번길 11
- 전화 042-253-6799
- 대표 메뉴 칼국수, 두부두루치기

신발원

- 창업주 수영화
- 주소 부산 동구 대영로243번길 62
- 전화 051-467-0177
- 대표 메뉴 고기만두, 새우만두, 월병, 호떡

신일반점

- 창업주 임서약
- 주소 인천 중구 서해대로464번길 1-2
- 전화 032-882-1812
- 대표 메뉴 백짬뽕, 짜장면

신일복집

- 창업주 신정분
- 주소 인천 중구 차이나타운로44번길 30-1
- 전화 032-772-6274
- 대표 메뉴 복탕, 아구찜, 간장게장

어머니대성집

- 창업주 이희영
- 주소 서울 동대문구 무학로43길 44
- 전화 02-923-1718
- 대표 메뉴 해장국, 수육

오모니

- 창업주 양행도·고희순
- 주소 오사카시 이쿠노구 모모타니 3초메
- 전화 +81-6-6717-0094
- 대표 메뉴 오코노미야키

용마갈비

- 창업주 이은식·김은순
- 주소 서울 중랑구 용마산로 498
- 전화 02-435-4038
- 대표 메뉴 돼지갈비

을지면옥
- ○ **창업주** 홍정숙
- ○ **주소** 서울 중구 충무로14길 2-1
- ○ **전화** 02-2274-6863
- ○ **대표 메뉴** 냉면, 불고기

을지오비베어
- ○ **창업주** 강효근
- ○ **주소** 서울 중구 충무로9길 12 1층
- ○ **전화**
- ○ **대표 메뉴** 생맥주, 노가리

조선옥
- ○ **창업주** 이금순
- ○ **주소** 서울 중구 을지로15길 8
- ○ **전화** 02-2266-0333
- ○ **대표 메뉴** 양념갈비, 갈비탕, 장국밥

태조감자국
- ○ **창업주** 이두환
- ○ **주소** 서울 성북구 동소문로18길 5
- ○ **전화** 02-926-7008
- ○ **대표 메뉴** 감자탕

토박이할머니순두부
- ○ **창업주** 이금자
- ○ **주소** 강원도 강릉시 초당순두부길
- ○ **전화** 033-651-9004
- ○ **대표 메뉴** 순두부, 모두부

팔판정육점
- ○ **창업주** 이영근
- ○ **주소** 서울 종로구 팔판길 19
- ○ **전화**
- ○ **대표 메뉴** 정육

하동관
- ○ **창업주** 김용택
- ○ **주소** 서울 중구 명동9길 12
- ○ **전화** 02-776-5656
- ○ **대표 메뉴** 곰탕, 수육

한일관
- ○ **창업주** 신우경
- ○ **주소** 서울 강남구 압구정로38길 14
- ○ **전화** 02-732-3735
- ○ **대표 메뉴** 불고기, 갈비탕, 냉면

41번집
- ○ **창업주** 박덕자
- ○ **주소** 전라남도 여수시 봉산남3길 17
- ○ **전화** 061-642-8820
- ○ **대표 메뉴** 해물삼합, 병어, 숯불닭발, 각종 계절 해산물 등

노포의 장사법

초판 1쇄 발행 2018년 4월 25일
초판 9쇄 발행 2021년 2월 22일

글 | 박찬일
사진 | 노중훈
기획 | CASA LIBRO

발행인 | 문태진
본부장 | 서금선
책임편집 | 김예원   편집 2팀 | 김예원 정다이 김다혜
표지디자인 | 오필민   본문디자인 | 주수현

기획편집팀 | 이정아 박은영 오민정 허문선 송현경 박지영   저작권팀 | 정선주
마케팅팀 | 김동준 이재성 문무현 김혜민 김은지 정지연   디자인팀 | 김현철
경영지원팀 | 노강희 윤현성 정현준 조샘 최지은 김기현
강연팀 | 장진항 조은빛 강유정 신유리

펴낸곳 | ㈜인플루엔셜
출판신고 | 2012년 5월 18일 제300-2012-1043호
주소 | (06040) 서울특별시 강남구 도산대로 156 제이콘텐트리빌딩 7층
전화 | 02)720-1034(기획편집) 02)720-1027(마케팅) 02)720-1042(강연섭외)
팩스 | 02)720-1043   전자우편 | books@influential.co.kr
홈페이지 | www.influential.co.kr

ⓒ 박찬일 노중훈, 2018

ISBN   979-11-86560-69-3 (03320)

1부

기세
氣勢

멀리 보는 장사꾼의 배포와 뚝심을 배우다